라틴아메리카
종교와 문화

"이 저서는 2008년 정부(교육과학기술부)의 재원으로 한국연구재단의 지원을 받아 수행된 연구임"(NRF-2008-362-A00003)

라틴아메리카 종교와 문화

박종욱 지음

이담
Books

프롤로그

　21세기 글로벌 환경은 급변하고 있으며, 새롭게 형성된 가치관과 패러다임은 국제사회에서 새로운 강자로 부상하고 있는 라틴아메리카의 중요성에 대한 국내적 자각을 일깨우고 있다. 정치와 경제 환경에 대한 관심은 나름의 리듬으로 지속적인 연구와 그에 따른 결과물들로 연결되는 긍정적 성과를 만들어가고 있지만, 라틴아메리카 사회의 문화적 특성을 토대로 그들의 의식과 삶의 방식을 이해할 수 있는 정보와 지식을 담아내려는 연구와 시도의 기회는 상대적으로 매우 빈곤할 수밖에 없는 안타까운 환경에 머물고 있다.

　미래학자들을 선두로 많은 전문가들이 국제적 감각과 타문화 이해능력, 문제해결능력 등의 중요성을 거듭 주장하지만, 제한된 관심과 그에 따른 표면화된 지표와 수치만으로 라틴아메리카 사회를 이해한다는 것은 '계란으로 바위 치기' 격이다. 다양한 문화적 가치들을 어떻게 해석하고, 이해할 것인지 우리의 시선을 우리 스스로의 판단과 노력으로 넓히지 않으면, 변화된 패러다임의 글로벌 환경은 우리로부터 여전히 저만큼 떨어져 있는 '그들의 것'으로 남게 될 수도 있다. 세계의 표준화는 시작부터 우리의 것은 아니었다. 우리가 앞서 뛰어가고 있는 '그들'을 흉내 내고, 따르는 것이다. 중요한 것은 열심히 따라잡기 위해서 그들의 안목과 시선을 우리의 것으로 인식해야 할 필요도 있지만, 우리 스스로 오리엔탈리즘의 폐해를 반복하며 영원한 추적자로 머물도록 만들어서는 곤란하다. 자칫 고착된 구조의 미로에 스스로를 가두는 결과를 만들 수 있기 때문이다. 지난 몇 세대 동안 우리의 장점은 'Fast follower'였다. 하지만 늦더라도 우리 스스로의 힘으로 생각하고, 판단하려는 시도를 게을리하지 않는다면 'First mover'로 변화될 가능성과 만날 수 있는 긍정적 계기가 될 수 있지 않을까. 고착된 구조의 미로에 갇힌 영원한 추적자보다는 스스로의 리듬을 조절하며 삶의 주도권과 시선을 갖춘 주체적 우리가 되어야 하는 것이 보다 본질적 과제가 아닐까 생각한다.

이 책은 '라틴아메리카를 이해하는 하나의 시선은 그들의 종교문화를 들여다보는 과정에서 만들어질 수 있다'는 믿음과 소신에서 기획되었다. 라틴아메리카 사회가 안고 있는 다양한 문화적 현상과 고리에 대한 보다 구체적이면서도 통일적인 시선으로서의 종교문화에 대한 관심과 분석적 시각은 최소한의 긍정적 의미로 연결될 수 있을 것이다. 라틴아메리카 사람들의 종교문화적 인식태도와 유형을 이해할 수 있다면, 보다 본질적으로 그들을 이해하고, 그들과 대화할 수 있는 핵심적 소통경로를 찾을 수 있을 것이다.

이 책의 기획과정에서 라틴아메리카를 하나의 종교문화권으로 묶어 살펴보려는 시도는 매우 험난한 도전일 수밖에 없었다. 한반도 면적의 95배가 넘는 21,069,501㎢ 규모의 드넓은 지역에 조금씩 다른 문화적 배경을 갖고 살고 있는 6억에 육박하는 인구를 생각한다면, 단행본 저술에 대한 부담감은 너무도 당연했다. 더욱이 역사적 시각에서 볼 때 마야·아즈텍·잉카 등의 고대문명이 지닌 흔적과 영향, 식민시대 스페인과 유럽의 문화적 흔적과 영향, 그리고 다양한 지역적 특수성과 함께 여럿으로 갈라져 독립한 수많은 국가들이 만들어내는 스펙트럼의 화려함은 과연 하나의 저술에 담을 수 있는 콘텐츠의 구성과 제한을 어떻게 해야 할 것인가, 하는 고민의 무게감을 가중시켰다.

하지만 라틴아메리카 연구에 있어서 일천한 역사와 배경을 갖고 있는 우리의 현실에서 지역과 시대를 분할하여 접근하는 것 또한 장점보다는 단점이 많이 드러날 수밖에 없다.

백과사전식 정보망을 통해 살펴보면 라틴아메리카는 대부분 가톨릭을 종교적 신앙으로 삼는 것으로 나온다. 사실이다. 하지만 제도로서 가톨릭이 지역적 특수성과 문화적 현상을 유연하게 수용한다고 해도, 대륙과 문화권역별 가톨릭의 종교적 현상과 문화적 수용의 방식과 태도는 같을 수 없다. 각각의 문화가 갖는 고유성과 특수성에 따라 현상학적 시각에서 다른 양태의 종교적 요소를 포함하고 있기 때문이다. 그뿐이 아니다. 고대문명의 흔적은 과거의 유산이기도 하지만, 또한 동시에 현대문화의 형성에 적지 않은 영향을 주었고, 종교문화적 측면에서도 예외는 아니다. 오늘날 멕시코의 고대문명이었던 아즈텍의 대지모(大地母) 신앙의 숭배대상이었던 또난친(Tonantzin)에 대한 숭배가 가톨릭 신앙의 성모에 대한 공경으로 자리를 바꾸어 펼쳐지는 과달루뻬(Guadalupe) 성모 신앙의 모습에서는 유럽의 가톨릭과 전혀 다른 새로운 현상이 특징으로 드러난다. 그뿐인가, 쿠바의 가톨릭에는 서부 아프리카 요루바(Yoruba) 문화권에서 노예로 팔려 왔던 흑인의 신앙이 융합되어 있다. 요루바의 신들은 가톨릭 성인의 모습으로 체화되었고, 쿠바 가톨릭 신자들의 상당수는 스스로의 행위에 대해 의식을 하건 하지 못하건 요루바 신앙을 일상적 의례로서 재현하는 신앙적 고백을 반복하곤 한다. 또한 라틴아메리카 오지, 특히 고지대와 원시림을 중심으로 거주하는 원주민들은 여전히 자신들의 신앙을 유지하는 한편, 미국을 중심으로 공격적으로 복음을 전하는 개신교의 영향에 고스란히 노출되어 있다. 멕시코 오지에서 자연의 섭리를 찾아 섬기며 살고 있는 우이촐(Huichol)족의 우주관과 종교를 어떻게 이해할 것인가. 미초아깐(Michoacán)의 모렐리아(Morelia)에 11월이면 어김없이 날아드는 제왕나비들의 4,500여 km의 대장정을 조상의 영혼을 만나려는 의례적 행위로 파악하는 원주민들의 조상숭배인식을 현대적 의미의 종교와 어떻게 비교하고 평가할 수 있을까. 춘분이면 까스띠요(Castillo) 피라미드의 계단을 타고 하늘에서 내려오는 뱀을 공경하는 마야인들의 신앙행위와 의례를 단순하게 인신공양과 악마행위를 하는 미개한 원시의식이라 폄하할 수 있을까. 정교한 역법을 제정하고, 그에 맞춰 농경의 시작과 과정을 세상에 선포하던 그들의 애민정신을 미신으로 치부하기에는 그들이 남겨 놓은 문명의 심도는 너무나 크고 그 의미가 긍정적인 것은 아닐까.

결론적으로 백과사전식 정보가 기록하고 알려주는 라틴아메리카의 종교에 대한 현상과 실태는 허술하기 짝이 없을 뿐 아니라, 종교문화가 일상에 미치는 영향과 그 의미에 대한 분석의 실마리를 제공하지도 못한다. 인구조사식 통계자료를 통해 라틴아메리카의 종교분포가 최근 어떻게 변화되고 있다는 정도의 정보는 지역을 연구하고, 지역민의 문화인식을 이해하기 위한 자료로는 턱없이 부족할 수밖에 없다. 그 자체로는 생명력이 결여되어 있는 통계자료들이기 때문이다. 통계자료가 사회를 분석하고 그들과 소통하기 위한 긍정적 의미를 지니기 위해서는 일상적 삶에서 반영되고 투영되는 의미 해석과 면밀하게 연결되어야 한다.

　다른 이들의 종교문화를 살펴본다는 것은 그들의 종교적 삶의 태도와 생각을 객관적 시각으로 파악하여 그 실체를 이해하려는 것이다. 그들의 종교를 수용하거나, 판단하려는 것은 우리의 의도와는 무관하다. 이 책의 목적은 라틴아메리카의 종교를 문화적 시각에서 살펴보려는 데 있다. 따라서 종교학이나 신학적 태도는 이 책의 집필태도가 아니며, 특정한 기준으로 대상을 분류하고 판단하려는 의도 또한 지향하지 않는다.

　무엇보다 종교행위를 어떻게 생각하고, 실천하는 것인가 하는 신앙의 입장에서 신학적 토대에 대해 다루는 것이 아니라, 신앙을 라틴아메리카 사회의 문화적 토양과 사회문화적 가치를 구성하는 적극적 요소로 이해함으로써 현대 일상문화에서 종교적 가치와 의미를 재구성하고 해석하는 것이 이 책의 주된 목적이며 차별성이다.

　이 책에서 살펴보려는 내용은 크게 네 갈래로 구분할 수 있다. 첫째는 종교에 대한 기본적인 접근을 통해 이문화(異文化) 혹은 타문화(他文化)를 어떻게 바라볼 것인가 하는 주제에 대한 생각을 다룬다. 라틴아메리카의 종교를 이해하기 위해서 우리가 해야 할 기본태도는 막연하게 지니고 있는 다양한 종교에 대한 편견과 무관심의 태도에서 벗어나야 한다. 먼저 간략하게 종교의 의미와 개념을 어떻게 받아들일 것인지 살펴본다. 하지만 종교학이나 종교현상학의 입장에서 신앙과 교리를 다루는 것은 우리의 몫이 아니다. 우리는 라틴아메리카 사람들이 일상생활에서 경험하고 인식하는 문화현상으로서 종교를 다룬다. 아프리카 북을 두드리며 접신을 하는 행위나 말을 타고 순례를 떠나는 행위 등은 모두 자신들의 언어로 이해하고, 경험하는 그래서 자신들의 문화를 반영하여 드러내는 고유의 문화적 표출이기 때문이다. 또한 의례와 상징 및 이미지가 갖는 종교문화적 의미에 대해 생각을 정리한다. 우리에게 낯선 종교적 행위의 핵심에도 늘 의례와 상징 및 이미지가 가득하며, 흥미로운 내용을 드러내어 소개할 준비를 갖춘 채 우리에게 해석되기를 기다리고 있기 때문이다. 둘째는 라틴아메리카 고유의 종교문화에 대한 접근을 다루는 장이다. 마야와 아즈텍, 그리고 잉카로 대표되는 고대 라틴아메리카 문명권의 종교와 창조신화를 배경으로 그들의 종교적 내용과 의례, 그리고 일상적 삶에 투영된 종교적 행위와 의례의 의미에 대해 살펴본다. 셋째는 신대륙 정복과 복음화의 긴 역사시대를 다루는 공간이다. 콜럼버스의 신대륙 발견 이후 줄곧 지속되었던 가톨릭의 유입이 식민통치의 지배층과 피지배층을 한데 묶어주면서도 그들 사이의 갈등과 반목을 조장하는 사회문화적 기능적 의미를 '가톨릭의 유입', '식민시대 복음화의 의미', '독립과 혁명시대의 교회', '현대 종교의 다원화' 등의 세부 갈래를 통해 정리한다. 마지막 장에서는 일상문화에서 드러나는 라틴아메리카 사람들의 종교행위와 의례들을 대표적 사례들에 대한 일별을 통해 기술한다. 과달루뻬 성모 신앙, 산테리아, 죽은 자들의 날, 카우보이 순례행렬 등의 사례를 통해 그들의 인식과 일상적 행위에 나타난 종교문화적 다양성을 스펙트럼으로 살펴봄으로써, 라틴아메리카 대륙에서 종교문화가 갖는 고유성과 보편성을 상징적으로 정리한다.

책의 집필을 위한 자료수집은 기본적으로 종교일반, 고대문명, 역사, 종교문화, 사회연구 등 제반 분야의 전문가들이 집적해 온 연구성과가 담겨 있는 문헌정보를 통해 이뤄졌으나, 개인적인 오지 방문과 체험, 현지조사와 설문면담 등의 직접적인 경험과 연구의 축적물도 적지 않은 도움이 되었다. 하지만 한 권의 책에 라틴아메리카의 종교문화를 담기란 현실적으로 불가능하다. 다만 이 책의 성과가 있다면, 라틴아메리카라는 지역의 종교를 간결한(concise) 시선으로 담으려는 시도를 수행했다는 단순한 성과와 더불어, 라틴아메리카 종교를 대상으로 '어떻게', '무엇을', '왜', '그렇게' 다루어야 하는지 통일적 시각으로 성찰하고, 연구하며, 정리할 기회가 될 수 있었으며, 관련 연구 분야를 위한 작은 디딤돌이 될 수 있는 가능성에 있을 것이다. 부족한 시야와 연구역량은 지적해주실 것을 당부 드리며, 시간을 두고 여러 훌륭한 전문가들의 보완된 시야와 연구능력으로 보완될 것이라 기대한다.

박종욱

차 례

프롤로그 … 4

제1장 라틴아메리카에서 종교를 어떻게 이해할 것인가 _ 15
  1) 종교의 개념 · 18
    (1) 종교를 어떻게 이해할 것인가 | 21
    (2) 문화현상으로서 종교 | 29
  2) 종교와 종교문화 · 32
    (1) 종교와 의례 | 34
    (2) 일상과 의례 | 38
    (3) 상징과 이미지 | 44

제2장 라틴아메리카 고유의 종교문화 _ 51
  1) 종교와 창조신화 · 56
    (1) 마야 | 57
    (2) 아즈텍 | 75
    (3) 잉카 | 89
  2) 종교와 일상 · 101
    (1) 사회체제의 형성과 상징 | 101
    (2) 일상과 의례 | 112

제3장 신대륙 정복과 복음화 _ 121

1) 가톨릭의 유입과 신대륙 개발 · 130
2) 식민시대 복음화의 의미 · 141
   (1) 원주민과 복음화 | 141
   (2) 식민지배체제와 종교재판소 | 146
3) 독립과 혁명시대의 교회 · 155
   (1) 독립과 교회의 역할 | 156
   (2) 사회혁명과 교회의 역할 | 167

제4장 현대 일상문화와 종교 _ 177

1) 라틴－아메리카의 결합: 과달루뻬 성모 신앙 · 182
   (1) 또난친과 성모의 유형적 유사성과 과달루뻬
      성모 신앙의 유래 | 185
   (2) 신크레티즘의 시각에서 본 과달루뻬 성모 신앙의 의미 | 191
   (3) 문제의식으로서 과달루뻬 성모 신앙의 현주소 | 194
2) 아프로－아메리카의 결합: 산테리아 · 199
   (1) 쿠바의 사회문화현상으로서 산테리아 | 202
   (2) ‘유사성의 공유’와 ‘신앙의 융합’ | 208
3) 종교문화의 혼종성: 죽은 자들의 날과 조상숭배의례 · 215
   (1) ‘죽은 자들의 날’의 기원과 의미 | 217
   (2) ‘죽은 자들의 날’의 역사적 수용과 국가적
      문화정체성의 해석 | 220

    ⑶ 다문화적 요소의 공존과 통합 | 224

    ⑷ 죽은 조상의 영혼과 나비의 회귀: 모렐리아 나비의 계곡 | 230

4) 가톨릭 전례와 종교의례 · 233

    ⑴ 크리스마스: 베들레헴의 재현 | 234

    ⑵ 동방박사의 날: 아기 예수 경배 | 236

    ⑶ 카발가타와 '크리스토 레이': 카우보이 순례자 | 241

    ⑷ 원주민 종족의 전통의례와 종교:
       우이촐의 에스끼떼 의례 | 249

참고문헌 … 256

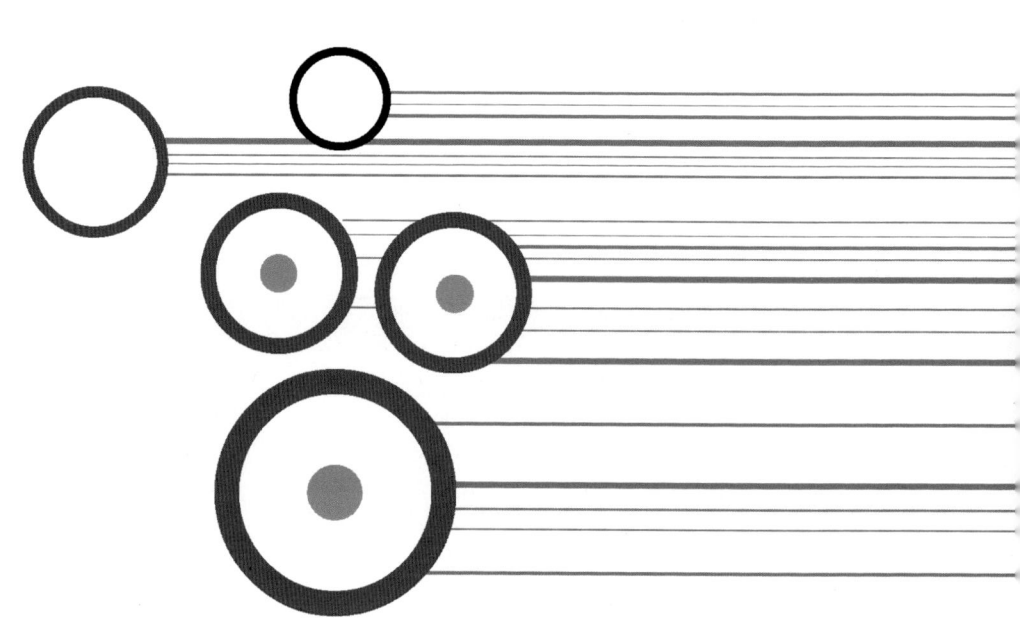

제 1 장

라틴아메리카에서
종교를
어떻게 이해할 것인가

라틴아메리카의 종교문화에 대한 이해를 시작하면서, 먼저 우리가 명확하게 정리해야 할 기본적인 물음이 있다. 바로 종교를 어떻게 이해할 것인가 하는 주제이다. 종교를 연구하는 학문으로서 종교학은 종교에 대한 객관적인 연구이다. 인류의 보편적 정서와 인지의 대상으로서 종교경험을 연구해야 한다는 원칙론에도 불구하고, 종교의 연구는 자칫 특정 종교에 대한 합리화 과정과 그 특정 종교를 중심으로 형성된 인식론으로 타 종교를 판단하는 성향으로 기우는 경우를 배제할 수 없다. 종교를 다루는 학문은 '신이 존재하는가'라는 식의 지적 호기심에서 비롯된 것이 아니다. 신의 존재는 실체론적(ontological) 대상이 아니라 선언적 고백(declaratory confession)으로서 '신도의 고백(credo)'이기 때문이다. 신이 존재하기 때문에 믿는 것이 아니라, 신을 믿는다는 고백으로부터 신의 존재가 의미를 지니기 때문이다. 종교에 대한 이해와 접근은 어려울 수밖에 없다. 더욱 다른 문화권의 종교적 현상과 그 문화에 대해 연구한다는 것은 선결해야 할 기본적 의문들과 마주칠 수밖에 없다.

종교에 대한 정의를 시도하면서 '어떻게 이해할 것인가'로 시작하는 이유는 종교는 무엇인가 하는 물음이 답변하기 불가능한 질문이기 때문이다. 그렇다. 무엇이 종교인가 하는 질문에 대한 올바른 답은 가능하지 않다. 명쾌하게 종교를 설명할 수 있는 이론적 배경은 존재하지 않기 때문이다. 우리가 사용하는 언어라는 도구에 대해 생각하자면, 자연언어로 초자연세계를 표현하는 접근 자체는 불가능하기 때문이다. 영화 <매트릭스>의 프로그램에 존재하는 소스 코드로 매트릭스 밖의 현실세계를 묘사하는 것이 불가능한 것과 같은 의미이다. 논의가 제법 복잡하게 흐르고 있지만, 그렇다고 불가지론의 태도로서 종교를 신비화하거나 모호한 대상으로 감춰두려는 것은 아니다. 오히려 종교에 대해 지나치게 구체적이고 명료한 시각이 자칫 왜곡과 편견으로 연결됨으로써, 자신이 속한 종교를 중심으로 타종교에 대해 배타적 입장을 지니게 되는 우를 범하지 않도록 객관적이고 포괄적 태도를 유지하려는 목적이 우선이기 때문이다. 타문화를 이해하는 능력은 자신의 편견을 최소화하며, 상호 소통의 경로를 만들어가는 과정에서 가능할 것이다. 우리가 종교가 아니라 종교문화라는 어휘를 선호하는 것도 바로 이러한 까닭이다.

1) 종교의 개념

종교란 현상으로서 체험되는 실재적 대상이며, 동시에 체험적 이해와 그에 따른 준거를 기준으로 종교현상을 개념적 실재로 이해하고, 다시 체험적 대상으로 합리화하는 '체험-인식화-합리화-체험'이라는 고리를 순환한다. 월레스가 지적하듯(2010, 2~4) 약 10만 년 전 네안데르탈인이 죽은 사람의 무덤을 만들고 제단을 세운 이후 수천의 문화적 특징을 가진 인간 집단이 자신들만의 종교를 만들어 왔으며, 지금도 세계 곳곳에서 수많은 새로운 숭배집단이 자신들의 목소리를 더하고 있다. 그의 주장처럼 십만여 개 이상의 종교가 존재해 왔다고 할 때, 종교의 정의와 구분을 어떠한 기준으로 하는 것인지 다양하면서도 상충하는 수많은 견해와 주장들이 존재해 왔음은 결코 부정할 수 없다. 종교에 접근하는 방식은 다양하다. 목적과 필요에 따라 제각기 접근을 위한 저마다의 시선을 적용하기 때문이다. 종교의 개념 또한 의도와 배경에 따라 달라질 수밖에 없는 이유이다. 원시시대의 인류부터 현존하는 인류까지 존재했던 종교의 형태는 그 수를 헤아릴 수 없이 다양하다. 다양한 종교는 저마다 경험하는 인식의 언어를 통해 구술되거나 기록되어 전승되기 때문에 자기중심적 배타적 시각을 유지할 수밖에 없는 문화적 특수성을 지니는 동시에 인류 보편적 정서로서의 종교성을 지향한다. 종교와 종교현상을 바라보는 태도가 취해야 할 복합적 시각의 이유이다.

아프리카 특유의 긴장된 북소리에 맞춰 신을 영접한 샤먼이 입에는 담배를 문 채 신명 나는 춤사위를 벌이는 장면을 상상해보자. 분명 우리에게 익숙한 종교행위의 장면은 아닐 것이다. 하지만 수많은 쿠바인들에게는 일상적 종교의례로 행해지는 매우 익숙하고 친근한 행위이다. 그들에게는 아프리카의 종교가 가톨릭과 만나 형성된 '산테리아'를 아무런 이질감 없이 받아들인다. 그뿐이 아니다. 가톨릭 성인들이 산테리아의 종교의례를 위한 제대에 자리를 잡고 있다. 이러한 신크레티즘(sycretism), 즉 신앙의 융합행위를 어떻게 이해해야 하는 것일까. 라틴아메리카의 종교문화에 접근하면서, 우리가 먼저 해결해야 할 선결과제는 종교의 개념을 어떻게 이해할 것인가 하는 문제의식이다. 광활한 대륙 라틴아메리카는 문화적 다양성을 배경으로 독특하고 흥미로운 수많은 종교문화의 모습을 간직하고 있다. 이러한 라틴아메리카의 다양한 종교적 실체와 문제에 대해 접근하면서, '종교'라는 어휘 대신 '종교문화'라는 용어를 사용하는 것은 분명 뚜렷한 이유 때문이다. 정진홍(1996, 2)이 지적하듯, 종교라는 용어는 아직 하나의 명확한 단위(unity)가 되기에는 경험과 개념 사이의 통일성이 결여되어 있으며, 이는 종교에 대한 인식이 명료화되지 못하는 본질적 이유이다. 그는 "우리가 접하는 종교에 대한 이야기는 다만 종교에 대한 한 뭉치의 개인 언어(idiolects)일 뿐"이고, "특정 종교의 자기주장의 논리가 제각기 인류의 종교경험을 서술하고 설명할 수 있다"며, 종교에 대한 우리 인식의 개념화를 "하나의 사물이 A와 같고, 그 사물이 다시 B와 같으면 A와 B는 동일하다는 논리"의 오류를 지적한다.

과연 고대 마야인이 인식하던 종교와 마르크스(Marx)나 프로이트(Freud)가 인식하는 종교가 같을 수 없을 것이다. 그 어느 것도 자신이 경험한 세계를 배경으로 형성된 언어로 구성할 수 있는 인식의 개념화를 극복하기 어렵기 때문일 것이다. 사실 종교란 개념적 실재이며, 우리가 경험하는 종교는 사회현상이거나 심리현상에 가까운 것이라는 표현이 옳을 것이다. 그렇다면 종교의 개념을 어떻게 정리해야 하는 것일까. 우리가 종교를 안다고 한다면, 그것은 종교의 실재를 이해한다는 것일까, 아니면 개인적으로 체험한 것과 개념적 실재의 유사함을 인정한다는 것일까. 그것도 아니라면, 경험적 실재 (empirical reality)와 개념적 실재(conceptual reality) 사이의 거리를 유사성에 의한 비유적 동일시를 통해 합리화하는 논리 오류를 수용하는 것일까.

(1) 종교를 어떻게 이해할 것인가

종교에 대한 연구의 시점을 논의하면서, 황필호(2004, 17∼35)는 종교에 대한 세 가지 접근방법으로서, '종교변호학'과 '종교학', '종교철학'을 구분한다. 그는 전통신학의 입장을 종교변호학으로 표현하였으며, 철학의 논리적 접근과 종교 본래의 특수성으로서 신앙과 관련된 포괄적 접근을 구별하여 종교학과 종교철학을 구분하고 있다.

21세기 글로벌 환경에서 제기된 라틴아메리카의 중요성과 의미를 고찰하면서, 종교를 연구한다고 할 때, 이러한 세 가지의 입장이 긍정적인 것은 분명하다. 하지만 우리의 일천한 환경에서, 그리고 필자의 부족한 역량 탓에 신학과 종교학, 종교철학의 시점을 택하는 것은 우선적 대상이 되기는 곤란하다. 라틴아메리카의 다양한 종교적 형태와 일상에서의 의례들에 나타난 문화적 특성을 살펴보기에는 종교현상학이나 종교인류학이 보다 가까운 접근형태가 될 수도 있겠다. 하지만 이 책은 학제적(disciplinary) 관점이라기보다는 '학제간적(interdisciplinary)' 관점에서 라틴아메리카의 종교문화를 살펴볼 것이다. 다양한 정의에 의해 표현되는 종교를 과연 어떠한 시각으로 이해할 것인가. 문제는 라틴아메리카의 종교현상은 긴 역사 동안 수없이 많은 요소들이 만나고, 충돌하며, 새로운 복합적 형태로 변화발전해 왔다는 데에 있다. 하나의 이론적 틀을 기준으로 대상을 분석하는 방식을 간과할 수밖에 없는 이유이다. 오히려 스펙트럼의 긍정적 의미를 부각시킴으로써, 우리에게 여전히 낯설고 생경한 라틴아메리카의 정체성에 대한 이해를 높일 필요가 제기된다.

역사적 시각에서 볼 때 라틴아메리카에서 나타난 신앙의 형태는 매우 다양하다. 먼저 고대문명의 대표격인 마야와 아즈텍, 그리고 잉카의 신앙 등을 생각할 수 있으며, 이후 콜럼버스의 신항로 개척 이후 전개된 스페인·포르투갈의 식민시대의 가톨릭 신앙과 원주민 노동력을 대체하기 위해 지역에 수입된 아프리카 출신의 흑인 노예들의 요루바 신앙 및 가톨릭 신앙과의 융합 신앙, 그리고 최근 강세를 띠고 있는 미국 발원 중심의 개신교 신앙 등은 라틴아메리카 종교문화의 복잡한 지형도를 이루는 주체들이다. 하지만 이러한 역사적 시각이 멕시코에서부터 아르헨티나에 이르기까지 동일한 방식으로 적용되고 해석될 수는 없다. 그야말로 획일적 시각으로 일별할 수 있는 종교적 양태가 드러나지 않기 때문이다. 종교문화의 현상에 대한 관찰이 다양한 스펙트럼에 대한 일별을 목표로 할 때 가장 효율적 의미를 가질 수밖에 없는 이유이다.

이러한 다양한 종교를 어떠한 시각으로 살펴보아야 할 것인지, 먼저 종교를 어떠한 의미로 수용해야 하는 것인지 제고해야 한다. '종교란 무엇인가'라는 물음은 사회적 소통구조를 장점으로 생활하는 인류가 지닌 가장 고등한 자기 성찰방식인 것은 분명하다. 하지만 종교를 묻는 일은 어려운 사고(思考)를 동반한다.

'종교란 무엇인가'라는 질문은 수많은 정의와 치열한 논쟁을 거치면서도 명쾌한 답변을 내놓을 수 없는 화두이다. 노자가 말하는 '도가도비상도(道可道非常道)'는 말이나 언어로 표현할 수 있는 도는 진정한 도가 아니라는 의미에서, 선불교의 불립문자(不立文字)와 상통하며, 그리스도교 신비주의자들의 '어두움의 지혜' 혹은 '무의 미학'에 나타나는 표현불가능성(表現不可能性: ineffability) 또한 형이상학적 접근을 통한 정의가 한계가 있음을 지적한다. 그럼에도 불구하고 인간은 인지적 존재로서 체험의 대상을 합리화하는 지적 과정을 필요로 한다.

데카르트가 "Cogito ergo sum"을 선언한 것은 개념론적 실재를 의미한다. 인간의 사고능력이 실재에 의미를 부여할 수 있고, 그러한 능력이 인간 고유의 특성이기 때문이다. '종교란 무엇인가'라는 의문을 던졌을 때, 이는 '경험'에 대한 논의라기보다는 '종교'를 인식하는 태도와 방식에 대한 사고작용에 접근한다. 물론 그 역(逆)이 가능하지 않다는 의미는 결코 아니다. 중요한 것은 개념적 실재의 측면에서 형성된 '코기토(cogito)'와 경험적 실재의 측면에서 선언적 의미로 형성된 '크레도(credo)'가 상호작용을 거쳐 '종교란 무엇인가'라는 질문에 대해 답을 구하는 통합적 방식을 만들어낼 수 있다는 점이다. 개념론적 실재와 경험론적 실재가 통합과정을 거쳐야 종교를 설명할 수 있다는 사실이다. 특정한 개인은 개념론적 실재의 도움 없이 초자연적 실체와의 교감을 통한 종교를 체험할 수 있다. 하지만 그에 대한 설명은 전혀 다른 문제이다. '종교란 이러한 것이다'라는 정의를 내리고, 그러한 정의에 맞는 방식의 설명을 위해서는 코기토와 크레도가 선언적 태도를 지향하는 극단적 대치구도에서는 설명될 수 있는 부분이 극히 제한적이거나 거의 불가능할 것이다.

기독교의 보편 교리로서 '삼위일체'를 예로 들자면, 성부(聖父), 성자(聖者), 성령(聖靈)의 세 위격(位格)은 동일한 본질을 공유하고, 유일한 실체로서 존재한다는 의미는 선언적이고 상징적이다. 개념적 실재이기도 하다. 삼위일체를 둘러싼 논쟁은 325년 니케아 공의회에서 교회의 정통교리로 공인되기까지 수많은 논쟁과 이단분쟁의 중심에 놓여 있었다. 삼위일체를 믿는다는 '크레도'의 의미를 개념적 실재로 파악하려는 시도와 관련해서 많은 희생이 있었고, 결국 삼위일체를 믿기로 결정한 세력이 주도권을 갖게 되면서, 그를 반대했던 세력들은 이단이라는 멍에를 쓸 수밖에 없었다. 아우구스티누스(354~430)가 삼위일체를 어떻게 이해할 것인가 고민하던 시절, 우연히 해변을 산책하던 중, 어린이가 조개껍질로 모래에 판 구멍에서 바닷물을 퍼내어 구멍의 물을 비우려는 행동을 보고, 삼위일체의 신비를 이해한다는 것의 불가능성을 깨달았다는 일화는 유명하다.

종교를 논의하면서, 자연과 초자연의 구분이 유용한 시각이 되기도 한다. 우리가 종교에 대해 묻거나 설명하는 행위는 언어적 표현의 세계에 속한다. 언어적 표현은 인간이 만들어놓은 사회적 구도에 따른 인습과 관용적 형태가 문화적 틀을 형성하며 갖춰진다. 따라서 언어는 지리적 조건과 환경 등의 자연과 사회문화적 조건의 환경 등을 반영한다. 종교를 말하는 행위는 그 표현에 있어서 자연에 속한다. 그런데 종교는 그자체로서 초자연적 현상에 속한다. 아우구스티누스가 삼위일체에 대한 설명이 불가능하다고 포기했을 때, 그것은 인간의 어휘로 표현할 수 없다는 '표현불가능성(ineffability)'을 의미한다. 표현할 수 없다고 해서 종교적 실체가 없어지는 것은 아니다. 그래서 이러한 대상과 경험을 '신비'로 규정한다. 삼위일체는 교리의 대상이며, 그것을 경험하고 인지하는 모든 과정은 신비이다. 개념적 실재에 대한 경험적 실재의 불일치는 '신비'의 개념을 통해 하나의 접점에서 만난다. 그래서 십자가의 요한(San Juan de la Cruz: 1542~1591) 같은 대표적 기독교 신비주의(Christian mysticism) 학자는 종교라는 초자연 현상을 자연어인 인간의 말로 표현하고 설명하려는 시도를 포기하고, 대립적 역설구도의 함축적이거나 상징적인 비유적 표현으로 대체한다. 특히 절대자(絶對者)와 하나가 되는 순간과 장소는 언어적 표현의 과정을 겪으면 이미 실재(實在)와는 다른 것이 될 수밖에 없다. 신비체험이란 인간적인 개념의 시간과 공간의 개념을 초월한 초자연적 경험이기 때문이다(박종욱, 1999: 93~94). 십자가의 요한은 대조적 어휘를 통한 대립적 역설구도를 활용하여 신적 초자연의 세계에 대한 무지(無智)와 두려움을 어두움, 무(無) 등으로 표현한다. 이러한 대립적 역설구도의 표현은 인간적인 것에서 신적인 것으로의 변환(變換)을 의미하는 '역(逆)의 합일(合一): Coincidentia oppositorium'의 기능이다. 실재적 개념과 경험적 개념의 차이를 극복하려는 접근의 사례일 것이다.

그렇다면 우리는 라틴아메리카 종교를 어떻게 이해해야 하는 것일까. 종교가 인류의 보편적 정서이며 원형적 사고작용에 의한 결과물이라고 한다면, 라틴아메리카의 종교를 바라보는 우리의 시각은 같거나 유사해야 할 것이다. 하지만 종교가 비록 개념론적 실재로서의 대상이라고 해도, 경험론적 실재로서 체험되지 않으면 그 실체가 존재할 수 없는 것처럼, 비록 보편적이고 원형적인 개념으로서의 종교적 요소가 보다 본질적 성찰 대상이라 할지라도, 그를 체험하고 믿는 주체적 대상에 대한 성찰적 접근이 없다면 실체에 대한 규명이 불가능하다. 종교 또한 우리 의식의 총체적 인식의 틀(conceptual platform)을 반영하는 사회문화적 산물이기 때문에 문화적 조건에 따른 영향을 무시할 수 없기 때문이다. 사실 종교는 종교에 대한 물음을 지닌 주체들이 자신이 경험하는 자연과 사회문화적 조건 속에서 인식하는 대상으로서 의미를 지닌다. 종교를 서술하거나 묘사하는 사람의 환경적 조건이 중요한 변수가 될 수 있는 것이다.

멕시코의 과달루뻬 성모 신앙의 공경 대상으로서 성모마리아는 프랑스의 루르드 성모나 포르투갈의 파티마 성모와 본질적으로 다른 것은 아니지만, 그 구체적인 의미와 사회문화적 기능과 역할에서 분명한 차이점을 지닌다. 그렇다면 멕시코의 성모와 프랑스 및 포르투갈의 성모는 동일하면서 동시에 다른 존재가 될 수도 있는 것이다. 특히 사회문화적 조건을 주요한 변수로서 인정한다면, 위에서 언급한 세 성모 마리아는 상대적으로 다른 기능과 역할을 사회적으로 수행한다고 보아야 할 것이다. 이러한 차별성은 교리나 신앙의 측면에서 접근해서는 곤란하며, 다만 사회문화적 조건과 환경에 따른 지역적 특색에 따른 역할과 기능의 측면에서 의미를 지닌다. 우리가 주목하는 종교의 의미는 라틴아메리카적 일상과 밀접한 관계에서 파악된다. 사실 엄밀한 의미에서 어디까지를 종교의 영역으로, 그리고 어디에서부터 종교 밖의 영역으로 구분할 수 있는 것인지 구분하려는 시도는 본질적으로 불가능할 수도 있다. 엘리아데가 '종교적 인간(Homo religiosus)'을 논의했을 때, 인간을 종교에 심취한 인간형과 그렇지 않은 형으로 구분한 것이 아니라, 인간의 속성을 사회문화적 환경에 따라 종교적 행위를 본능적으로 구현하는 성질에서 파악함으로써 이러한 속성에 노출된 상태를 '종교적 인간'으로 명명한 것은 인간에게 종교는 안과 밖의 구분이 무의미하다는 전제 때문이 아닐까.

종교인류학은 종교를 유기적 체제로서 진화의 네 단계를 거친다고 정리한다(월레스, 2010: 294~295). 첫째, 개인적이고 샤먼숭배를 포함한 사회의 단계와, 둘째, 개인적이고 샤먼(Shaman)적이며 공공을 위한 숭배사회의 단계, 셋째, 개인적이고 샤먼(Shaman)적이며 공공숭배와 함께 신격이 판테온에 헌신하는 교회적 숭배를 포함하는 사회의 단계, 그리고 마지막으로 넷째, 개인적이고, 샤먼(Shaman)적이며 공공숭배와 신격의 유일신적 개념에 전념하는 교회숭배제도 사회의 단계를 의미한다. 라틴아메리카의 종교문화를 시간적 흐름에서 살펴볼 때, 우리가 논의의 대상으로 삼는 마야나 아즈텍, 잉카 등의 문화권에서 드러나는 종교의 형태는 셋째와 넷째의 복합적 형태를 지닌다. 엄밀하게 월레스의 구분이 적용되기란 불가능하다. 산테리아(Santería)나 깐돔블레(Candomblé), 보두(Vodoo)의 경우를 예로 들어본다면, 그 형성시기와 지역에 따라 종교문화적 요소를 달리 구성하기 때문에 월레스의 구분 자체가 무의미해질 수도 있다. 그럼에도 불구하고 이러한 단계별 구분은 종교를 원시종교에서 현대의 고등종교로의 사회구조적 진화의 시점을 논리적 토대로 삼을 뿐 아니라, 현대사회의 구조적 특성이 지닌 우월성에 방점이 가는 것을 부정할 수 없다. 통합적 중앙집권제도가 발달되지 않은 작은 규모의 원시사회의 종교 및 종교문화적 특성을 이해하고, 오늘날 흔하게 보이는 종교의 형태와 비교를 하기 위해서는 이렇듯 사회의 발전단계에 따른 시각이 타당성을 지니는 것은 분명하다. 하지만 이러한 기준은 사회의 발전구조의 특성을 이해하기 위한 것이기 때문에 종교문화의 우열이나 옳고 그름을 구분 짓기 위함은 아니다.

아울러 분명한 것은 우리가 라틴아메리카의 종교를 다룬다는 의미는 종교의 제반 현상을 종교학이나 신학에 주목하려는 목적에 있는 것이 아니라, 사회문화적 환경과 조건을 고려한 열린 개념으로서 '종교문화'라는 보다 포괄적인 시각에서의 종교를 의미할 때 이해와 소통의 공감대가 확장될 수 있다는 사실에서 찾을 수 있다는 점이다. 신학과 교리의 문제는 잠깐 놓아두고, 일상적 삶의 형태와 그 의식적 배경을 구성하는 문화현상으로서 종교를 파악하려는 시도가 타문화에 대한 이해능력과 관련한 라틴아메리카 이해하기의 올바른 접근이 될 수 있을 것이다. 개념론적 실재가 경험론적 실재가 되는 접점에서 종교에 대한 올바른 이해가 가능하다고 전제한다면, 한 종교는 한 개인이 자기 문화의 언어와 방식으로 종교에 대한 자신의 믿음을 고백하는 행위를 통해 구현되고 실존적 의미를 부여받는다.

종교적 행위와 관련하여, 우리는 먼저 구체적 대상으로서 종교현상을 본다. 사건이나 fact로서 현상을 파악하는 것이다. 이때의 종교현상은 'text'이며, 우리는 그 텍스트를 읽는다. 그러나 읽는 행위는 text를 사회문화적 맥락(socio-cultural context)에 따라 해석하는 과정과 맥락을 극복하며 존재하는 보편성을 발견하는 과정을 통해 개념적 실재로서 Text를 구현하게 된다. 하지만 개념적 실재로서 Text는 다시 사회문화적 맥락에 따라 새로운 text를 구성한다. 종교에 대한 진술은 기독교나 불교라는 어떠한 구체적 대상을 특정하여 진술하는 개인(과 사회) 자신의 문화적 배경의 맥락을 통해 '고백'을 하는 행위라고 해설하는 정진홍(1996: 11~22)은 그 과정에서 자기 문화의 언어와 언어의 문법뿐 아니라, 자기의 시선에 의해 Text를 해석하는 '재형상화(reconfiguration)' 과정에서 다시 text가 될 수밖에 없으며, 따라서 종교에 대한 언술과 정의는 사실을 대상으로 하는 것이 아니라, 개념을 대상으로 하고 있음을 논술한다. 그렇다면 종교 현상과 의식과 의례 등 종교적 대상은 '해석을 기다리는' text로서 해석을 주관하는 주체에 따라 의미가 전이되거나 변형될 수 있는 개연적 관계에 놓이게 된다. 그런데 우리가 종교를 필요로 한다면, 이는 종교에 대한 형이상학적 탐색과 그 과정에 초점이 맞춰지는 것이 아니라, 일상적 삶에서 어떻게 종교적 대상을 경험하고 '자기방식'으로 해석하고 수용하는가 하는 수용자 측면의 해석에 따른 '종교의 사회적 역할과 기능'과 밀접한 관계에서 파악될 수 있을 것이다.

종교는 사건이나 현상을 기록한 텍스트를 사회문화적 맥락에 따라 해석하여 일상생활에 기능적으로 적용한 문화현상으로서의 의미를 지닌다. 우리가 종교를 문화현상으로 볼 수 있는 이유이다.

(2) 문화현상으로서 종교

경찰관에 쫓기는 소매치기가 '예수'나 '알라'를 부르짖으며 무사하게 도망칠 궁리를 한다면, 그것은 올바른 신앙행위는 분명 아니다. 하지만 그러한 행위는 문화현상으로서 분명 신앙행위가 되기도 한다. 일상의 행위와 의례로서 종교는 사회문화적 맥락에서 다양한 형태로 존재하며, 그러한 종교의 영향을 일상에서 자신의 문화와 언어로 체험하고 고백하는 행위는 분명 종교행위가 맞다. 우리가 혼돈해서는 곤란한 사실은 이러한 극단적인 행위 사례가 종교적으로 옳고 그른 판단의 대상인가 아닌가 하는 점에 있지 않으며, 보다 본질적이고 중요한 사실은 그러한 행위의 배경에 종교적 인식과 태도가 담겨 있으며, 이는 일상적 행위를 통해 의식과 무의식으로 실재한다는 것이다.

과연 실재한다는 것의 의미는 무엇일까. 어떠한 사실이나 현상을 발견하고, 그를 묘사하고 해석하는 것이 주체적 대상의 주관적 개입을 배제한 객관적 타당성을 담보할 수 있을까. 우리가 전통적으로 동지(冬至)에 팥죽을 쑤어먹는다는 사실은 실재론적 개념의 대상이 된다. 그러나 동지 팥죽의 의미를 해석하는 것은 사회문화적 배경에 대한 이해가 배제된 채 수행될 수 없다. 사실의 실존은 해석의 당위성을 보장하지 않는다. 사실이나 현상은 사회문화적 '역할'과 '기능'이라는 측면에서 그 의미를 갖는다.

멕시코 서부 태평양 연안에 자리한 나야릿(Nayarit) 주(州)에 살고 있는 약 5만여 명에 이르는 우이촐(Huichol) 원주민 종족은 콜럼버스 이전의 종교문화 의례를 여전히 기념하며, 자신들의 신앙을 고백한다. 도시 생활권에 들어와 특별한 보호지역에 살고 있는 우이촐 사람들이 아닌, 진짜 원주민의 삶을 살아가는 우이촐 사람들을 만나기 위해 나야릿 주도(州都)인 테픽(Tepic)에서 산과 호수를 건너는 다섯 시간의 여정 끝에 만난 그들 또한 이미 문명의 영향권 아래 삶의 방식을 바꿔가고 있다. 멕시코 정부가 마련한 전력과 지하수 펌프가 턱없이 부족하기는 해도, 현대문명은 이들의 일상생활을 변화시키고 있으며, 돈을 벌기 위해 도시나 외지로 노동력을 팔러 나가는 이들도 적지 않다. 하지만 이들은 여전히 자신들의 종교의례를 삶의 구심력으로 많이 유지하고 있었다. 사슴과 태양, 물과 불에 대한 그들의 종교적 상징을 묘사한 장신구와 공예품을 수줍게 내놓아야 하는 현실에도 불구하고, 이들의 문화에 대한 뿌리의식은 신앙과 긴밀하게 연결되어 있었다. 의복과 장신구, 신앙고백의 의례 등은 그들이 선택할 수 있는 삶의 터전으로서의 최적의 환경에 대한 염원과 지혜, 그리고 기원을 담고 있다. 그들의 의례와 신앙은 자신들이 처한 환경에서 최적의 상황에 대한 정보와 지혜가 담겨 있는 사회조직의 원리와 긴밀한 관계에서 파악될 수 있다.

고대 마야의 문명을 집약하여 보여주는 까스띠요(Castillo) 피라미드의 춘분의례와 옥수수 신화는 농경사회의 사회구조와 지배이념과 관련된 일상적 삶의 지혜와 의미를 반영한다. 파종을 해야 하는 시간적 기준점을 대중들에게 기억할 수 있도록 특별한 의례로서 기념하여 일상적 삶의 리듬에 인식시키고, 옥수수의 가치와 중요성을 신화적으로 구성하여 전래시킴으로써, 중앙관리 방식의 대량생산 농업체제를 재현하여 자연환경을 최적의 상태로 이해하고 활용하는 지혜로 연결시키는 의미이다. 종교는 일상생활과 유리된 채 신앙행위와 배타적 관계로 형성된 의미로 제한되는 것이 아니라, 그 믿음을 일상적 삶의 방식에서 고백하고 실천하는 사회문화적 환경에서 궁극적 의미를 지니게 되는 것이다. 우리가 라틴아메리카 지역사회와 문화를 이해하기 위해, 그들의 종교를 문화현상으로서 파악해야 하는 이유이다.

문화를 구성하는 다양한 요소들은 종교를 구성하는 요소가 되기도 한다. 과연 종교를 어떠한 시각에서 살펴볼 것인가. 종교를 보는 다양한 시각 가운데, 문화현상으로서 종교를 살펴보는 시각이 가장 우리의 목적에 맞는다. 라틴아메리카의 사회문화적 현상을 살펴보는 가장 객관적 기준에서 본다면, 종교학이나 종교현상보다는 종교문화가 적절하기 때문이다. 자신의 삶을 탓하다가도 누가 옆에서 재채기를 할 때, '신의 가호'를 외친다면, 이는 분명 신앙행위라기보다는 문화현상으로서 종교적 일면으로 보아야 할 것이다. 도박장에서 슬롯머신을 돌리며 성호를 긋는 행위 또한 분명 종교적 신앙의 행위라기보다는 문화적 습관으로서 일상의 문화적 표출이라고 보아야 한다. 어쩌면 종교행위와 의례는 한 사회가 공유하는 문화현상으로 설명이 가능할 때 의미가 분명해질 수 있을 것이다.

2) 종교와 종교문화

종교적 믿음은 분명 체험에 대한 인식적 합리화 과정의 산물이며, 개념적 실재를 대상으로 한다. 하지만 이는 체계화된 인간 경험을 바탕으로 자신의 믿음을 선언하는 행위(credo)를 통해 완성된다. 우리가 지향하는 연구의 방향성은 종교현상에 대한 형이상학적 접근이 아니다. 특정한 문화가 특정한 시기에 형성한 문화현상으로서 종교의 특성을 범인류적 경험이라는 기준을 토대로 검토하여 라틴아메리카의 정체성을 탐색하려는 방향성을 지향한다.

초자연과 자연의 외부적 환경과 관련된 삶의 사회문화적 의미를 체계화된 인식으로 구성하는 과정에서 종교는 중요한 가치개념이 된다. 초기 인류학자들은 종교를 문화의 중심에 두었다(월레스, 2010: 4). 애니미즘(animism) 혹은 '영적 존재에 대한 믿음'을 종교에 대한 이해의 출발선으로 보았으나, 인류학은 종교를 추상적 대상으로 설정하며, 사회의 조직과 풍속 및 민속과 의료행위 등을 종교와 비교하며 연구하기도 하였다. 원시시대부터 인간은 자연환경을 이해하고, 예측하기 위한 과정에서 주술에 의존하였다. 유목민의 경우에는 기후의 변화와 환경의 변화에 적응하는 가치관을 공경하는 행위를 중요하게 여기며, 이러한 행위는 자신들의 신화에 반영되어 의례로서 재현된다. 농경민의 경우에는 농경을 위한 기후조건에 따라 태양과 달의 주기와 운행 등을 중심으로 노동력의 집중적 투입시기와 방식과 관련된 행위가 사회적으로 존중되는 가치관이 되며, 자신들의 신화는 이러한 행위를 반영하고 그 구성원들은 의례를 재현함으로써 자신들 사회의 안녕과 번영을 기원하는 것이다. 따라서 종교는 사회문화적 배경에서의 패러다임에 따른 고유성을 지향하면서, 자연스레 고유의 독특한 의례를 수반하게 된다. 개인은 사회가 제시하는 가치관이 투영된 의례를 신화나 전설 등의 형태를 통해 믿음과 신앙의 형태로 재현하고, 사회는 개인이 보여준 헌신과 봉사에 대한 화답으로 안정감과 소속감을 부여함으로써 개인의 행복과 평화를 제공한다.

그렇다면 종교적 삶과 비종교적 삶의 구분은 명료한 것일까. 종교적 삶과 비종교적 삶을 구분하는 것은 얼핏 쉬운 일처럼 보인다. 하지만 종교와 비종교적 일상의 경계는 명확하게 구분되지는 않는다. 엘리아데의 '성'과 '속'은 종교적 순수성과 비종교적 타락을 의미하지 않는다. 성은 종교적 본성의 드러냄을 의미하는 것으로서, 이념적이거나 개념적인 의미가 일상에 그 모습을 제대로 구현하여 드러내는 본질적 현상이기 때문이다. 엘리아데가 말하는 종교적 인간(homo religioso)은 교회나 사찰 등에 열심히 다니는 신앙심이 깊은 신자를 얘기하는 것이 아니라, 종교적 일상에서 의례와 그 의미에 노출되었음을 자각하게 되는 본질로서의 인간을 의미한다.

(1) 종교와 의례

  종교는 의례로서 의미를 집약한다. 의례로 집약되지 않는 종교는
허구적이거나 종교적이지 않다. 의례는 특별한 신호의 연속적 결과
이다. 우리가 흔하게 접하는 수많은 통과의례(Initiation)는 대부분 종
교적 속성을 지닌다. 이때 종교는 포괄적 의미에서 사회문화적 인식
에 대한 정신 작용적 소통의 기능을 포함한다. 의례는 사회가 요구
하는 가치를 설정하고, 사회의 구성원들이 개인적 체험과 공감을 통
해 집단이 제시하는 가치를 준수하고, 집단과 소통함으로써 사회통
합 의식을 가능하게 하는 공공적 행위이기 때문이다. 집단 구성원들
의 동의를 통해 재현되며, 공감을 통해 확인되고, 행사를 통해 재확
인되는 사회적 협의이며 약속의 기능과 역할을 포함하는 것이다. 따
라서 종교는 의례를 수반하며, 종교적 의례는 사회 구성원들의 공동
선을 지향하는 과정에서 자신들의 믿음을 공통으로 고백하는 개인
적이며 동시에 사회적인 예식이다.
  의례의 목적은 균질적 공간으로부터 비균질적 공간을 구분하기
위한 것이다. 종교적 인간에게 있어서 공간은 균질적이지 않다. 그
는 공간 내부의 단절과 균열을 경험한다. 특정한 경험은 이전까지의
공간에 새로운 의미를 부여한다. 새롭게 변화된 공간을 기념하는 예
식이 종교적 의례가 되는 것이다. "이리로 가까이하지 말라. 너의 선
곳은 거룩한 땅이니 네 발에서 신을 벗으라"는 출애굽기(3장 5절)
표현은 종교적인 인간에게 있어서 공간적 비균질성(非均質性)은 거룩
한 공간과 다른 모든 공간의 대립적 경험(Eliade, 1959: 20)이며, 이
러한 경험은 특별한 의식으로 기념된다. 어두운 방은 지성소이며,

생명의 탄생과 죽음의 공간과 연결되는 비밀스러우면서도 거룩한 공간이 되기도 한다. 일상적 삶의 방식에 따라 사회의 구성원이 체감할 수 있는 안정감과 행복감의 추구형태가 의례의 형태로 함축되는 것은 자연스러운 일이다. 인간의 보편적 정서는 어느 사회집단에나 공통적인 것은 아니다. '순록 숭배'(월레스, 2010: 265) 등은 특정한 지형과 기후대의 사회적 조건에 부합하는 집단의 토템과 애니미즘으로 연결되며, 사냥꾼이나 샤먼의 특정한 행위를 통해 특별한 의례의 범주가 된다.

의례의 범주에는 이렇듯 종교적 보편성과 특수성이 포함된다. 보편적이고 원형적 의미에서 의례는 엘리아데가 지적하듯 공간의 비균질성이라는 종교적 경험을 통해 획득된 원초적 경험이며 세계의 창조와 동일시될 수 있을 만큼 보편적 정서를 함유한다(Eliade, 1959: 20~21). 특수성으로서의 의례는 보편성을 토대로 형성되는 것이기는 하지만, 역사성과 지역성에 보다 큰 변수를 특징으로 지니게 된다. 하지만 농경(農耕)의 발전이 대지모(大地母: Mother Earth), 농업적 풍요, 여성의 신성성 등과 관련된 상징과 그에 대한 숭배로 발전하면서 복합적인 종교적 체계를 구성하는 것은 지역적 특수성과 보편성의 만남이기에 의례를 의도적으로 구분하거나 차별할 타당성은 크지 않다. 특히 라틴아메리카의 종교와 의례를 이해하기 위해서는 특수성과 보편성은 동시다발적인 구성요소로서 해석될 수 있을 것이다. 보편성과 특수성은 상호보완적 개념으로 기능하기 때문이다. 중요한 것은 종교의 의례가 어떠한 의미를 지니며 발생하는가 하는 개념이다. 우리의 솟대가 거룩한 장소로서 비균질적 공간의 특수한 의미를 지니는 것처럼 모든 종교적 요소는 특별한 장소에 의미를 부여한다. 중심의 개념은 수평과 수직의 공간 확대를 통해 균질과 비균질의 공간을 구분하고, 이는 의례를 통해 특별한 의미를 확인받는다.

월레스는 종교가 사회경제제도의 변화에 따라 유기적으로 진화하는 가운데 의례내용과 방식이 달라진다고 분석하며, 네 가지의 변화를 들었다(2010: 295). 첫째, 기술과 사회경제제도가 효과를 나타냄에 따라 점차 인간과 비인간의 물리적 자연의 직접적 조작이었던 기술의례와 치료 및 반치료 의례의 중요성이 줄어든다. 둘째, 세계의 관찰 가능한 모든 현상을 설명할 수 있고, 내적으로 조화를 이루며 형이상학적 관념체계인 종교적 믿음 형성에 대한 의도적 관심이 증가한다. 셋째, 사회의 인원과 물질적 장치들이 확충되고 점진적으로 계급사회, 정치, 경제제도가 발전함에 따라 제도로서의 종교는 상대적으로 지배, 피지배 위치에 있는 사람들과 동일 계층 사람들 사이에서의 선행과 악행을 정의함으로써 인간의 도덕적 문제해결과 관련을 맺는다. 마지막으로 넷째, 인구가 증가하고 사회적 조밀감이 늘어나고 문화의 변화가 가속됨에 따라 개인과 사회복지를 위한 문화들이 점차 종교를 위협한다. 이러한 관계망에 따라, 종교의 의례는 네안데르탈인들이 죽은 사람을 동굴에 매장하던 행위에서부터 현대인들의 종전(終戰) 기념식 행위에 이르기까지 다양한 의미로 해석이 확장될 수 있다.

제도화된 의례들은 무의식적인 동기의 갈등에서 발생하는 개인의 불안과 고통을 누그러뜨린다(월레스, 2010: 270). 의례가 지닌 사회문화적 소통구조 때문이다. 개인의 축적된 경험은 개인들이 구성하는 사회의 가치관과 질서의식 등을 구성하고, 사회는 구성원에게 의례를 반복하도록 함으로써 사회와 개인은 의례를 통해 소통하는 것이다. 개인은 사회의 가치관에 봉사하고 희생하며, 사회는 개인에게 안정감과 공동이익을 분배하는데, 이 과정에서 사회적 협의에 의한 약속이 의례로서 기념되는 것이다. 따라서 한 사회의 종교문화에서 파생된 의례는 인류의 보편적 정서를 지향하면서도, 구체적인 사회의 특수성에 의한 가치관과 긴밀한 관계에서 파악되어야 한다.

```
                        사 회
             ╱╱           ⇑⇓           ╲╲
   규범      =           의 례      =       윤리
             ╲╲           ⇑⇓           ╱╱
                        개인
```

　의례는 사회문화적 가치에 봉사하는 개인이 스스로의 희생에 대한 사회적 보답을 균형적 관계로 이해하게 되는 방향성에서 더욱 공고해진다. 마야의 대표적 희생제의인 '공놀이(Juego de Pelota)'에서 두 팀 간의 대결에서 이긴 팀의 주장은 하늘의 안전한 운행을 위해 태양의 에너지를 상징하는 심장을 바칠 수 있는 위대한 희생의 권리를 모든 사람들 앞에서 행사하게 되며, 마야인들은 숭고한 희생을 통해 공동체 중심 사회의 안녕과 농경사회의 발전과 번영을 기원하는 사회적 협의의식을 치르게 되는 것이다.

　종교가 개인의 행복을 기원하면서, 동시에 사회집단의 이익을 반영하는 것처럼, 의례 또한 개인적이며 동시에 사회적이다. 우리가 알고 있는 신화나 민간전승들도 사회의 공통적 가치관을 형성하는 과정에서 충돌되는 모순적 요소들이 어떻게 조화를 이뤄나가게 되

깃털 달린 뱀은 메소아메리카 하늘과 땅의 신성한 기운이 합쳐진 복합적 상징과 의례의 이미지로서 농경사회의 발전과 번영에 기여한다.

는지에 대한 이야기의 구조를 띠게 된다. 구약성서의 경우처럼 많은 신화와 민간전승을 담고 있는 종교적 문헌들은 '가치충돌의 해결과정'으로서 이야기 구조를 지닌다. 이러한 구조는 신약성서의 세계에서도 반복되는데, 다만 상징적 의례의 형태로 단순화되는 경향을 띤다. 사회의 구조가 복합적인 단계에 접어들수록 구성원들 사이의 사회적 연대관계가 간접화되기 때문에 의례 또한 상징적이거나 은유적으로 치환된다. 형성 초기에는 사회의 구성과 의미를 치열하고 절절하게 드러냈던 신화가 사회의 구조가 복잡해지고 다층적인 시대가 되면 신화는 선인들이 삶을 바라보았던 지혜와 흥미의 이야깃거리로 의미가 전환되는 것처럼 종교적 의례 또한 사회와 구성원 사이의 내적 통일성의 심도가 변화되는 경향을 보인다. 삶의 지혜를 다루거나, 단순하게 흥미로운 인간사회의 관계를 동물의 피를 희생하기보다는 희생을 상징하는 기도문이나 주문을 외우는 것으로 대신하게 되는 것이다.

(2) 일상과 의례

엘리아데의 용어에 의하면, 종교적 의례의 대상으로서 비일상적 범주의 의미와 일상적 범주의 의미는 '성(聖: the sacred)'과 '속(俗:

the profane)'으로 구분된다. 나무가 있다고 할 때, 그 나무의 존재의 미는 나무를 경험하는 주체에 따라 달라진다. 절대적 의미에서 실재하는 나무는 일상적 범주에서 객관성을 유지하는 나무로 존재하지만, 특정한 경험의 주체가 체험하는 대상으로서의 나무는 비일상적 범주에서 주관성을 반영하게 된다. 인간이 경험하는 나무는 홑겹으로서의 나무가 아니라, 나무는 나무이되 나무이지 않고, 나무이지 않되 나무이기 때문이다. 인간은 '나무'와 '나무 아닌 나무'를 경험한다. 인간의 삶을 중첩된 구조의 틀로 인식하는 엘리아데의 설명으로 인간의 생각은 홑겹이 아닌 의식의 복합성, 사물의 중첩성, 인식의 양면성에 의해 변화되는 것이다. 이론적으로 객관적이고 불변하는 나무가 존재한다고 할 때, 그 나무는 나무이지만 경험의 주체에 따라 그 나무는 같은 나무가 될 수 없으며, 특정한 의미를 부여받게 되는데, 엘리아데는 이렇게 일상과 비일상의 틈새에서 빚어진 삶의 경험을 드러낸 현상을 종교라는 문화로 이해하는 것이다(정진홍, 2003: 18~20). 엘리아데의 '성'과 '속'은 세속과 성스러움을 뜻하는 것이 아니다. 그는 모든 것에 실재하는 존재론적 의미가 드러나는 행위를 종교라고 전제하며, 그 과정에서 일상적 범주에서 인식되는 대상을 '속'으로, 경험이라는 비일상적 범주에서 인식되는 대상을 '성'이라고 정의한다. 엘리아데의 '성'은 본질이 아니라, 현상을 일컫는 용어인 것이다. 따라서 그가 주장하는 성과 속은 '실재'에 대한 평가가 아니라, '현상'에 대한 '서술범주'이다. 우리가 엘리아데의 사상을 수용하는 과정에서 빚는 오해와 왜곡이 성과 속의 관계를 성으로 '드러난' 현상과 속으로 '머무는' 현상으로 인식하지 못하는 데에서 기인하곤 한다. 엘리아데가 세상의 모든 종교를 특정하여 구분하지 않고, 인류의 통합적 인식구조로서 일상과 비일상적 범주에서의 경험을 논의하는 것은 대상을 신학적 입장이 아니라, 인식의 경험과의 관계에서 파악하기 때문이다.

일상은 특정한 종교적 경험과 인식을 통해 특별한 의미를 부여받는다. 이렇게 특별한 의미를 부여받는 일상은 특별하게 기념되는 의식을 통해 성화(聖化)된다. 특별한 장소와 특별한 시간이 일상적인 범주의 장소와 시간과 구분이 되는 것이다. 동일한 장소와 시간이 새로운 의미로 재구성되기 위해서는 특정한 의식을 통해 기념이 되는 변화의 과정이 사회적 협의를 통해 이뤄진다. 성스러운 공간과 성스러운 시간은 본래부터 특별하게 구분되어 존재하는 것이 아니라, 경험하는 주체의 인지와 의식에 의해 비일상적 범주로서의 대상이 되는 것이다. 이는 마치 같은 연필이어도, 누군가에게서 받은 이유와도 같은 특별한 사연에 의해서 전혀 새로운 연필이 되는 것과 같은 의미이다. 이러한 과정이 성화인 것이다. 사랑하는 사람으로부터 건네받은 연필은 수천 수백의 다른 연필과 함께 공장에서 같은 조건으로 생산된 동일한 연필일 수 있어도, 연필을 건네받은 내가 경험하는 주관적 인식과 인지에 의하면 그 연필은 나에게는 이 세상에 하나밖에 없는 매우 소중하고 특별한 의미를 지닌, 그래서 대체될 수가 없는 유일한 연필이 된다. 일상적 범주에서의 수천 수백의 연필을 대표하는 하나의 연필은 그 자체로서 '속'의 속성을 지닌다. 하지만 나에게 특별한 경험으로 노출되어 각별한 사연을 지니게 된 그 연필은 다른 어떠한 연필과도 교체될 수 없는 하나밖에 없는 바로 그 연필이 된다. '성'의 속성을 지니게 되는 것이다. 보편적인 연필이 특별한 의미를 지닌 개별적 연필로 확장되는 과정이 바로 성화

일상에서의 종교의례는 어린 시절부터 통과의례로서 기념되는 다양한 행사와 축제 형태를 통해 체화되어 문화정체성을 형성한다.

이며, 이를 기념하는 사회적 협의와 의식이 의례가 된다.

모든 일상은 체험되고 인식되는 과정에서 구현된다. 개념으로서의 일상이 경험되지 않는 범주란 부화되지 않은 알과 같은 것이다. 어느 하나가 다른 하나보다 더 중요하다거나 필요하다는 의미가 아니다. 엘리아데가 말하는 종교적 인간이란 신학적 차원에서 종교의 본질을 체험하는 인간을 의미하는 것이 아니라, 사물의 관계에 대한 인식에 있어서 대상의 본질이 지니고 있는 의미를 드러내어 체험할 줄 아는 속성을 지닌 인간을 지칭한다. 그러므로 종교적 인간이 따로 존재하는 것이 아니라, 인간의 보편적 특수성으로서의 속성이 종교적 인간이며, 누구나 종교적 인간일 수 있지만, 그러한 경험에 노출되는 속성을 경험하는 인간형이 종교적 인간인 것이다. 일상에서의 의례는 이러한 종교적 속성을 지닌 인간이 일상적 삶에서 보편적 정서를 개별적이고 특수한 정서로 기념하고 의식화하는 과정에서 나타나는 형식화의 과정이다. 따라서 일상에서의 의례는 특별한 것이 아니라, 보편적 속성으로서 빈번하게 만들어지는 인식의 형식화 사례이다. 에리히 프롬이 지적하는 사랑은 다른 대상과 특정한 대상을 구분하여 차별화하는 행위이다. 불특정한 사람들을 대상으로 눈을 맞추는 것과 사랑하는 사람을 대상으로 눈을 맞추는 것은 본질적 의미를 달리한다. 의례 또한 성스러운 공간과 성스러운 시간에 특별한 의미를 재현하기 위한 행위로서 의미를 지니게 된다.

한 사회의 종교문화를 응축하여 상징하는 의례는 일상과의 관계에서 긍정적 의미를 회복한다. 일상에서 재현되지 않는 의례는 의미를 잃은 형식적인 의례이다. 광복과 함께 사라진 천황에 대한 맹세의 의례는 한반도에서 그 의미를 잃었다. 종교적 의례의 경우에도 마찬가지이다. 일상문화 속에 내재된 의례로서 탄생과 죽음과 관련된 본질적이고 원초적인 사건을 기념하고 의미를 되새기는 행위는 종교적이면서 동시에 일상문화적 행위로서 삶의 본질적 과정을 기념하는 장치로서 인류 보편적 정서인 통과의례로 논의된다.

물론 통과의례와 종교적 의례의 구분은 명확하지 않으며, 구분될 수 없는 경우도 많다. 돌, 환갑, 입식, 퇴식, 혼인 등등의 일상적 삶에서 흔하게 경험하는 사건은 비록 빈번한 행위인 듯해도, 당사자들에게는 전혀 새롭고 성스러운 행위로서 기념된다. 경험하는 주체의 시각은 일상적 범주의 의미를 비일상적 범주의 특별한 대상으로 만든다.

라틴아메리카에서는 열다섯 살이 된 소녀의 생일을 기념하는 의례가 존재한다. 소녀의 사회 입문을 기념하는 의미에서 특성화된 의례이다. 14세와 16세와는 그 의미를 달리하는 15세의 의미는 사회적 협의에 의해 확인되며, 15세를 맞이하는 소녀와 그 가족에게는 특별한 의미로 재현된다. 비록 이름은 'fiesta de quince años', 'quinceañera', 'quince años', 'quince' 등으로 조금씩 다르지만, 15세를 기념하는 이 의례는 교회에서 행해지며, 공적 성격을 띤 의례로서 기능적 흔적을 유지한다. 여전히 교회를 중심으로 가족 공동체의 사회적 입문(rite of passage)을 기념하는 행사이기 때문이다.

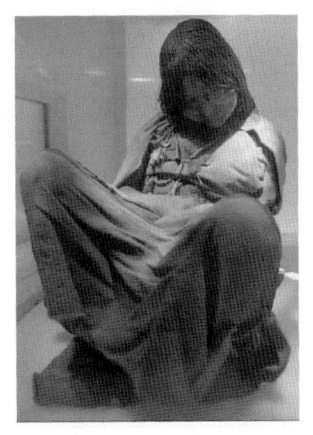

15세가 되기 이전의 소녀 가운데 초경을 치르지 않은 소녀들은 사회가 지향하는 연대로서의 목표를 위한 순수한 희생양으로 의미를 지니기도 한다. 아직 여인이 되지 않은 순수한 상태의 소

잉카 지역에서 인신공양으로
바쳐진 소녀의 미라

녀를 희생하는 제의는 사회가 지닌 간절함을 반영하며, 집단의례로서 사회의 번영과 위기탈출을 위한 협의로서 기능하기도 한다. 의례는 비일상적 경험이지만, 일상에서 반복적으로 구현됨으로써 일상을 성화하는 기능을 수행한다. 어려움과 위기에 처한 사회의 구성원들은 사회적 협의로서의 의례를 통해 연대감과 일체감을 확인하며 사회적 갈등을 최소화하고, 미래지향적 전망을 공감하기도 한다. 소녀의 희생이라는 의례는 집단사회의 안녕과 질서를 유지하기 위한 사회적 협의로서 사회 구성원들 사이에서 긍정적 역할과 기능을 수행한다.

(3) 상징과 이미지

기호는 사회 혹은 집단 단위의 협의와 약속이다. 기호는 지칭되는 대상을 단순히 가리킬 수도 있고 표상할 수도 있다(뒤프레, 1996: 39). 붉은색은 하나의 기호로서의 의미를 지닌다. 하지만 그 기호가 사회적 협의에 의해 문화적 의미를 내포하게 된다면, 중층적(重層的)이고 중첩적(重疊的)인 의미로서의 상징이 된다. 물론 상징 또한 기호이다. 사물을 직접 지칭하지 않는다는 의미에서 기호 또한 상징적이기 때문이다. 상징은 복합적 중첩 개념의 역사적 실재가 된다는 점에서 기호와 구분된다. 기호가 일대일의 의미교환을 뜻하는 것이라면, 상징은 일대다의 의미 확장성을 뜻한다. 기호는 자신을 설명하지 않는다. 모호하지 않은 것이다. 하지만 상징은 상징되는 대상을 상징 자신의 구조를 통해 보여준다. 모호할 수밖에 없다. 이러한 모호성은 사회의 구조가 지닌 가치관과 문화적 축적에 따라 달라진

기호는 모호함을 최소화하며 소통을 목적으로 하는 신호체제이다.

다. 달리 말하자면 기호는 기호가 나타내려는 대상을 변화시키는 것
이 목적이 아니다. 상징은 상징되는 대상을 특별한 의미와 목적에
따라 변화시키는 것이 목적이다. 기호가 쉽게 변동이 가능한 기표와
기의의 관계에 의한 표현이라면, 상징은 변동이 거의 불가능한 체제
를 이루고 있다. 기호가 조작이 가능한 대상이라면, 상징은 조작이
불가능한 구조이며 체제이다.

　상징은 인간 본질의 심오한 표현으로서 모든 시대 모든 문명에 있
어 왔다. 인간의 커뮤니케이션은 대체로 문어 및 구어, 이미지, 혹은
동작의 형태를 취한 기호에 의존한다. 이러한 기호는 단지 실재에
대한 표상일 뿐이다. 즉, 의식적으로 만들어져 금방 알아볼 수 있는,
우리를 둘러싼 세계의 물체와 행위와 생각의 모사인 것이다. 기호는
그 뜻이 정확하도록 의도된 것이므로 지도, 도로표지판, 단어의 소
릿값 등 정보를 간결하게 모호하지 않도록 전달해야 하는 역할이 담
겨 있다.

　그러나 우리의 내면적인 심리적, 정신적 세계와 관련된 측면에는
상징적 표현이 있다. 그 내면적 세계 안에서 상징은 직접적인 표현

십자가는 화형의 상징이거나 명예, 죽음과 부활의 상징이다.

으로는 잡히지 않는 어떤 깊은 직관적 지혜를 담아낸다. 오랜 문명에선 상징의 힘을 인식했고, 그 상징을 미술, 종교, 신화, 제의에 두루 사용했다(폰태너, 1993: 8).

상징은 역사적 실재로서 '삶의 의미를 드러냄'이므로 종교적이다. 엘리아데의 방식을 빌자면, 상징은 '의미의 구조적 연대(連帶: solidarity)'를 지니고 있는 것과 다르지 않다. 이를 엘리아데는 '상징체계(symbol system)'라고 부른다(정진홍, 2003: 37~38).

십자가라는 상징은 고난과 형벌을 의미하지만, 또한 부활을 예고하기도 한다. 이러한 상징은 특정한 문화를 배경으로 의미가 복합화한다. 붉은색은 정열과 상징이기도 하지만, 생명과 파괴이기도 하고, 공산주의나 혁명을 의미하기도 한다. 상징은 사회문화를 배경으로 중첩되고 중층적인 의미를 포함하게 되는 것이다.

한 사회의 가치관과 그 구성원들의 인식 틀은 역사적 사건들을 배경으로 축적된 정보와 의미들을 하나의 기호에 함축하며, 이때의 기호는 단순한 사회적 협의와 약속의 의미를 넘어서는 상징이 된다.

교환적 가치에서 본질적 가치로 전환되는 것이다. 따라서 상징에는 역설과 갈등을 포함하는 이율배반적 가치가 담기기도 한다. 가장 원초적이고 원형적이며 포괄적인 개념이 한데 어우러지기 때문이다.

그러한 상징은 인간의 상상력이 빚어낸 이미지의 응축된 형태로 이해될 수 있다. 엘리아데가 말하듯 "'상상력을 지닌다'는 것은 내적인 삶의 풍요로움, 그리고 이미지들이 아무런 방해도 받지 않고 자발적으로 넘쳐흐르는 것을 즐긴다"는 것이다. 죽음과 삶, 번영과 쇠퇴, 확장과 단절 등과 같은 본질적 가치들은 단순한 기호로는 표현이 불가능하다. 이들은 다양한 이미지들의 함축된 조합을 통해 상징으로 변모되며, 사회적 가치와 의식구조를 반영한다. 이 과정에서 인류의 보편성과 집단사회의 고유성이라는 이율배반적 특성이 공존하게 되는 것이다. 그리스와 로마의 극형으로서 십자가의 이미지는 기독교적 신앙에서 죽음 이후에 희망하는 부활의 상징이 된다.

상징은 중요한 이념을 나타내기 위한 방법으로 문자보다 먼저 생겨났다. 조각과 그림, 부적, 의복, 장신구에 새겨진 상징은 악을 쫓거나 신의 비위를 맞추고 길들이기 위한 목적으로 쓰였다. 마법적인 형태로 신비스럽게 포장되었던 상징은 사회를 통제하는 도구이기도 했다. 사회를 통합하고 충성심과 복종, 공격, 사랑, 공포와 같은 감정을 불러일으키는 데 쓰였던 것이다. 우리 눈에 보이는 우주와 동물, 식물, 돌 따위가 모두 상징이 될 수 있다. 자연에서 따온 이런 것들은 마치 우주의 질서와 법칙을 내포하고 있는 것처럼 보이기 때문에 도덕적이며 진실을 담고 있는 것으로 여겨졌다. 물론 그런 것이라고 해서 모두가 상징물이 되는 것은 아니다. 그래픽 이미지는 어떤 이념이나 추상적인 속성을 가질 때 상징이 되고, 제의적(祭儀的)인 행위는 감정이나 정신적 경험의 상징이다(트래시더, 2007: 8~9). 종교적 의례와 종교문화의 주요한 개념은 모두 상징을 통해 드러난다.

상징은 주로 이미지를 통해서 구현된다. 종교의 본질적 가치와 개념은 문자보다는 이미지를 통해, 그리고 상징을 통해 외형화된다. 내면의 본질적 가치가 밖으로 드러나는 과정은 대부분 이미지를 통해 이뤄지는데, 크게는 십자가처럼 형이상학적인 형태로 변화된 것도 있지만, 식물이나 동물과 같이 자연세계에서 쉽게 볼 수 있는 형태와 이미지에 나타나는 경우도 빈번하다. 하지만 곡식의 기원신화처럼 행위과정에서 상징이 만들어지기도 한다.

가장 빈번한 상징은 이미지에 의존한다. 하늘을 나는 새를 상징하는 깃털이나, 땅 위를 기어 다니는 뱀의 머리 형태 등은 단순한 이미지를 넘어서 응축된 가치개념의 체제가 담겨 있는 상징이 되기도 한다. 대상물을 표상하기 위한 목적이 아니라, 대상물이 담고 있는 본

상징은 명료한 기호와 달리 모호한 내적 가치와 염원을 응축한다.

질적 가치에 대한 직관적 의미가 응축되어 표현된다. 이러한 이미지들은 사회 구성원 사이의 소통을 위한 기호적 기능을 지닌다.

라틴아메리카의 종교와 의례가 많은 상징과 이미지를 활용하는 것은 문자가 지닌 한계와 더불어 상징이나 이미지가 보다 함축적 콘텐츠를 포함할 수 있다는 확장성 때문이다. 문자는 다의적 기능을 목적으로 하지 않는다. 언어적 기호로서 문자는 하나의 가치대상을 하나의 가치표상으로 나타내는 것을 기본으로 한다. 다의성(多義性)을 추구하는 것이 아니라 포기하려는 것이다. 하지만 이미지는 모호함과 함축성을 지향한다. 명확하게 구분을 짓고 경계를 만드는 것이 아니라, 직관적이고 응축적인 콘텐츠를 생산한다. 한편 상징은 다의적(多義的)이고 다층적(多層的)이며 함축적이다. 하나의 이미지를 통해 여러 복합적인 기호가 역사적 사건을 배경으로 응축되어 나타난다.

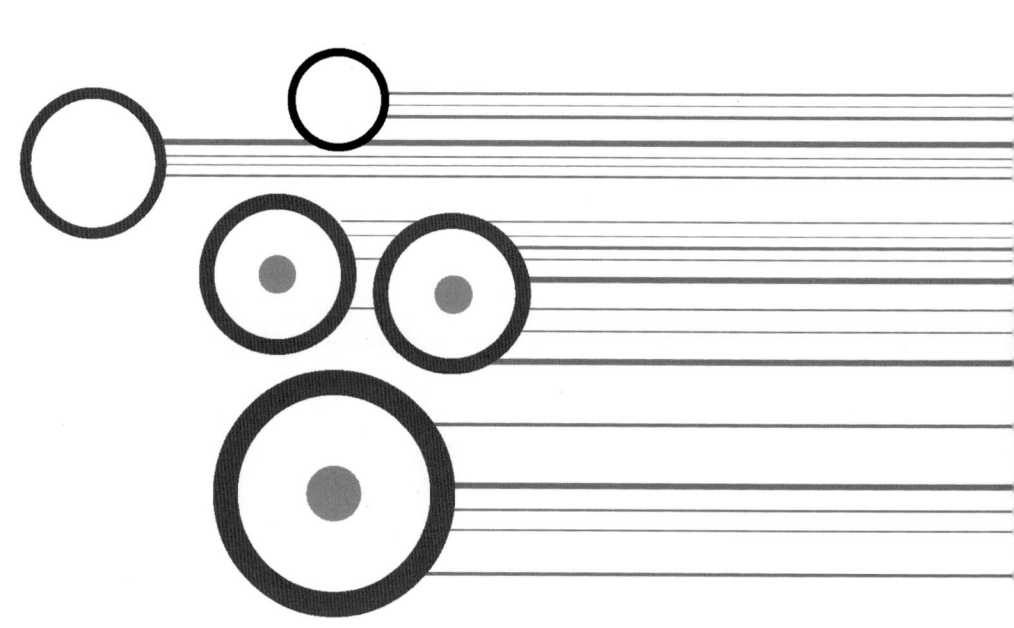

제 2 장

라틴아메리카
고유의 종교문화

라틴아메리카 고유의 종교문화를 논의하기 위해서는 먼저, 라틴
아메리카라는 대상을 무엇으로 규정해야 하는가 하는 기본적인 문
제와 만난다. 우리는 같은 지역을 때론 '중남미(中南美)', '라틴아메
리카(Latin America)', '이베로 아메리카(Ibero America)', '이스파노
아메리카(Hispano America)' 등 멕시코에서 카리브를 포함하여 칠레
에 이르는 지역을 다양한 용어를 사용한다.

라틴아메리카는 멕시코 이남의 아메리카 대륙 전역과 카리브 제
도를 의미하며, '앵글로 아메리카(Anglo America)'에 대응되는 의미
로 사용된다. 서구의 전통과 관련하여 앵글로 색슨의 사회문화적 영
향력과 비교하여, 스페인, 포르투갈, 프랑스 등 소위 라틴어에 뿌리
를 둔 로망스어군의 언어가 쓰이는 지역의 사회문화적 영향력에 방
점을 두기 위해 차별적으로 사용하는 용어이다. 리오그란데(Rio
Grande) 강 이북의 앵글로 아메리카가 게르만어족 언어인 영어를 쓰
는 것에 대비해서 사용하는 단어이기도 하다. 현재 영어 사용권 국

가에서는 단순하게 멕시코에서 칠레에 이르는 거대지역을 어우르는 중립적 개념으로 사용되기도 한다. 하지만 지중해 지역문화권으로부터 출발한 '라틴'의 의미는 로마제국의 문화적 영향에 주목해야 할 필요가 있다. 로마제국이 남긴 가장 큰 문화적 영향력이 종교와 언어에 응축되어 있기 때문이다. 언어와 종교적 요소는 라틴아메리카 사회에서 공통분모로서 정체성 형성에 중요한 문화적 의미가 된다.

이베로 아메리카는 이베리아와 아메리카의 합성어로서 문화적으로 원주민보다 유럽인과 그 후손이라는 시각이 강조되는 개념적 용어이다. 이스파노 아메리카는 스페인어권 아메리카라는 의미에서 스페인어 중심 사용 국가를 한데 묶어 표현할 때 사용되는 편이다. 하지만 우리 정부는 '중남미'라는 지정학적 의미가 강조된 한자표현을 사용함으로써 가치중립적 의미를 표현하기도 한다.

종교문화를 설명하기 위해서 특정한 용어를 선정하거나 선호하는 경향이 두드러지는 것은 아니다. 현실적으로 이러한 용어들은 특정한 목적을 지향하는 경우가 아니면, 혼합적으로 혼용되는 실정이다. 하지만 사회문화적 정체성과 관련하여 종교를 설명하는 경우, 지역에 대한 용어는 각각 나름의 장단점에 따른 의도로 사용될 수 있지만, 다양한 문화적 흔적과 영향이 병존하고 있다는 사실을 간과하는 계기가 되어서는 곤란하다. 어쩌면 중남미, 라틴아메리카, 이베로 아메리카, 이스파노 아메리카 등의 용어의 구분이 중요하다기보다는 우리가 지칭하려는 지역의 사회문화적 조건을 포괄적으로 의미하는 '이베로─아프로─아메리카'라는 용어에 대한 관심이 더욱 절실할 수도 있을 것이다. '이베로'의 용어를 통해 스페인과 포르투갈 중심의 유럽적 세계관과 가치관의 의미가 강조될 수 있는 것처럼, '아프로'라는 표현을 활용함으로써 수탈된 대륙으로 아메리카의 비극적 역사성과 문화정체성을 강조할 수 있으며, '아메리카'라는 용어를 통해 서구와의 만남 이전부터 존재해 왔던 고대문명과 그 영향에 대한 인식을 통합하려는 시도가 더욱 중요하기 때문이다.

서구와의 만남 이전 존재했던 라틴아메리카의 종교를 단계별로 설명하기란 거의 불가능하다. 이론적인 접근이며 시도가 가능할 뿐이다. 하지만 단계별 접근이 의미를 지닐 수 있다면, 그것은 종교 전반에 대해 일별하기 위한 목표에서 긍정적이다.

시간의 흐름을 구분한다면 수렵 중심에서 농경 중심이라는 경제체제를 세로축으로 설정할 수 있으며, 종교의 의례적 내용을 시간의 흐름에 맞춰 가로축으로 구성할 수 있을 것이다. 초기 집단사회에서 후기 중앙집권사회로의 이행은 수렵에서 농경으로의 이행을 의미한다. 종교의 내용과 문화는 동물토템에서 샤먼과 의례의 발달을 통해 이해될 수 있다. 희생제의를 비롯한 종교의례는 실제적 행위에서 점차 상징적 표상으로 의미가 전환되며, 종교체제 또한 점점 복합화되어 간다. 이 과정에서 샤먼은 존재적 실존에서 사제라는 종교인(문화권에 따라서는 직업인의 의미를 포함하는)으로 사회적 기능과 역할을 변화한다. 직접 동물을 희생하고, 개인의 신체를 훼손하는 희생제의는 대표성의 의미로 전환되고, 마침내 상징적 의례로 변화된다. 1사분면의 중앙에서 출발한 그래프는 우상향의 특징을 지니게 되는 것이다. 이 과정은 문화권에 따라 계단식이나 경사면의 특수성을 지니기도 하지만, 대체적으로 우상향(↗)이라는 보편성을 공통적 특징으로 지니며, 이는 창조신화, 전설, 전승설화 등에 빈번하게 나타난다.

1) 종교와 창조신화

콜럼버스 이전 아메리카의 문화는 서양의 문화발전 속도에 비해 상대적으로 늦은 편이었다. 하지만 '늦다'는 표현은 비교의 시점에 따른 결과일 뿐, 절대적 비교 우위에 따른 평가의 의미를 지니는 것은 아니다. 마야 문명권은 일찍이 정교한 관측과 측정의 단위개념을 천문관찰과 달력의 제작 등에 사용하였으며, 태양의 주기를 365.2420으로 기록할 만큼 정교한 지적 축적을 이룩하고 있었다. 하지만 아메리카의 문화권역은 대부분이 연맹의 성격을 띤 연합국의 형태를 지니고 있었을 뿐 아니라, 서로 영향을 주고받을 만큼 치열하거나 조밀한 관계망에 노출되어 있지 않았다. 그들의 문화발전의 속도는 유럽과 아시아에 비해 저속을 유지했고, 콜럼버스와의 만남의 순간에는 과학기술을 비롯하여, 군사 및 기계문명의 수준에 있어서 상대적으로 열악한 상황을 벗어나지 못하는 단계에 있었다.

하지만 그들이 유지 발전시키고 있었던 종교적 수준은 단순한 정령주의나 애니미즘을 벗어나 심화된 종교체계를 이루고 있었으며, 일상에서의 의례 등을 통해 현실적으로 지배하는 밀착된 종교문화의 형태를 유지하고 있었다. 이들의 마야와 아즈텍, 잉카 등으로 대표되는 라틴아메리카 문명권에서의 종교적 공통점은 대체적으로 신성한 것(the sacred)과 세속적인 것(the profane)의 구분을 명확하게 차별하지 않을 만큼 종교가 일상적 삶의 공간에서 유리되어 있지 않았다는 사실이다. 또한 이들 문화권에서는 종교가 정치와 명확하게 분리되지 않은 융합적(혹은 미분화적) 결합요소가 빈번하게 관찰된다.

돌과 나무, 흙과 씨앗 등은 인간의 삶을 유지시키고 보완하는 환경 이상의 의미를 지니고 있었으며, 신성성(divinity)을 환기시키는 상징적 환경요소의 의미가 강조되었다. 오랫동안의 전쟁역사를 거쳐 강화된 군사력으로 무장한 스페인 병사들은 전투력에서는 열세를 보일 수밖에 없었던 토착 문화권 거주자들을 쉽게 제압하였고, 함께 진출했던 선교사와 사제들이 기록할 수 있었던 대표적 문명권은 자신들에게 쉽게 노출되었던 멕시카, 마야, 그리고 잉카로 집약될 수밖에 없었다. 라틴아메리카인들 스스로가 자신들의 역사와 종교에 대한 기록물을 충분히 남기고 있지 않기 때문에 식민초기 선교사와 사제들의 기록은 중요한 역사적 기록으로서의 긍정적 가치를 지닌다. 그럼에도 불구하고 기술의 시점이 서구 중심적일 수밖에 없다는 한계 때문에 라틴아메리카 종교와 관련된 명확하고 객관적인 연구 또한 일정 부분 한계를 지닐 수밖에 없다.

라틴아메리카 토착 문명권의 주역들은 창조신화에 자신들의 종교적 흔적을 많이 남기고 있으며, 전설과 전승설화 등을 통해 종교적 교리와 종교체계의 구조를 설명하고 있다. 신학이 발전되지 않은 채 다양한 역사서가 결여되어 있는 형태에서 이들의 창조신화와 전설은 종교문화를 연구하기에 매우 좋은 사료적 의미와 학제적 가치를 지닌다.

(1) 마야

유카탄 반도는 멕시코에서 가장 많은 해외 관광객이 찾는 칸쿤(Cancun)으로 유명하지만, 반도와 내륙 깊숙한 지역까지를 포함하는 저지대 드넓은 지역이 고대 마야 문명의 문화권역이었다. 유카탄 지역에 존재했던 가장 대표적인 문화주체인 마야는 도시연맹에 의한 연합국가의 형태를 이루고 있었으며, 수많은 종족과 언어들의 결합에 의해 구성되었다. 마야는 지역의 여러 다양한 문화적 주체들을 통칭하는 용어로 이해되어야 한다. 마야는 기원전 1500년경 농경정착을 하며 역사적 태동을 기록하게 된다. 이후 부족단위에 의한 연맹형태로 정주농경에 의존하며 전성기 마야의 뿌리에 해당하는 문화적 정체성을 구성하게 된 것은 기원전 900년부터 400년까지의 기간이다. 이 시기에 마야는 농경사회에서 요구되는 다양한 학문적 발전을 비롯하여 사회체제를 정비할 수 있었다.

마야는 완벽한 문자체제와 정교한 천문학, 수학, 달력을 제작한 유일한 아메리카 문화주체였으며, 하나의 완전한 국가문명이 아닌 부족국가 형태의 연맹체제를 특징으로 하였고, 하나의 기조에서 무수한 변형을 이뤄내는 사회적 구조를 바탕으로 연맹 안에서 이질적인 문화의 차이가 환경적 경계를 넘어서는 빈번한 사례를 만들어내었던 문명이었다.

마야의 종교적 원천은 아즈텍과 잉카와 마찬가지로 농경사회의 발전과의 관계에서 심오한 변화의 단계를 거치게 된다. 유대인들이 자유와 독립을 갈망하며 이집트를 탈출한 자신들이 정체성을 형성하고 유지하기 위해 평화롭게 정착할 지역을 찾아 헤매는 고난의 역사를 종교적 원천으로 삼는 것처럼, 아즈텍과 잉카의 종교적 원천과 신화는 민족의 유입과 정착에 주목하여 서술된다. 마야의 경우 또한 자신들의 민족적 정체성이 형성되던 시절의 이야기들이 종교적 원천의 모티브가 되고, 신화의 구체적 에피소드가 되고 있지만, 두 문화권에 비해 상대적으로 차별되는 특징을 지닌다. 이는 오랜 순례의 여정에 주목한 서술이 차지하는 비중이 농경생활에 기반한 정착과 정의 서술비중에 비해 훨씬 작게 다뤄지고 있다는 사실에 있다. 이러한 차별성에도 불구하고, 마야 역시 정착할 지역을 찾을 때까지의 순례가 매우 중요한 신화의 모티브가 되고 있으며, 오늘날 '마야인의 성경'이라 불리는 포폴부(Popolvuh)에는 마야인들의 창조관과 자연관, 문명의 생성단계에 대한 해설이 잘 요약되어 있다. 일곱 앵무 마코새가 지배하던 세계가 무너지고, 옥수수의 신화가 등장하면서 농경체제와 사회구조가 본질적인 변화를 맞이하였음에 대한 역사적 해설인 것이다. 수렵과 채집을 공유하던 농경문화(indigenous religions, 2)가 잉여 생산물에 의해 부가 축적되고 권력이 세습되는 중앙집권체제의 권력구조로 이양되었음을 신화는 말하고 있는 것이다. 이는 여전히 부분적으로는 석기문화의 형태를 유지하던 농경형태가 구조적으로 변화하였음을 의미하며, 옥수수 농경에 절대적으로 의존할 수밖에 없던 주민들이 자신들의 일상에서 의례적 행위를 종교적 형태로 기념하고 정신적 삶의 원류로 삼게 됨으로써, 그 당위성을 신화적 형태로 합리화하고 설명하는 흔적인 것이다.

고대 마야 문명은 신비스러운 열대의 심림 속에 오랫동안 실종되어 있었다. 그러나 아메리카에서는 체계적으로 발전된 문자를 사용하던 뛰어난 문명권이었으며, 그들의 천문학은 간단한 광학기구조차 사용하지 않고 정교하게 태양과 달, 금성 등의 주기를 측정했을 뿐 아니라, 1년을 365.2420일로 제작한 달력을 만들어냈다. 마야인들은 세계에서 가장 훌륭한 수준의 건축물, 조각품, 회화작품들을 남기고 있지만, 그에 대한 고고학적 기록은 거의 찾아볼 수 없는 데다 마야 문명에 대한 가장 기초적인 측면조차 수수께끼다. 따라서 그들의 신

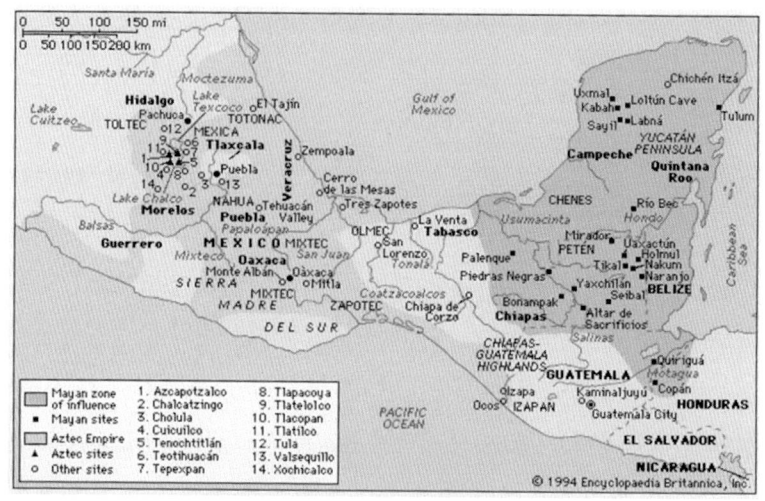

아즈텍과 마야 문명의 지배영역 표시도

화와 전설이 지니는 종교적 의미는 자못 강조되지 않을 수 없다.

최고 수준의 조각 및 건축물을 남기고 있는 마야 문명은 6세기경 절정에 이른 수많은 사원-도시의 건설시기를 지나, 8세기 초부터 11세기에 이르는 마야판(Mayapan) 연맹의 시대로 이어진다. 남서쪽에서 새로운 종족의 도래와 함께 다양한 종교, 관습, 건축양식이 가미되며 치첸 이차(Chichen Itza)에서 마야판으로 주도권이 넘어가는 치열한 권력투쟁 시기를 거치며 군사적으로 강력한 외래문명에 무너지고 만다. 도시국가들 사이에는 동맹과 분쟁이 잦았고, 국가의 주요 의전행사를 위해 전쟁포로를 희생으로 바치는 인신공양이 일반화되었다. 마야부족에게 공통적으로 나타나는 특징 가운데 하나인 인신공양의 경우, 고전기 마야에서 널리 성행했는데 호전적인 중부 멕시코문명의 토나티우(Tonatiuh) 신에 대한 인신공양의 영향을 받은 것으로 여겨진다.

　마야인들의 시간관은 직선적이 아닌 순환적 인식을 배경으로 하였다. 시간의 개념에 예견적이거나 점성술적 특성이 추가되었으며, 이러한 이유 때문에 '2012' 세상의 종말과 같은 본말을 전도한 억측과 유희적 접근이 유행처럼 번지기도 했다. 하지만 예언적이거나 점성술적인 특성은 순환적 시간관에 따른 부가적 요소였으며, 이는 미래를 예측하기 위한 것이 아니라 농경체제를 공고히 함으로써 계획농법에 의한 경제의 부흥을 위한 전략적 접근이었다. 따라서 기록의 신빙성이 저하되는 것은 물론이었으며, 이는 마야인들의 의도와는 무관한 것이었다. 또한 2012 종말론과 같은 선정적 가십들은 마야인들의 시간관과 달력에 대한 무지에서 출발하였다. 마야인들이 2012년까지만 상세한 달력을 제작하였던 것은 이후 5,000여 년의 주기를

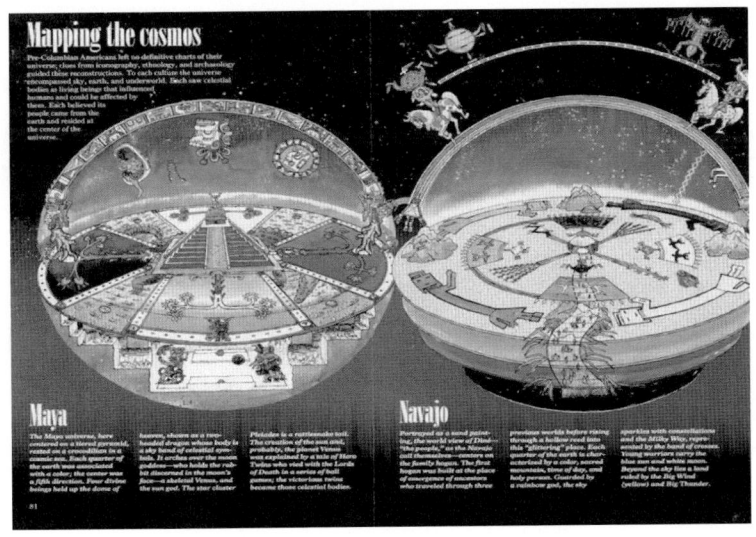

나바호와 비교한 마야 문명의 우주관 모형도

기록할 여력과 이유를 찾지 못했을 뿐이었기 때문이다.

마야 문명은 다양한 부족들의 연맹형태를 배경으로 발달하였으며, 지역적으로 다양한 특징을 보인 개별부족들이 종교적이고 신화적인 면에서 대부분 공통적 특징을 공유하고 있다는 점은 문명의 교류차원에서 매우 중요한 의미를 지닌다. 옥수수에서 사람이 유래했다고 믿는 신화적 인식은 아즈텍 문명과 비슷하며, 마야와 아즈텍의 옥수수 신화는 상당 부분 유사한 내용과 형태를 띠고 있다. 아즈텍이 계승하고 있는 멕시코 고원지대의 문화권력과 마야의 문화권력이 시기적으로 공유하는 구체적인 종교, 문화적 요소에 대한 연구성과는 비록 미미하지만, 두 지역 사이의 문명교류의 분명한 가능성을 축소하지는 못한다. 이러한 문명교류의 배경에는 중부 멕시코에 10세기에 건설된 톨텍(Toltec)제국을 들 수 있다. 톨텍의 문화적 요소는 후기 마야 문명은 물론, 몇 세기 뒤에 발흥하는 아즈텍 문명권 형성에 결정적 영향을 행사하였던 것이다. 중부 멕시코 신인 '깃털 달린 뱀' 케찰코아틀(Quetzalcoatl)은 유카탄(Hucatan) 지역에서는 쿠쿨칸(Kukulcan)으로, 고지대 마야의 키체(Quiche)족에게는 구쿠마츠(Gucumatz)로 변형되어 탄생된다.

고대 마야의 가장 위대한 신은 이참나(Itzamna)인데, 그는 지혜로운 창조신으로 중부 멕시코의 토나카테쿠틀리와 흡사하다. 부인인 익스 첼(Ix Chel)은 산파와 치료자로 마야 신화에 등장한다. 아즈텍 신화의 비와 번개의 신 틀랄록은 착(Chac)으로 나타나는데, 이들 신은 아즈텍 신화에 직접적인 영향을 주었을 것으로 믿어진다. 시기적으로는 후기에 속하는 아즈텍은 마야의 문화적 요소를 적극적으로 수용하고 있어서, 두 문명권 사이의 시간과 공간을 넘어서는 교류의 흔적을 남기고 있다.

마야는 태양과 달, 금성과 별들의 운행을 관측하며 신의 뜻을 알고 신을 경배하기 위한 피라미드를 건축하는 과정에서 놀라운 천문관찰능력과 종교 및 예술적 수준에 이르렀지만, 강력한 중앙집권을 가능하게 하는 경제발전은 더딘 편이었다. 그래서 강력한 중부 멕시코로부터 도래한 야만족에 의해 건설된 톨텍제국과 믹스텍(Mixtec)제국에 문화를 전하며 역사의 뒤뜰로 사라지게 되었다.

마야 문화는 강력한 중앙집권체제를 갖추고 있지 않았기 때문에, 주변의 호전적인 침입자들과의 관계 설정에서 초자연적 힘에 의존하며 스스로의 문화적 정체성과 권력의 정통성을 형성했던 과정을 볼 수 있다. 야키(Yaqui) 문화권 신화인『세상 끝의 뱀』(참조: 박종욱, 2004: 147~151)에서는 북쪽에서 온 붉은 뱀의 위협에 맞서 야키의 여덟 부족이 동맹해 싸우는 모습이 보인다. 이는 호전적인 중부 멕시코 문화권과의 긴장된 관계를 상징적으로 잘 보여주고 있다.

『포폴부(Popol Vuh)』는 마야의 한 종족인 키체의 지도자들이 조언을 구했던 일종의 지혜서다. 마야의 상형문자로 쓰여 있는『포폴부』는 라틴어와 스페인어 번역본을 통해 알려졌으며, 마야의 주요 종교적 정체성의 모티브로서 신화와 전설들이『포폴부』를 통해 알려지거나 확인되었고, 그 가운데 쌍둥이 형제의 모험담은 마야 창조신화의 주축을 이룬다. 『포폴부』는 1554년에서 1558년 사이에 제작된 것으로서, 스페인 문자를 이용하여 키체어로 기록된 것이다. 당연히 당시까지 전해 내려오는 역사와 문화에 대한 기록서로서의 의미를 지니며, 마야의 창세신화와 옥수수 신화 등에 대한 내용의 기록이라는 긍정적 측면 이외에 기록의 시점이 서구 중심적일 주관적 개연성

창조신

에 노출되어 있다는 사실과 함께 『포폴부』가 미처 담지 못한 수많은 이야기들이 기록물 제작의 그늘 속으로 사라지게 되었다는 비극적 사실을 간과해서는 곤란할 것이다.

마야의 창조신화에도 부족국가의 건국과 관련된 신화가 중요한 의미를 지닌다. 하지만 보다 특징적 요소는 옥수수인간이 탄생하기까지의 의미에 집중되어 있으며, 이 과정에 거의 모든 종교적 의례와 상징의 중요한 요소들이 집중 배치되어 있다.

마야의 창조는 '가없이 펼쳐진 텅 빈 하늘'과 '칠흑같이 어둡고 고요한 바다'를 배경으로 시작되었다. '하늘의 심장'인 우라칸(Huracan)이 창조에 개입하였으며, 이 과정에서 '언어적 창조관'은 의미심장하다.

천지창조는 언어로 이뤄졌다. 구약성경에서 말씀(Verbum)에 의한 창조관처럼 마야인들에게 있어서도 창조자와 창조신은 말을 통해 세상을 창조하는 특별한 의미를 부여했다.

> 창조자는 창조신인 '하늘의 심장' 우라칸과 함께 생명과 빛에 대해 논의했다. 신들은 말을 통해 세상을 만들었다. "허공아, 채워져라! 물아, 물러나 자리를 내놓아라! 땅아, 솟아나 단단해져라! 하늘과 땅에서 날이 밝아져라." 신들이 말하는 순간 모든 것은 그대로 이뤄졌다. 땅이 솟아올라 단단해졌고, 산은 하늘을 향해 높이 솟

앉다. 산과 계곡이 형성되었고 숲이 만들어졌다. 기분이 좋아진 창조자들이 '하늘의 심장'에게 말했다. "'하늘의 심장'이여! 잘 오셨습니다." 그러자 '하늘의 심장'이 화답했다. "우리의 창조작업이 곧 완성될 것입니다!" 커다란 산맥이 등장하고, 물이 여러 갈래로 나뉘었다. 정지되어 있던 하늘과 물속에 잠겨 있던 땅이 자리를 잡았고, '땅의 심장'이 등장했다. 이어 신들은 나무와 수풀에 어울리는 네 발 달린 짐승들과 날개 달린 새들을 창조했다. 그러나 동물들은 '하늘의 심장'이나 '땅의 심장'에게 기도를 드리기는커녕 말조차 못하는 열등한 존재였기에, 신을 경배할 수 있는 존재를 만들기로 했다. 신들은 진흙으로 몸을 만들었다. 형체는 이내 망가졌고, 신들의 얘기를 알아듣지 못했다. 그래서 신들은 진흙인간을 부숴버렸다. 그들은 옥수수 알갱이와 치체 열매로 점을 쳐 나온 점괘를 믿고 나무인간을 창조했다. 치체나무로 남자를 만들었고, 버들가지로 여자를 만들었다. 나무인간은 말을 했고 자손을 번성시켰지만, 영혼이 없어서 이해력이 없었다. 그래서 신들은 나무인간을 파괴할 수밖에 없었다. 나무인간이 사라지자, 잠깐 일곱 마코 앵무새가 천하를 호령하며 자신이 태양이고 달이라 외치며 오만을 떨었다. 신들은 쌍둥이 형제로 변신한 다음 내려가 그와 그의 아들들을 파괴했다(박종욱, 2004: 141~142).

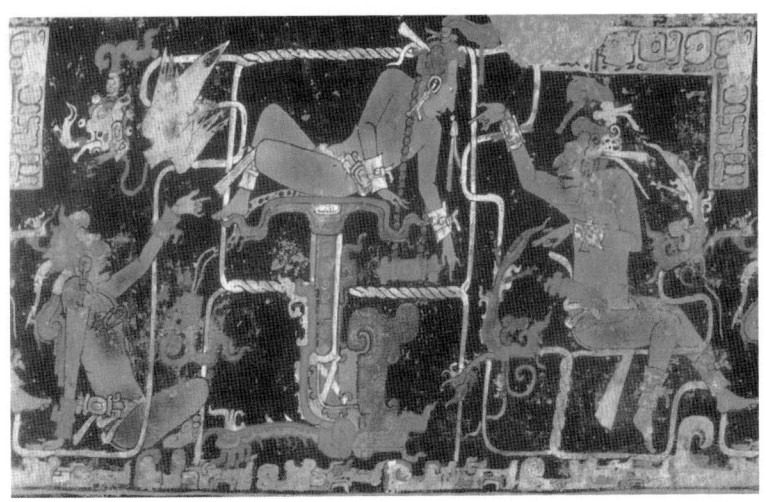

하늘의 심장, 우라칸

진흙인간(왼편)과 나무인간(오른편)

　결국 마야인들의 창조신화에는 종교적 의례와 경배를 수행할 주체적 존재의 탄생이 왜 중요하며, 그 의미가 무엇인지 주목하였다. 만물을 만드는 과정에서 동물의 뒤를 이어 인간을 창조하였지만, 진흙인간과 그 뒤를 이은 나무인간도 멸망의 길을 걸을 수밖에 없었던 것은 신들의 창조행위에 대한 이해력과 경배하려는 영혼이 없었던 탓인 것이다. 신화와 신화에 등장하는 모티브로서 의례의 원천적 의미는 우주의 운행과 질서를 주관하는 초월적 존재에 대한 종교적 공경이 중요하다는 사실에 대한 사회적 공감대 형성에 집중되어 있다.

　『포폴부』는 아직 현세의 인간이 존재하기 훨씬 전 세상에 태양이 없어 땅의 얼굴이 어둠에 싸여 있을 당시에 오만했던 부쿱카킥스의 일화를 길게 서술한다.

　　'일곱 마코 앵무새'라는 뜻의 이름을 지닌 부쿱카킥스(Vucub-Caquix)가 살고 있었다. 그는 허영과 오만으로 가득했다. "나는 태양이요 달이다. 나의 빛은 위대하다. 귀금속으로 만들어진 내 눈에는 에메랄드 보석 빛이 영롱하다. 내 이는 하늘의 얼굴을 닮아 칠보로 윤기를 얻었으며, 내 코는 달처럼 멀리서도 반짝거린다. 땅의 얼굴은 내가 한 걸음씩 움직일 때마다 그 투영된 빛으로 밝게 빛난

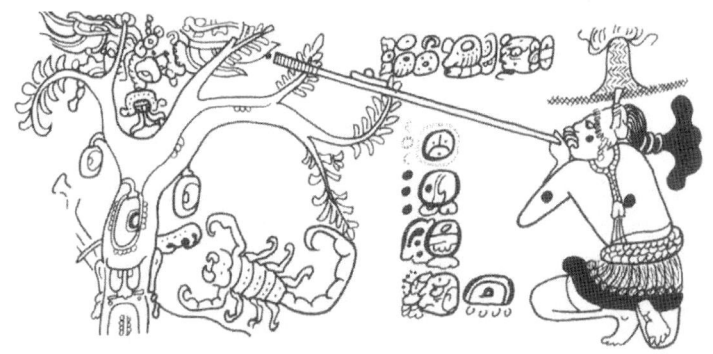

부쿱카킥스의 심판

다. 내가 곧 태양이요 달이다." 부쿱카킥스의 말은 사실이 아니었
다. 그의 눈은 멀리 볼 수 있을 뿐, 세상 전체를 조망할 수는 없었
다. 태양과 달이 아직 존재하지 않아 그 밝음이 알려지지 않았기
때문에 일곱 마코 앵무새는 자신이 태양이며 달이라고 떠벌리고
다녔던 것이다. 나무인간들이 신들의 실망과 노여움 때문에 홍수
에 휩쓸려 사라지자 일곱 마코 앵무새의 교만은 더욱 커져만 갔
다. "나무인간들이 죽었다는 것이 사실이로다. 그렇다면 이제 이
땅 위에 창조된 존재들 가운데 내가 가장 위대하다. 내가 곧 태양
이요 달이다." 신들은 하늘에서 왕자(일곱 마코 앵무새)의 어처구
니없는 얘기를 듣고 노발대발했다. "저렇게 오만하게 굴도록 내버
려두어서는 곤란하겠소. 그가 땅 위에 살지 못하도록 합시다." 창
조신인 '하늘의 심장' 우라칸 앞에서조차 교만한 일곱 마코 앵무
새를 벌주기 위해 신들은 우나푸와 스발란케라는 쌍둥이 형제를
보냈다. [······] 일곱 마코 앵무새의 두 아들의 오만도 이에 못지않
았다. 큰아들인 '산을 만드는 이' 시파크나(Zipacna)는 거대한 산들
을 하룻밤 만에 만들었고, 둘째 아들인 '땅을 진동시키는 이' 카브
라칸(Cabracan)은 그 산들을 움직이곤 했다. 일곱 마코 앵무새의
부인인 '안 보이게 되는 여인'의 사치와 허영 또한 대단했다. 이
오만한 가족은 아무런 거리낌도 없이 스스로를 과장되게 꾸미며
허풍을 떨어댔다. [······] 현세 인간의 시조인 옥수수인간이 태어나
기도 전에, 암흑의 세력이 땅 위에 올라와 교만하게 구는 것을 못
마땅해 하던 쌍둥이 형제는 일곱 마코 앵무새와 그의 아들들을 죽

이기로 결심했다. [……] 일곱 마코 앵무새가 나무에 다가와 맛있는 열매를 먹기 시작할 때, 형이 화살을 소아 왕자의 턱에 맞혔다. 일곱 마코 앵무새는 나무에서 떨어지면서 고통의 비명을 질렀다 (박종욱, 2004: 128~131).

　'위대한 새벽의 맥'과 '위대한 새벽의 돼지'는 부쿱카킥스의 부상 당한 이를 빼고 하얀 옥수수 알갱이를 대신 넣었고, 화려했던 그의 얼굴은 갑자기 초라해졌고, '하늘의 심장' 우라칸 앞에서 교만하던 존재는 죽음을 맞이할 수밖에 없었다.

　『포폴부』에 기록된 마야의 창조신화는 부쿱카킥스의 죽음으로 새로운 세상이 열리고 있음을 기술한다. 쌍둥이 우나푸(Hunahpu)와 스발란케(Xbalanque)가 어두움의 힘을 물리치고, 세상에 빛을 가져오는 영웅이 되는 이야기가 계속되는 것은 특별한 의미가 부여되기 때문이다. 하지만 신화에는 여러 다양한 이야기가 혼성적으로 뒤엉켜 마야 문화권이 단일한 창조신화의 에피소드에 의존하고 있지 않음이 드러난다.

지하세계 시발바 신과 쌍둥이 형제

쌍둥이 영웅의 이야기는 지하세계로의 모험을 중심으로 새로운 에피소드로 전개된다. 부쿱 운나푸(Vucub Hunahpu)와 운 우나푸(Hun Hunahpu)라는 쌍둥이는 틀라츠틀리(Tlachtli)라는 공놀이를 즐겼는데, 지하세계 시발바(Xibalba)의 주신인 '첫 번째 죽음' 운 카메(Hun Came)와 '일곱 번째 죽음(Vucub Came)'의 노여움으로 지하세계에 초대되었다가 죽임을 당한다.

> 지하세계의 신들은 쌍둥이 형제에게 올빼미 전령들을 보내 그들과 함께 공놀이를 하고 싶다며 지하세계로 초대했다. 어머니의 만류를 뿌리치고 올빼미들을 따라 지하세계로 내려간 운 우나푸와 부쿱 우나푸 형제는 시발바의 신들과 악마들이 꾸며놓은 속임수에 넘어가고, 그들의 힘에 눌려 죽임을 당한 채 지하세계의 공놀이 경기장에 묻혔다. 시발바의 신들은 운 우나푸의 머리를 나무에 매달아 놓았다. 불모였던 나무에서 조롱박이 열리자, 신기한 나무를 보러 온 스퀵(Xquic)이란 여자가 열매를 따는 동안 운 우나푸의 해골이 여자에게 침을 뱉어 임신시켰다. [……] 그녀는 스무카네의 집에 머물면서 쌍둥이를 낳아 각각 우나푸와 스발란케라 이름 지었다. [……] 날이 갈수록 쌍둥이 형제는 건강하고 용맹한 어른으로 성장했다. [……] 형제는 신들의 부탁을 흔쾌히 받아들여 '일곱 마코 앵무새' 부쿱 카킥스와 그의 두 아들을 파멸시켰다. 쌍둥이 형제의 싸움 솜씨와 지혜로움은 영웅이라 불릴 만큼 대단했다(박종욱, 2004: 135~137).

쌍둥이는 메소아메리카의 문화적 특징인 이원성을 상징한다고 볼 수 있다. 아즈텍 신화에서 오메테오틀(Ometeotl)에 나타나는 남성성과 여성성의 대비되는 두 요소의 결합에 의한 세상의 창조 경우처럼 삶과 죽음, 젊음과 늙음, 어두운

나무에서 침이 나와 스퀵이 임신을 하는 장면

지하세계의 시련과 죽음을 이겨낸 뒤 해와 달로 승천하는 밝음의 이미지 등도 이러한 이원적 결합의 의미를 드러내고 있다.

아무튼 우나푸와 스발란케 쌍둥이 형제는 자신들의 아버지와 삼촌이 그랬던 것처럼 지하세계 시발바의 신들의 노여움으로 공놀이 시합에 초대되는 운명을 받아들이게 되었다.

> 우나푸와 스발란케는 지하세계의 신들이 자신들을 죽일 때까지 절대 포기하지 않을 것이라는 사실을 짐작했다. 아무리 자신들이 지혜와 용기를 발휘해 어려움을 이겨내도, 결국 죽음의 신들에게서 벗어날 수는 없을 것이었다. 시발바의 신들이 불구덩이를 뛰어넘으라고 하자, 쌍둥이 형제는 용감하게 불 속으로 뛰어들어 죽었다. 신들은 쌍둥이 형제의 뼈를 강에 뿌렸지만, 뼈는 강바닥에 가라앉았다가 닷새 후 물고기인간으로 변했다. 그러나 그들은 지하세계 신들의 눈을 피해 어디론가 사라졌다. 다음 날 허름한 옷차림의 광대들이 시발바를 방문했다. 그들은 암흑의 신들 앞에서 서로를 죽였다가 살리는 묘기를 보여주었다. 광대들의 신기한 재주에 현혹된 신들은 자신들도 죽였다가 살려보라고 부탁하기에 이르렀다. 형제는 먼저 시발바의 주신인 '첫 번째의 죽음' 운 카메와 '일곱 번째의 죽음' 부쿱 카메를 죽였다. 그러나 그들은 부활하지 않았다. 최고신들의 죽음에 두려움을 느낀 나머지 신들과 악의 추종자들은 대부분 계곡에서 벗어나기 위해 도망을 쳤고, 그러다가 많은 이들이 계곡으로 떨어져 죽었다. '어둠의 세계' 시발바를 장악한 쌍둥이 형제의 놀라운 업적이 이뤄지는 동안 사탕수수는 말라 죽었다가 되살아났다. 아버지와 삼촌의 복수를 성공적으로 마친 쌍둥이 형제는 오랫동안 살다가 눈부신 빛을 타고 하늘로 올라갔다. 형은 태양이 되었고, 동생은 달이 되었으며, '일곱 마코 앵무새'의 큰아들이 죽인 4백 명의 아이들은 그 옆에 별무리가 되어 쌍둥이 형제 곁에 머물게 되었다(박종욱, 2004: 138~140).

갈등과 대결구도를 극복하고 새로운 질서를 이식하는 영웅 이미지로서의 쌍둥이 형제 혹은 신은 아즈텍, 마야를 비롯한 메소아메리

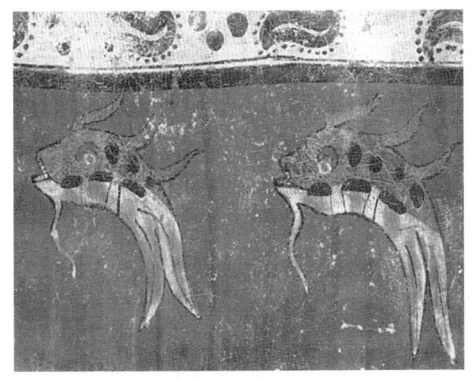

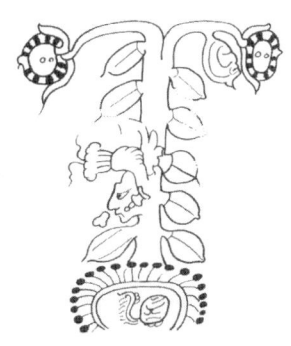

죽음에서 환생한 쌍둥이 형제

카카오나무에 위치한
옥수수신의 머리

카 부족들의 창조신화에서 자주 등장한다.

세계와 우주의 창조는 갈등과 무질서에서 새로운 질서의 운행이
시작됨을 의미하기 때문이다. 또한 쌍둥이 영웅의 지하세계 정복신
화는 옥수수의 신화적 의미와 옥수수인간의 탄생신화와 긴밀한 관
계를 맺고 있다는 점에서 고대 그리스의 오르페우스 신화와 견주어
볼 수 있다.

옥수수인간의 탄생은 결국 인류를 위한 창조신의 선물이지만, 영
혼을 지닌 인간으로서 창조작업에 개입한 신들을 경외하고 의례를
행할 수 있는 존재의 탄생에 대한 에피소드는 『포폴부』의 주요한 요
소가 된다.

창조자들은 자신들을 경배할 영혼이 있는 존재가 필요했다. 그들
은 어둠과 밤 속에 모여 논의했다. 인간의 육신을 무엇으로 만들
것인가를 고심하고 있던 구쿠카츠와 '하늘의 심장' 우라칸은 여우,
코요테, 앵무새, 까마귀들로부터 노란 옥수수와 하얀 옥수수를 받
았다. 아름다운 땅, 노랗고 하얀 옥수수가 가득한 파힐(Paxil) 땅은

신들을 흡족하게 했다. 테페우(Tepeu)와 구쿠마츠는 마술을 이용해 노란 옥수수와 하얀 옥수수로 팔과 다리를 만들었고, 옥수수 덩어리로 몸통을 만들었다. 최초로 만들어진 옥수수인간은 '웃는 호랑이' 발람 키체(Balam-Quitze), '밤 호랑이' 발람 아캅(Balam-Acab), '귀한 이' 마후쿠타(Mahucutah), '달 호랑이' 이키 발람(Iqui-Balam)이었다. 이들은 서로 대화할 줄 알았고, 자유롭게 활동할 수 있었으며, 세상의 모든 것을 살펴볼 수 있었다. 옥수수인간들은 창조자들에게 감사를 드렸다. "고맙습니다. 창조자 신들에게 감사를 드립니다. 오, 창조자시여! 당신들은 저희에게 생명을 주셨습니다." 인간들은 창조자들에게 감사를 드렸다. 그들은 하늘과 땅의 모든 방향을 보았고, 우주의 모든 것을 깨달을 수 있었다. 그러나 신들은 인간의 능력이 대단함을 알게 되자 걱정스러워졌다. '좋지 않은 조짐이야. 우리 손으로 만든 피조물이 우리와 같이 완전하다는 것은 있을 수 없다. 인간이라는 것은 불완전한 존재여야 해. 그들의 눈을 가까이 있는 것만 보게 하고, 땅의 얼굴에 있는 것만 조금 볼 수 있게 만들자.' '하늘의 심장'과 창조자들의 생각이 같았다. 우라칸은 자신들의 작품인 피조물들의 능력을 반감시키려고 인간의 눈에 안개를 불어 보냈다. 그러자 네 명의 남자는 눈이 부분적으로 흐릿해져 가까이 있는 것들만 명료하게 볼 수 있게 되었다. 신들은 이렇게 능력이 떨어진 남자들에게 여인들을 만들어 짝을 지어주었다(박종욱, 2004: 142~144).

신을 경외하는 인간의 존재에도 불구하고, 그들이 옥수수인간들과 그 후손들임에도 불구하고, 태양이 출현하지 않았다. 이러한 전승은 옥수수 경작에 의한 농경체제의 중요성과 함께 태양의 운행에 대한 문화적 가치의 소중함에 대한 의례로서의 의미를 지닌다. 신화는 태양의 탄생신화를 포함하여 이야기를 완성한다. 옥수수 재배의 기술력을 축적하고 있으면서도 마땅한 경작지를 찾지 못한 옥수수인간들은 정착을 위한 순례를 수행한다. 이러한 선조들의 역사는 태양을 찾아 떠나는 이야기로 상징화되지만, 이는 순례와 더불어 옥수수 재배에 있어서 태양의 운행에 대한 정보와 지식이 삶의 지혜로서 얼마나 소중한 것인가에 대한 지혜의 성서인 것이다. 하지만 태양의 탄생은 참회의 기도와 희생을 매개로 어려운 산고의 과정을 거치면서 이뤄지며, 그러한 간절함은 옥수수인간들이 세상의 운행과 질서, 그리고 그러한 세상을 창조한 신들에 대한 공경하는 마음과 감사하는 마음을 일깨우게 하였다. 태양의 운행과 관련하여 종교적 의례로서 희생제의를 비롯한 제반 의례들은 사회를 구성하고 번성하게 할 수 있는 도구적 틀로서 사회체제를 형성한다. 종교적 의례가 사회적 기능과 역할을 수행하는 이유가 되는 것이다.

옥수수인간들과 그 후손들은 '태양이 떠오르기를 기다리다 지쳐' 신들을 찾아 나서기로 했다. 키체(Quiche)와 타뭅(Tamub), 일로캅(Ilocab)의 부족을 이룬 이들은 툴란 수이바(Tulan-Zuiva)에 도착했다. 많은 사람들 앞에 드디어 신들의 모습이 드러났다. 맨 먼저 모습을 드러낸 신은 토힐(Tohil)이었다. 툴란에서 키체의 시조들은 토힐 신을 위해 가슴과 옆구리, 팔꿈치, 귀 등에서 피를 흘려 참회의 기도를 올렸다. 그들은 토힐을 위시한 여러 신들의 도움으로 강력한 권력과 주도권을 받게 되었다. 신들은 시조들에게 말했다. "너희는 감사를 드려라. 귀에서 피를 낼 준비를 하여라. 팔꿈치를 깨물어라. 너희 스스로를 희생 제물로 바쳐라. 이것이 우리에게 보여주는 감사의 표시다." 시간이 지나면서, 여러 부족들은 각기 다른 신을 모시고 자신들이 정착할 수 있는 꿈의 공간을 찾기 위해 툴란을 떠났다. 이때부터 사람들은 서로 다른 말을 쓰게 되었다. 동이 트기 전 어둠 속에서 각 부족은 서로 다른 방향으로 떠났고, 키체의 시조들도 툴란을 떠나 서쪽으로 향해야 했다. 옥수수인간들과 그 후손들은 태양이 나타나기를 간절히 기다리고 있었기 때문에, 태양의 출현을 알려주는 샛별을 찾기 위해 교대로 잠을 깨어 동녘을 살폈다. 아직 여명의 모습을 모르지만, 마음속 깊이 간직하고 있는 여명에 대한 희망과 확신으로 혼돈할 우려는 없었다. 키체족 사람들은 하카비츠(Hacavitz) 산에 도착했다. 그들은 높은 산정에서 동녘을 향해 진을 친 채 말했다. "우리는 말할 수 없이 힘든 역경을 겪어 왔다. 태양이 떠오르는 것을 볼 수만 있다면 얼마나 좋으랴! 자, 이제 여기에 왔으니, 여기서 태양을 맞이할 것이다." 오랫동안 기다린 끝에 마침내 새벽별이 모습을 드러냈다. 사람들은 세 개의 향을 꺼내어 불을 붙였다. 향을 태우고 춤을 추면서 그들은 기쁨에 겨워 울었다. 그러나 한편으로 아직 태양이 떠오르지 않았다는 초조함을 감출 수 없었다. 곧 태양이 떠올랐다. 따스한 기운이 산천에 충만했다. 처음에는 태양이 뜨겁지 않았다. 그러나 태양은 습기 가득하고 질펀한 땅의 얼굴을 말리며 활활 타올랐다. 태양은 눈부시고 아주 뜨거웠다. 태양이 떠오르고 달과 별들의 모습이 나타나자 토힐 신과 하카비츠 신, 아빌릭스(Avilix) 신은 돌로 변해버렸다. 신으로 숭배되던 맹수들도 돌로 변해버렸다. 사람들은 태양, 달, 별이 자신들을 위해 하늘에 나타났을 때, 날이 밝아지면서 땅의 얼굴과 세상이 모두 빛나게 된 바로 그때 하카비츠 산 정상에 있었다. 그들은 그토록 오랫동안 기다리던 태양이 나타나자 기쁨에 넘쳐 '카마쿠'라는 노래를 불렀다. 이들은 진흙인간이나 나무인간과 달리 영혼을 가지고 있었다. 그렇기 때문에 그들은 태양을 가져다주고 조상 대대로 살아온 터전을 준 신들이 원하는 대로, 동물과 인간의 피를 바쳐 어려웠던 순례의 여정과 태양을 만나게 된 기쁨을 영원히 잊지 않도록 참회와 감사의 기도를 드릴 수 있게 되었다(박종욱, 2004: 144~146).

태양의 운행에 대한 종교의례는 옥수수 문화를 중심으로 구성된 농경체제를 기초로 사회의 발전을 기원하기 위한 사회 구성원과 사회의 협의적 의식이라는 본질적 의미를 담는다.

마야인들의 종교의례와 우주관을 처음 접한 서구인들은 그들의 종교와 문화를 이전에는 경험하지 못했던 이질적이고 낯선, 그래서 이교도적인 내용으로 간주했다. 이들은 마야의 종교를 역사에서 지우기 위해, 종교적 형상들을 파괴하고 마야 코덱스의 일부를 불태우기도 하였지만, 구전으로 전해지는 신화와 전설을 통해 재구성이 가능한 종교문화의 다양한 흔적을 완전히 지울 수는 없었다.

우납 쿠(Hunab Ku)는 기원전 1000년부터 기원후 1300년에 이르는 오랜 기간 마야의 창조신으로 섬겨져 왔으며, 이참나(Itzamna)는 하늘의 신으로서 태양의 신 키니츠 아아오(Kinich Ahao)와 달의 신 익첼(Ixchel)의 도움을 받아 하늘의 운행과 질서를 담당하는 것으로 여겨졌다. 비의 신 착(Chac)은 농경사회에 기반을 둔 사회조직과 도시의 경영에 풍성함을 제공하는 에너지였고, 죽음의 신 아 푸치(Ah Puch)는 지하세계의 13개 신격을 지휘하였다. 이들 모두는 제5기 세계의 운행을 위한 질서를 담당하며 메소아메리카인들의 삶에 지대한 영향력을 행사했다. 365일 주기의 태양 운행과 260일 주기의 달 운행을 비롯하여, 일식과 월식의 예측하고 관측할 수 있었는데, 자연의 운행에 대한 관측과 정보는 놀라운 예측력을 바탕으로 통치수단으로 활용되기도 하였다. 창조신화와 건국신화에 드러난 다양한 종교의례와 상징들은 신정통치체제에서 매우 유용한 콘텐츠를 담고 있다.

(2) 아즈텍

멕시코시티(City)에서 북쪽 인근에 위치한 테오티우아칸(Theotiuacan)에 있는 피라미드 도시의 흔적은 우리에게 놀라운 역사를 이야기한다. 재미있는 것은 태양의 피라미드와 달의 피라미드에 대한 에피소드이다. 우리가 주목할 것은 태양과 달의 규모와 위상에 대한 평가이다. 피라미드 도시의 구조를 살펴볼 때, 태양과 달의 피라미드의 위치가 지닌 상징성을 어떻게 해석해야 할 것인가. 숨겨진 비밀이나 의미는 없는 것일까. 테오티우아칸과 아즈텍의 관계는 어떠한 것일까. 그리고 태양과 달의 탄생신화로 집약되는 아즈텍의 종교관은 하나의 이야기 구조로 결정된 것일까. 일련의 의문은 아즈텍과 그의 종교문화에 대한 포괄적 시각을 제공할 것이다.

아즈텍(Aztec)은 멕시카(Mexica)의 문화적 원류를 계승하고 있다. 스스로를 '쿠루아 멕시카(Culhua-Mexica)'라 불렀던 아즈텍인들은 중부 멕시코에서는 비교적 짧은 역사 동안 주역을 맡았으나, 이전 문화와 관습에 대해 개방적인 자세를 취했기 때문에 과거의 여러 문화권의 신들을 숭상하고 그들의 신화를 수용했다.

아즈텍 신화에는 다른 메소아메리카의 문화에서 수용된 신들과 종교 문화적 주제가 포함되어 있다. 여러 차례의 세계창조에 대한 그들의 신화를 통해 드러나는 복합적이고 입체적인 요소들의 조합과 충돌은 아즈텍 문화의 단면을 잘 반영한다.

아즈텍 신화의 구성은 남성성과 여성성의 창조적 소인을 동시에 수요함으로써 생명을 관장하는 한 쌍의 신인 토나카테쿠틀리(Tonaca-tecuhtli)와 토나카시나틀(Tonacacihnatl)로 일컬어지기도 하는 이원성(二元性)의 신 오메테오틀(Ometeotl)에서 출발한다. 모든 사물의 궁극적인 원천인 오메테오틀은 일종의 조상(祖上)과 같은 존재다. 아즈텍과 마야를 포함하는 메소아메리카 문화에서 이원성과 이원적 요소의 결합의 중요성은 깊은 역사를 배경으로 성장해 왔다. 어둠의 세계에서 빛의 세계로의 전환을 가져온 마야 문화권의 우나푸(Hunahpu)와 스발란케(Xbalanque) 쌍둥이 형제의 의미는 창조 이전 상태인 대립과 갈등의 구도에서 새로운 질서의 도래에 의한 세계 혹은 우주의 창조를 가능하도록 하기 위한 이원적 요소의 결합으로 파악된다.

오메테오틀의 자식들인 케찰코아틀(Quetzalcoatl)과 테스카틀리포카(Tezcatlipoca)는 아즈텍 창조신화에서 구체적이고 중요한 역할을 수행한다. 때로는 협력자로, 때로는 경쟁자로 이 두 신은 하늘과 땅을 창조하고 파괴하며, 점차 완전한 형태의 우주를 구성하는 창조신의 역할을 맡는다. 이형(異形)의 신화에서는 시간과 불을 다스리는 신 시우테쿠틀리(Xiuhtecuhtli)가 모든 시간의 중심에 위치하고, 테스카틀리포카의 절단된 팔과 다리, 몸체, 머리의 네 부분이 네 방향의 공간을 가리킴으로써 시간과 공간 개념을 서술하여 우주의 시작과 세계의 창조, 인류의 형성에 관련된 신화의 근본 축을 설명하기도 한다.

현재 우리가 살고 있는 운동의 세계가 생기기 전에 '태양'이라고 불리는 네 개의 세계가 존재했는데, 이들은 각각 대지, 바람, 불, 물과 연결되어 있었으며, 각각 호랑이의 태양, 바람의 태양, 비의 태양, 물의 태양이라고 불렸다.

태초에 열세 번째 하늘에서 창조자들은 네 명의 아들을 낳는다. 첫째는 붉은 테스카틀리포카, 둘째는 아즈텍 신화에서 중요한 검은 테스카틀리포카, 셋째는 케찰코아틀, 그리고 막내는 아즈텍 고유의 신이자 수호신인 우이칠로포츠틀리이다.

최초의 세계인 '대지의 세계'는 엄청나게 힘이 세어 큰 나무도 뿌리째 뽑을 수 있는 거인족이 살던 시대였다. 검은 테스카틀리포카가 지배하는 세계였으나, 그는 지팡이를 휘두르며 공격한 케찰코아틀에게 패해 바다에 떨어졌다가, 하늘로 승천하여 커다란 재규어가 되었다. 결국 큰곰 별자리가 되었다. 두 번째 세계인 '바람의 세계'는 케찰코아틀이 지배했지만, 그는 테스카틀리포카에게 패배했고, 그의 백성들은 매서운 바람에 날려가 숲 속 나무 위에 사는 원숭이가 되었다. 세 번째 세계인 '비의 세계'는 바람과 번개를 동반한 비의 신 틀랄록(Tlaloc)이 지배했지만, '비처럼 내리는 화염' 속에서 케찰코아틀에 의해 파괴된다. 네 번째 세계인 '물의 세계'는 틀랄록의 아내이자 강과 호수의 여신인 찰치우쿠틀리쿠에(Chalchiucutlicue)가 지배했는데, 대홍수로 파괴되었고, 사람들은 물고기로 변해버렸다.

마지막으로 다섯 번째인 현재 세계는 테스카틀리포카와 케찰코아틀의 협력에 의해 창조된다. 그들은 지형이 완성되기 전의 형태인 바다에 살고 있던 거대한 괴물 틀랄테쿠틀리(Tlaltecuhtli)가 세계창조에 방해가 된다는 사실에 동의하고, 지상에 내려와 거대한 뱀으로 변해 괴물의 사지를 찢어버린다. 괴물의 찢겨진 일부는 대지가 되고, 나머지는 던져져 하늘이 되었다. 그러나 괴물의 불행한 최후를 안타까워한 다른 신들의 배려로 인간생활에 필요한 모든 식물들이 죽은 괴물의 몸인 대지에서 나왔다. 괴물의 털은 나무와 꽃, 허브 식물이 되었고, 가죽은 풀과 작은 꽃이 되었다. 눈은 우물과 샘, 작은 동굴이 되었으며, 입은 큰 강과 동굴을, 코는 산과 계곡을 만들었다. 아직도 울부짖는 괴물의 절망을 위로하기 위해 인간의 육신과 피를 제물로 바쳐 대지와 식물로 변한 틀랄테쿠틀리에게 바쳐야 인간생활에 필요한 각종 식물과 과실을 수확할 수 있게 되었다.

아즈텍은 멕시코 고원의 크고 작은 부족을 누르며, 위대한 문명이었던 테오티우아칸(Teotihuacan)과 툴라의 발전된 과거의 영광과 문물을 흡수하고 성장하여 스스로 자신의 권력이 과거의 문명을 발전적으로 계승하고 있음을 천명함으로써 국가적 정통성을 선언한다. 이러한 일련의 과정은 신화와 그 종교문화에 고스란히 드러난다. 물론 시간을 달리하며, 멕시코 고원을 지배하던 다양한 문화권의 종교문화가 하나의 태양과 달의 창조신화를 만들어내었던 것은 결코 아니었다. 시틀랄토낙 신과 시틀랄리쿠에 여신의 사상으로부터 유래된 태양과 달의 탄생신화(박종욱, 2005: 24~26)는 아즈텍이 다양한 이전 문화를 주체적으로 수용하고 있음을 의미한다. 하지만 아즈텍의 신화와 종교를 이해하기 위해서는 시틀랄토낙(Citlaltonac)과 시틀랄리쿠에(Citlalicue)의 신화보다 아즈텍이 테오티우아칸 문명을 어떻게 계승하여 발전시키고 있는지 그 궤적을 살펴보아야 한다.

멕시코 고원 지역에서 강력한 문명을 이뤄낸 테오티우아칸은 사회의 지배이데올로기와 관련된 신화의 세계를 명확하게 보여주고 있으며, 거대한 건축물에 태양의 탄생과 관련된 신화가 강력하게 반영되어 있다.

세상이 각각 자리를 잡았고, 인간도 대지를 누리게 되었지만, 세상에는 밝은 빛이 없었다. 만물은 어둠 속에 있고, 태양과 새벽이 열리지 않았다. 신들은 누가 세상을 비출 새로운 태양이 될지를 결정하기 위해 테오티우아칸에서 모임을 가졌다. 모여 있던 신들 가운데 테쿠시스테카틀(Tecuciztecatl)이라는 용감한 신과 가래톳이 선 병약한 신이며, '생명의 바위를 쪼개고 옥수수를 가져온 신'을 뜻하는 나나우아친(Nanahuatzin)이 자원을 했다. 두 신은 태양이 되기 위해, 단식과 속죄의 과정을 거쳐 화장용 장작 위에 스스로를 바치는 예식을 행해야 했다. 먼저 공물봉헌이 있었다. 테쿠시스테카틀의 공물은 아름다웠다. 보통 나뭇가지 대신 케찰(Quetzal)새의 깃털을 바쳤으며, 건초뭉치 대신 금덩어리를 바쳤고, 용설란 가시 대신 붉은 산호가 달린 옥 가시를 바쳤다. 그의 향 역시 아주 좋은 것이었다. 한편 나나우아친은 나뭇가지 대신 갈대 셋을 셋씩 아홉이 되도록 엮어 바쳤으며, 건초뭉치와 용설란 가시에 자신의 피를 묻혀 붉게 장식한 다음 바쳤고, 향 대신 자신의 상처에서 뜯어낸 부스럼딱지를 태웠다. 정화의식을 위해 테우티우아칸에 산처럼 거대한 두 개의 피라미드가 건설되었다. 두 신은 각자 피라미드에 올라가 나흘 동안 단식과 속죄의 시간을 보냈다. 늦은 저녁이 되자 참회의 시간이 끝나고, 두 신에게 정화의 풀이 뿌려졌다. 신들은 둘에게 옷을 입도록 했다. 테쿠시스테카틀에게는 화

려한 옷감으로 만든 옷이, 나나우아친에게는 종이로 만든 옷이 주
어졌다. 깊은 밤이 되자 두 신은 나흘 동안 타올라 뜨겁게 달구어
진 테오텍스칼리(Teotexcalli)라 불리는 화장용 장작더미 앞으로 나
섰다. 신들은 두 줄로 늘어선 채 두 신의 화형을 준비했다. 신들은
먼저 테쿠시스테카틀에게 기회를 주었으나, 연거푸 네 번씩이나
불 속으로 뛰어들지 못했고, 나나우아친이 기회를 받아들여, 단번
에 주저 없이 불 속으로 자신의 몸을 던졌다. 그의 몸은 곧 불길
에 휩싸였다. 나나우아친의 죽음을 본 테쿠시스테카틀도 뒤이어
불 속으로 몸을 던졌다. 두 신의 모습을 보던 독수리가 불 속으로
뛰어들어 털이 검게 그을리고 말았다. 호랑이도 불 속으로 들어갔
지만, 타지는 않고 하얗고 검은 얼룩이 거죽에 남게 되었다. 테오
티우아칸의 테오텍스칼리 불 속에서 보여준 용기 덕분에 아즈텍
의 전사들에게 '독수리 전사'와 '호랑이 전사'의 이름은 영원히 영
예롭게 되었다. 두 신이 불길에서 사라지자 신들은 그들이 태양으
로 환생해 어두운 밤의 장벽을 뚫고 나타나기를 기다렸다. 마침내
동쪽에서 떠오른 태양은 아주 붉었는데, 너무 밝아 아무도 태양을
똑바로 쳐다볼 수 없었다. 곧이어 태양 옆으로 테쿠시스테카틀이
변한 달이 나타났다. 태양과 달이 함께 동쪽 하늘을 밝히자 세상
은 너무 밝아 눈을 제대로 뜰 수가 없었다. 신들은 고민에 빠졌다.
그러자 신들 가운데 하나가 테쿠시스테카틀의 얼굴을 향해 토끼
를 집어던졌다. 달은 토끼의 모습이 새겨지게 되었고, 빛도 한결
덜 밝아졌다. 태양과 달이 생기기는 했지만, 정지해 있었다. 태양
은 자신이 운행하기 위해서는 다른 신들의 희생과 헌신이 필요하
다고 오만하게 말했다. 그러자 화가 난 샛별과 새벽의 신 틀랄우
이스칼판테쿠틀리(Tlalhuizcalpantecuhtli)가 태양을 향해 창을 던졌
다. 그러나 창은 빗나갔고, 오히려 태양은 샛별과 새벽의 신을 향
해 빛의 창을 쏘아 그의 머리를 아홉으로 나누어버렸다. 이때 샛별
과 새벽의 신은 돌과 추위의 신인 이차틀라콜리우키(Iztatlacoliuhqui)
로 변하며 새벽은 언제나 춥게 되었다. 신들은 마침내 태양의 신
토나티우가 행로를 정해 움직일 수 있도록 자신들을 희생하기로
결심했고, 바람의 신 케찰코아틀이 제례용 칼로 신들의 심장을 차
례차례 도려내어 태양의 신에게 공양했다. 다른 신들의 희생으로
태양은 운행을 시작했고, 달을 비롯한 다른 별들 또한 태양과 일
정한 거리와 각도를 유지하며 우주의 질서를 위한 항해를 개시했
다. 이후 태양이 운행을 멈추지 않도록 신들의 자손인 인간들은
생명의 원천인 태양에게 심장을 바치게 되었으며, 나나우아친 신

달의 피라미드에서 본 테오티우아칸 전경

과 테쿠시스테카틀 신의 희생과 참회를 기념해 그들이 기도를 드렸던 거대한 피라미드를 태양의 피라미드와 달의 피라미드라 불렀다(박종욱, 2005: 27~32).

토나티우는 테오티우아칸 문명의 위대한 태양의 신으로 탄생한 것이다. 흥미로운 점은 노쇠했던 나나우아친이 자신을 희생하여 태양의 신 토나티우로 재생하자, 희생제의를 요구하고 있다는 점이다. 사회의 질서이념이 파괴되지 않고 유지 발전될 수 있도록 개인의 자발적인 희생을 신들의 희생을 통해 유도하고 있는 것이다.

그런데 위의 사진처럼 한없이 뻗어 있는 것처럼 보이는 드넓은 테오티우아칸의 피라미드 도시구조를 살펴보면, 중앙대로의 왼편으로 태양의 피라미드가 보인다. 사진을 찍은 현재의 위치가 달의 피라미드이며, 바로 이곳이 모든 곳을 관장할 수 있는 시선이 열린 곳이다.

코욜사우키: 달의 신

달의 피라미드가 전체를 관장하고, 태양의 피라미드는 중앙대로에서 조금 뒤쪽에 자리를 하고 있는 것을 확인할 수 있다. 태양이 중심이 아니라, 달이 중심에 위치한 구조로 보인다. 이상하지 않은가. 현대인들에게 자연의 의미는 과거에 비해 훨씬 소극적이며, 태양과 달의 운행에 대한 실감 또한 매우 축소되어 있는 것은 사실이다. 하지만 현대문명에 근접한 대부분 과거의 문명권은 태양의 의미를 강조해 온 것이 분명하다. 테오티우아칸에 있는 태양의 피라미드의 위치는 어떠한 의미로 해석될 수 있을 것인가.

왜 태양이 중심에 있지 않은 것일까. 아니, 중심에 대한 구조적 이해가 조금 달랐던 것일까. 확실한 것은 태양의 피라미드에 비해 달의 피라미드의 상징적 의미가 절대로 뒤지지 않았다는 사실이다. 오히려 밤을 지배하는 달의 이미지는 테오티우아칸에서 매우 적극적 의미를 지닌다.

인류문명의 역사는 늘 태양을 세계의 중심으로 간주했던 것은 아니었다. 일정한 패턴이 존재하는 것은 아니지만, 먼 과거로 갈수록 어두운 밤의 세계를 관장하는 달의 존재는 밝은 낮의 세계를 지배하던 태양의 존재와는 다른 원초적이고, 본질적인 의미를 지니는 경향이 높았다. 테오티우아칸 문명에서 달의 신, 코욜사우키(Coyolxauhqui)의 존재는 태양의 신, 토나티우(Tonatiuh)보다 우월적 지위에 있었다.

여기에서 해결되어야 할 의문이 있다. 코욜사우키가 곧 달의 신이며, 달의 피라미드의 권위와 상징성을 의미한다면, 아즈텍의 태양의 신인 우이칠로포츠틀리와는 어떠한 관계에서 파악될 수 있는 것인가 하는 의문이다. 테오티우아칸 문명과 이후 문명이 지니고 있던 달의 피라미드 중심의 세계관과 밤의 상징성이 매우 강력했던 것은 분명한 사실이다. 하지만 어느 시점부터 달에 대한 숭배의식이 태양에 대한 숭배의식으로 전환되기 시작했는지, 명확한 사적자료는 결여되어 있다. 신화와 전설 및 구전설화가 중요한 의미를 지니는 이유이다.

가장 중요한 우주관과 종교관을 형성하는 우이칠로포츠틀리 신앙은 멕시코 고원에서 아즈텍의 승리를 재확인하는 역사적(歷史的) 결과물이다. 토나티우를 섬기던 종족과 문화권력의 산재된 요소들이

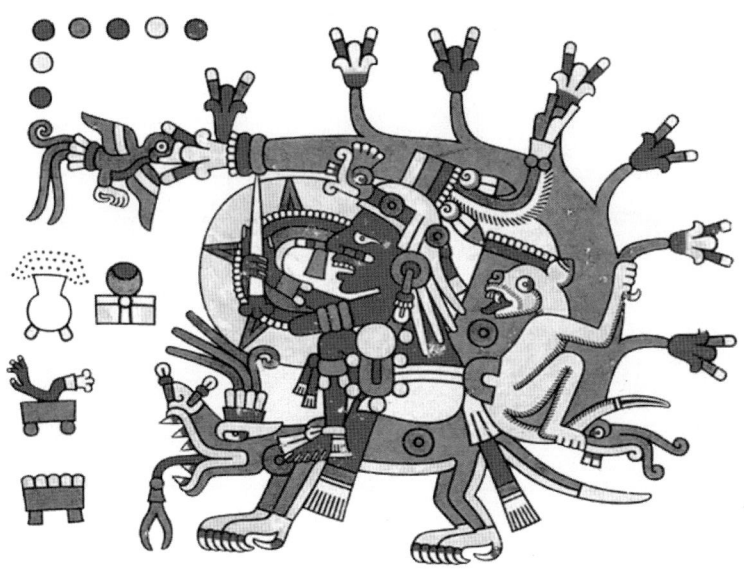

구질서 세계관의 중심이었던 토나티우

우이칠로포츠틀리로 대표되는 창조관(創造觀)을 지닌 종족과 그 문화권력으로 통합되어 이양되었음을 의미하기 때문이다. 시대와 문화 및 사회 구성원 모두가 종교적 삶에 있어서 본질적 변화를 겪은 것이다. 우이칠로포츠틀리의 중요성이 부각되는 것은 정치권력이 구조적으로 교체되었음을 의미한다. 이는 단순하게 지배 권력층이 변화되었음을 의미하는 것이 아니라, 종교적 일상의 의례와 믿음에 의한 사회문화적 가치를 소유하는 계층이 본질적으로 변하였음을 의미한다. 나라의 개념을 포함한 문화권 층위와 그 소유 권력층이 변하였음을 의미하는 것이다.

멕시코 고원의 대표적 태양숭배 의식인 토나티우 신화와 우이칠로포츠틀리 신화는 태양에 대한 지속적인 숭배의식과 종교의례를 잘 드러내는 신화이며, 동시에 지역 문화권역에서 신봉되던 태양과 인신공양에 대한 기원을 설명하고 있다. 창조에 관여한 신들도 자기희생을 바탕으로 우주를 창조했다는 믿음은 신들의 피조물이자 그 자손인 인간의 참회와 희생을 삶의 필연적인 요소로 인식하도록 했다.

새로운 지배세력에 의한 우주의
중심인 우이칠로포츠틀리

아즈텍 사람들이 북쪽 지역 아스틀란(Aztlan)에 살고 있을 때였다. 어느 날 선지자 치말마(Chimalma)가 사람들에게 예언을 했다. "모두 집을 떠나 새로운 터전을 찾아나서야 할 때가 되었다." 여덟 부족은 강을 넘고 산을 올라 어느 동굴에 도착했다. 그곳에서 다른 선지자가 예언을 했다. "너희를 인도할 분은 우이칠로포츠틀리다. 내가 너희를 아스틀란에서 불러냈다. 순례를 계속하여라. 그분의 도움으로 너희는 새로운 터전을 발견하게 될 것이다." 사람들은 힘든 여정을 계속했다. 그들은 멕시코 고원 차풀테펙(Chapultepec)에 이르렀지만, 그곳의 찰카(Chalca) 부족에게 패했다. 아즈텍 사람들은 동굴에 숨어 살면서 자신들을 인도할 우이칠로포츠틀리 신이 언제 나타나는지 신들에게 물었다. 그들은 코아틀리쿠에(Coatlicue)가 자신들의 수호신을 잉태하고 있다는 반가운 사실을 알게 되었다. 코아틀리쿠에는 신령한 뱀의 산 코아테펙(Coatepec)에서 참회와 희생의 기도를 드리던 어느 날 깃털로 된 공을 발견했다. 우연히 발견한 깃털 공을 허리에 차고 다니던 그녀는 어느 순간 깃털 공이 보이지 않자 당황했다. 그러나 깃털은 사라진 것이 아니라 그녀의 몸에 스며들었으며, 그녀의 몸 가장 깊은 생명의 장소에서 새로운 생명으로 잉태되었던 것이다. 순결하고 신앙심 깊은 코아틀리쿠에는 사라진 깃털이 자신에게서 멀리 떨어져 나간 것이 아니라, 오히려 자신의 몸에 스며들어 새로운 생명으로 자라게 되었다는 사실을 알고 너무나 놀라 그 사실을 비밀로 했다. '아, 신들이시여! 어떤 연유에서인지 제 안에 새로운 생명이 자라고 있습니다. 저에게 용기와 지혜를 주시고, 이 아기를 보호하소서!' 그러나 그녀의 임신은 곧 알려졌고, 자식들은 그녀가 부정을 저질렀다며 경악했다. 심지어 딸인 코욜사우키(Coyolxauhqui)는 어머니를 죽여 신들의 노여움을 풀어야 한다고 생각했으며, 동생들에게 어머니를 죽여 신들에게 희생 제물로 공양하자고 선동하기에 이르렀다. "형제들이여, 어머니가 우리를 욕되게 했다. 우리는 부정하게 아이를 잉태한 불결한 어머니를 죽여야 한다. 도대체 자궁 속에 있는 아이의 아버지는 누구인가?" 자기 배 속으로 낳은 자식들의 살기를 눈치챈 코아틀리쿠에는 두려움에 휩싸였다. 자식들로부터 외면당하고 살해 위협마저 느끼고 있는 어머니에게 배 속의 아기는 따스한 위로와 격려의 기운을 전해주었다. 시간이 흘러 코아틀리쿠에는 출산을 앞두고 있었다. 그녀는 자신과 배 속의 아기가 무탈하게 순산할 수 있도록 코아테펙 산에 올라 신들에게 참회와 헌신의 기도를 드리고 있었다. 한편 아기를 낳기 전에 반드시 어머니를 죽여 부정의 씨를 없애기 위해 코욜사우키와 다른 형제들은 코아테펙 산을 향해 길을 떠났다. 코욜사우키를 선두로 형제들은 코아테펙 산에 올라 그녀를 죽이기로 다짐했다. 이제 부정의 씨는 빛을 보지 못할 것이었다. 그러나 그 무렵 배 속에서 어머니를 위로하며 마음을 달래주었던 우이칠로포츠틀리는 완벽하게 무장한 채 신령한 뱀의 산 코아테펙 정상에서 태어났다. 우이칠로포츠틀리는 자신과 어머니를 죽이려고 찾아온 이부형제(異父兄弟)들과 피할 수 없는 싸움을 배 속에서부터 준비하고 있었다. 그는 '터키석으로 만들어진 뱀' 시우코아틀(Xiuhcoatl)을 휘둘러 코욜사우키의 가슴을 관통하여 둘로 갈랐다. 가슴이 열리고 심장이 튀어나왔으며, 그 사이로 선연한 붉은 피가 사방으로 솟구쳐 흘렀다. 그녀의 몸은 팔, 다리, 몸체로 조각나 코아테펙 산기슭에 버려졌다. 코욜사우키를 살해한 후, 우이칠로포츠틀리는 그녀의 형제들을 추격해 대부분을 잔인하게 살육했다. 말리날소치(Malinalxoch)의 아들 코필(Copil)이 자라서 우이칠로포츠틀리를 찾아 복수를 다짐했지만, 적수가 되지 않았다. 우이칠로포츠틀리는 그의 목을 뱀의 산 코아테펙에 던지고, 팔, 다리와 심장을 꺼내어 사방에 흩어버렸다. 코필의 심장이 떨어진 곳에서 선인장이 한 그루 솟아올랐고, 그 위에 독수리가 앉았다. 마침내 예언에 나온, 독수리가 앉아 있는 선인장이 나타난 것이었다. 아즈텍인들은 순례를 끝내고 새로운 나라를 세우기 시작했다. 사람들은 태양의 도시, 테노츠티틀란(Tenochtitlan)을 건설하고 우이칠로포츠틀리를 수호신으로 받들어 모시게 되었다.

아즈텍의 신화에는 코욜사우키와 우이칠로포츠틀리의 대결구도가 생생한 이야기로 전달되고 있다. 신령한 뱀의 산에서 참회와 희생의 기도(배경)를 드리던 어느 날 순결하고 신앙심 깊은 코아틀리쿠에(Coatlicue)는 새로운 생명을 잉태한다(목적). 이에 그녀가 부정을 저질렀다고 믿는 자식들은 어머니를 죽이기로 다짐하지만, 완벽하게 무장한 채 태어난 우이칠로포츠틀리는 배다른 형제들을 잔인하게 살육한다(과정 1: 갈등). 결국 코욜사우키와 형제들로 대표되던 어둠의 힘은 사라지고(과정 2: 구세대의 파괴), 우이칠로포츠틀리는 토나티우를 뒤이어 동녘의 새로운 태양으로 등극했으며(결과), 찬란한 아즈텍 제국의 수호신이 되었다(의미). 이렇듯 아즈텍 창조신화에는 그들의 종교관이 반영되어 있으며, 그 이야기의 플롯은 이전 세계의 정통성을 승계하며, 동시에 극복하는 새로운 세계의 탄생과정에 대한 서술이다. 토나티우는 코욜사우키로 대표되는 어두움의 힘과 공존하며, 사회의 질서이념을 지배하였으나, 같은 태양의 신이면서도 새로운 지배권력에 의해 새로운 이름을 지닌 태양이 부활하여, 토나티우를 대신하고, 나아가 상대적으로 차별적 권력구조의 상징이었던 어두움의 질서를 지배하던 달의 신, 코욜사우키를 제거함으로써 강력한 왕조 탄생의 원인을 신격화하게 된 것이다.

강력한 태양신 토나티우가 아즈텍 고유의 신인 우이칠로포츠틀리의 권능 앞에 상대적으로 그 중요성과 위력을 잃어간다는 사실은 중부 멕시코에서 이질적인 문화를 배경으로 성장한 많은 국가들을 정복하며 강력한 팽창주의를 이뤄낸 아즈텍 문화와 역사가 신화를 재해석하고 있음을 드러낸다. 아즈텍 신화는 이문화적 요소에서 수용한 태양신 토나티우(Tonatiuh)보다는 우이칠로포츠틀리(Huichilopoztli)에게 절대적 비중을 둔다. 이는 다문화적 특징의 아즈텍 문명이 이질적 요소의 문화에 대한 배타적인 우월성을 드러낼 만큼 아즈텍의 지배력이 향상되었음에 대한 선언이다. 태양의 신이 달의 신을 극복하고 있음을 특별한 의미에서 천명해야 하는 것은 태양의 주기에 대한 정교한 관찰과 실생활에서의 적용에 자신감을 의미하기도 한다. 결국 채집과 수렵의 비중이 농경에 비해 적어지며, 대단위 계획 농경을 위한 중앙집권적 통제가 가능한 사회구조로의 변화를 의미한다. 춘분과 추분, 동지와 하지의 중요성이 부각되는 것 또한 태양력에 기초한 농경법의 조직화 체계화와 밀접한 관계에서 파악된다. 결국 아즈텍 사회는 보다 강력한 하늘의 운행에 대한 과학적인 관찰과 그 기록이 정립되어 경제체제에 적극적 영향력을 행사하는 사회로의 이행과 맞물리면서, 달력제작과 기후현상에 대한 통계적 관찰을 위한 체제가 정비되어 있음을 신화의 상징성을 통해 입증하고 있다.

멕시카 혹은 아즈텍은 다신제 종교체제를 수용하여 자신들의 종교문화로 형성하였다. 그들은 자연조건의 여러 다양한 힘을 신격으로 숭배하였으며, 특히 문화의 신 켓살코아틀(Quetzalcoatl), 비의 신 틀랄록(Tlaloc), 전쟁의 신 테스카틀리포카(Tezcatlipoca) 등을 섬겼으나, 북방 민족에서 중앙고원을 다스릴 수 있도록 예언을 실현하게 해준 우이칠로포츠틀리를 가장 중요하게 공경했다. 아즈텍 사회는 신정지배체제였으므로, 종교문화와 의례는 정치와 사회의 일상적 삶을 지배하였다.

(3) 잉카

잉카는 마야, 아즈텍과 비교해 제국으로 불리기에 충분할 만큼 광활한 지역을 기반으로 한 중앙집권체제와 제도, 역사 및 문화적 배경을 지니고 있었다. 안데스를 세로축 배경으로 형성했던 잉카는 비교적 늦은 형성기와 전성기를 맞이하였다. 사실 이전의 문화에 대한 논의는 여전히 명확하지는 않다. 지역에는 다양한 많은 문화가 흥망성쇠를 거듭하였으며, 나스카와 같은 미스터리한 역사적 흔적을 남긴 문화도 존재했지만, 나스카는 분명한 자료적 기록을 충분히 남기지는 않았다. 나스카의 경우에 일상 의례로서 기하학적 문양을 남긴 부분에 대한 연구가 꾸준히 진행되고 있지만, 수로를 나타낸다는 해석에서부터 태양과 금성 등 천문관찰의 기록을 나타낸다는 해석과 감상적 해석으로서 우주인과의 연관설 등과 같은 다양한 해석이 등장하는 것은 안타까운 일이 아닐 수 없다. 여전히 선정주의나 이국적 정취가 연구의 배경인 듯 포장되어 유포되는 가벼운 환경은 지역 연구를 위한 진정성 있는 태도와는 거리가 멀다.

분명한 것은 수로의 흔적이 기하학적 문양을 통해 전해졌을 개연성이 몇몇 증거들을 통해 사실인 것으로 밝혀지고 있는 단계이지만, 지하수로의 제작과 그에 대한 의례의 중심으로서 기하학적인 문양의 용도와 역할에 대한 논의는 여전히 진행 중이다. 일상에서 본질적 가치로서 중요했던 물과 물길의 확보와 관련된 의례의 흔적이 종

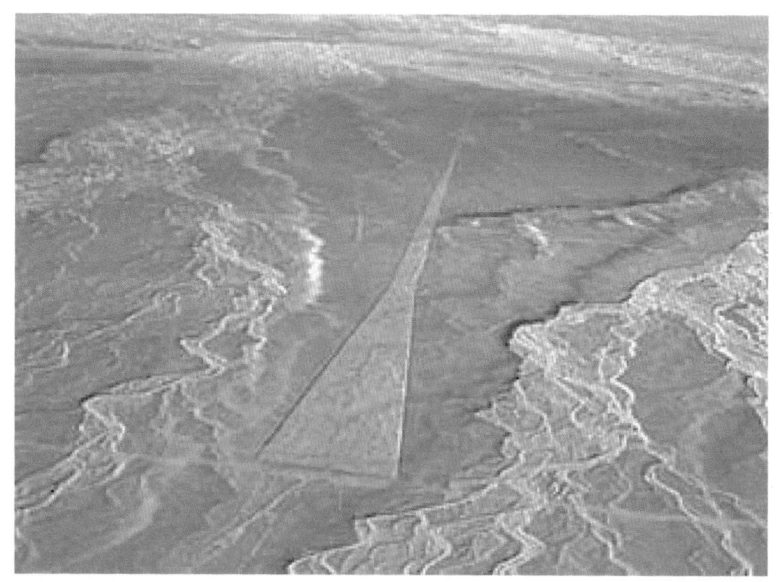

나스카의 활주로 문양

교문화적 시각에서 매우 긍정적이고 분명한 것으로 관찰되고 있기는 하지만, 여전히 남은 숙제는 확실한 물적 증거에 의한 정설을 구성하기에는 발굴되고 복구된 자료들이 제한적이라는 사실이다.

안데스 산맥을 중심으로 고지대 문화권과 해안 중심의 저지대 문화권은 잉카인들에 의해 하나의 통합된 사회구조에 귀속되었다. 잉카인들은 주변 문화의 우수성을 기반으로 급성장하였으며, 고도로 발달된 문명을 누렸고, 중앙집권화에 성공한 막강한 절대 권력을 유지하기 위한 관료제도 및 재정의 분배와 통치체제를 유지했다. 잉카 문화는 관료적이고 남성 중심적이며, 강력한 중앙집권의 근거가 되는 쿠스코 중심주의가 오랫동안 지속되었다. 군사적으로 강력한 제국의 문화적 특징이 드러나는 것이다. 그러나 그들에게는 신화나 전설을 기록할 수 있는 문자가 없었다. 매듭 기호언어인 키푸(Quipu)를 사용하여, 간단한 기록과 계산 및 상징적 소통은 가능했으나 복합적 개념은 구전에 의존하는 경향을 띨 수밖에 없었던 것이다. 더욱이 스페인에 정복된 이후 서구 종교와 예술의 직접적이고 적극적인 개입을 받아 민중들 사이에 구전되던 신화, 전설, 의례 등이 기록되고 재현되는 과정에서 변이를 겪음으로써 많은 이형(異形)신화의 파편들로 부유(浮遊)하면서 실체가 희미해졌다.

저지대 문화권과 고지대 문화권을 통합한 잉카 제국은 문화적 복합성을 지녔으며, 환경의 다양함과 풍요로움과 더불어 자연스럽게 다양한 문화적 요소를 포함하게 되었다. 따라서 잉카의 종교문화는 산과 물, 땅과 같은 자연환경과 정착과정에서 선조가 겪었던 초자연적 경험에 바탕을 둔 믿음과 관습으로 요약될 수 있다.

창조신 비라코차(Viracocha), 태양의 신, 달의 신, 아침과 저녁의 신인 금성, 천둥의 신, 무지개 신 등의 신화는 결국 잉카 문명의 부흥과 미래를 위한 전망으로서 경제체제를 유지하고 발전해야 하는 주요한 의례로서 종교적 의미에 대한 자연환경에 대한 지혜의 신앙화를 담고 있다. 특히 태양 신앙을 중심으로 다채로운 종교의식과 의례가 발달된 것으로 파악되지만, 아즈텍처럼 복잡하고 입체적인 체제의 우주관을 갖고 있지는 않았다. 그만큼 아즈텍의 신화는 멀티 플롯(Multi plot)으로 형성되어 있으며, 이는 아즈텍 사회가 과거의 주변의 유산에서 형성된 이형신화의 지속적인 수용이라는 차별성에 의한 것이라 여겨진다.

키푸로는 복합적인 의미를 전달하기 어려웠기 때문에, 신화와 전설은 사람들의 입과 기억으로 전해져 왔다. 그래서인지 정복시대 이

후에 기록된 신화와 전설은 비라코차 신의 천지창조와 잉카 왕조 기
원신화에 집중되어 있다. 마야나 아즈텍 신화에서 찾아볼 수 있는
영웅의 존재는 부각되지 않았다. 이는 인격신으로서의 신의 존재 의
미가 상대적으로 의미했음을 뜻한다.

　잉카인들에게 우주의 중심은 티티카카(Titicaca) 호수였다. 태고의
암흑 속에서 창조자인 비라코차가 모습을 드러냈다. '바다 기름' 또
는 '바다 거품'으로 해석되는 그의 이름은 콘 티키 비라코차(Con
Ticci Viracocha), 투누파 비라코차(Thunupa Viracocha), 비라코차 파
차야차치크(Viracocha Pachayachachic) 등으로 변형되어 불리기도 했다.

　비라코차는 신성성 혹은 초자연적 힘을 의미하는 창조자라는 뜻
으로 받아들여지는데, 해안지방에서 유래된 신화에서는 창조자를
'땅과 시간을 만든 자' 파차카막(Pachacamac)이라 부르기도 한다. 비
라코차는 티티카카호수 주변에 최초의 인류를 창조했지만, 노여움으
로 그들을 돌로 만들어버렸다.

> 태초에 파차카막은 아무것도 없던 어둠의 세상으로 눈부시게 빛
> 나는 태양을 불러왔고, 태양이 없는 밤을 밝힐 수 있도록 달도 불
> 러들였다. 그리고 하늘로 수많은 별들을 불러 달이 외롭지 않게
> 했다. 파차카막에 의해 불려온 태양신의 위력은 너무도 대단해,
> 우주의 창조자인 파차카막도 함부로 할 수가 없었다. 파차카막은
> '어머지 대지' 파차마마(Pachamama)를 만들었다. 그리고 대지 위
> 에 산과 물, 땅을 만들어 서로 구분되게 했다. 땅을 서로 밀어 산
> 을 만들고, 홈을 파 강을 만들었으며, 낮게 밀어 바다를 만들었다.
> 그러나 대지 위에는 아직 인간이 없었고, 인간이 먹을 것도 없었
> 다. 파차카막은 최초의 남자와 여자 한 쌍을 창조했다. 그러나 아
> 직 세상에는 그들이 먹을 것이 없었다. 먹을 것을 제대로 찾지 못
> 해 굶주린 남자가 죽었다. 곁에 있던 남자가 죽자 여자가 태양신
> 에게 새로운 남자를 만들어달라고 부탁했다. 태양신은 자신의 빛

줄기로 그녀를 잉태시켰다. 여자는 나흘 만에 사내아이를 낳았다. 자신이 개입되지 않은 창조행위에 대한 분노와 태양신의 막강한 위력에 질투심을 느낀 파차카막은 여자가 낳은 사내아이를 갈기 갈기 찢어 죽여버렸다. 그는 찢어진 아이의 몸을 먹을 것이 모자라는 땅에게 주기로 했다. 파차카막이 뿌린 아이의 이에서 식물의 싹이 돋아나기 시작했고, 아이의 갈빗대와 뼈에서 유카의 싹이 텄으며, 아이의 살에서 오이와 많은 과일과 채소들이 생겨났다.
파차카막의 노여움의 결과를 조용히 지켜보던 태양신은 아이의 시체를 몰래 훔쳐와 음경과 배꼽으로 아들을 한 명 창조했다. 그 아이는 비차마(Vichama)라 불렸다. 그는 아버지인 태양신처럼 세상을 여행하고 싶어 했다. 비차마가 여행을 시작할 무렵, 파차카막은 자신이 창조한 여자를 죽이고 그 시체를 독수리와 콘돌(Condor)에게 먹이로 주었다. 파차카막은 태양신의 개입으로 흐트러진 인간의 창조를 새롭게 시도했다. 이번에는 최초의 인간들을 땅에 거주시켰다. 그는 인간들을 구분해 '다스리는 자' 쿠라카(Curaca)들이 다른 인간들을 다스리게 했다. 한편 여행길에 오른 비차마는 파차카막이 파괴해버렸던 어머니의 시체를 모은 다음 생명의 기운을 불어넣어 살아나게 했다. 태양신의 막강한 능력을 고스란히 물려받은 비차마는 어머니에 대한 복수를 계획했다. 비차마의 복수심을 눈치챈 파차카막은 자신을 경배하느라 인간들이 세워놓은 사원 앞에 있는 바다 속으로 뛰어들었다. 비차마는 파차카막이 그동안 창조했던 인간들을 모두 돌로 변하게 했다. 그러나 자신의 무자비한 행동을 반성하고, 돌로 변한 쿠라카들을 우아카(Huaca)로 바꾸어 놓았다. 비차마는 아버지 태양신에게 새로운 인류를 창조해달라고 부탁했다. 그러자 아들을 너무나 사랑하는 태양신은 비차마에게 세 개의 알을 내려 보내주었다. 알은 각각 황금색과 은색, 그리고 동색으로 빛을 내뿜고 있었다. 아버지가 보내준 알들은 태양빛을 받으면서 점점 커졌다. 얼마나 시간이 지났을까. 알에서는 새로운 생명의 출산을 알리는 신호가 감지되었다. 제일 먼저 황금색 알에 균열이 가기 시작했다. 드디어 새로운 인류의 탄생이 시작되는 순간이 온 것이었다. 먼저 황금색 알에서는 쿠라카와 귀족들이 나왔고, 은색 알에서는 여자들이 나왔으며, 동색 알에서는 평민들이 나왔다. 그들은 비차마의 가르침에 따라 각자의 역할을 맡아 인간사회를 구성하며 살아가게 되었다. 세상과 우주를 창조했던 파차카막은 태양의 신과 그의 아들 비차마에게 인간을 창조할 기회를 빼앗겼고, 태양신과 비차마는 잉카의 후손들을 보살피게 되었다(박종욱, 2004: 226~228).

파차카막과 태양신이 서로 인류를 창조하려고 선점권을 다투는
가운데 이뤄진 결과물은 잉카 사회가 계급사회이며, 태양의 운행과
의미에 중요한 사회적 가치를 부여하고 있음을 알 수 있다. 경제체
제에서 농경이 차지하는 비중과 중앙통제에 의한 계획경제사회의
특징을 잘 반영하고 있는 것이다. 이렇게 강력한 중앙집권체제를 이
룩한 잉카의 신화는 이형신화의 흔적으로서 지역 문화권에 존재해
왔던 태양신 인티(Inti)에 대한 공경과 종교문화의 이야기를 수용함
으로써 지역문화를 통합하는 과정을 담고 있다. 많은 주변 부족국가
들을 복속하는 과정에서 통합적 사회가치를 펼치고, 사회의 질서의
식을 강화하기 위한 일련의 작업은 신화와 종교의 의례적 행위를 통
해 사회의 유대의식을 강화하고 일체감과 결속력을 높여주는 역할
과 기능을 수행한다.

아주 오래전, 현재의 잉카가 생기기 훨씬 전의 일이었다. 사람들
은 교만했고 하늘을 우러러 무서운 줄 몰랐다. 그들은 너무나 잔인
해서 사람의 목숨을 하찮게 여겼다. 살인을 하고도 무서워하거나 두
려워하지 않았다. 오로지 그들은 전쟁과 약탈을 일삼을 생각으로 가
득했다. 그들에게서는 세상을 창조한 신들에 대한 고마움이나 존경
심을 찾아볼 수 없었다. 하늘과 자연은 그저 원래부터 있었거나, 어
떤 목적에 의해 만들어졌다고 여길 뿐이었다. 그렇게 세상 구석구석
이 부패했지만 단 한 곳만은 그렇지 않았다. 그곳은 바로 안데스 산
맥의 높은 산정이었다.

산꼭대기에서 가까운 곳에 마음씨 고운 목동 형제가 살고 있었다. 그들은 야마를 치며 살았는데, 자신들에게 주어진 것 이외에는 욕심을 내지 않았다. 아무리 작은 것이라도 자신들이 소유하게 되는 모든 것을 신들에게 감사하는 마음으로 하루하루를 살아갔다. 형제의 마음속에는 부드러움과 겸손함이 가득했다. 그러던 어느 날, 동생이 형을 찾아와 말을 건넸다. "도무지 나 혼자서는 알 수 없는 일이 벌어져서 형에게 물어보려고 찾아왔어. 야마떼가 아무것도 먹지 않고, 슬픈 표정으로 잠도 자지 않아. 왜 그러지?" 형 역시 최근 들어 야마떼의 행동을 수상쩍게 여기고 있었기에 동생과 의논하려던 참이었다. 도통 먹지도 않으면서 야마들은 밤이면 슬픈 표정으로 먼 하늘의 별들만 바라보고 있는 것이었다. "글쎄, 나도 야마들이 왜 그러는지 궁금해서 네게 물어보려던 참이었어." 형제는 신들에게 야마와 말을 할 수 있는 능력을 달라고 기도 드렸다. 평소에 형제의 참회와 회개를 기쁜 마음으로 지켜보던 신들은 형제에게 동물과 말을 할 수 있는 능력을 주었다. 야마떼의 말을 알아듣게 된 형제는 당장 야마에게 물어보았다. "무엇 때문에 너희가 제대로 먹지도 않고 잠자지도 않는지 우리한테 얘기해줄 수 있겠니?" "곧 대홍수가 일어나 땅 위의 생물이 모두 사라질 것이라고 별들이 말해주고 있어요. 정말 끔찍하고 슬픈 일이 언제 닥칠지 모르기 때문에 도무지 먹을 수도, 잠을 잘 수도 없어요." 형제와 그들의 가족은 제일 높은 산 정상에 있는 동굴로 들어가 홍수를 피하기로 했다. 그들은 자신들이 키우던 야마떼를 몰아 동굴 안으로 피신했다. 그로부터 얼마 지나지 않아 비가 쏟아지기 시작했다. 비는 점점 거세어지더니 사방을 분간할 수 없을 만큼 무서운 기세로 퍼부었다. 형제는 동굴 밖으로 산 아래를 내려다보며 야마들의 말대로 엄청난 홍수가 산 아래의 생물을 휩쓸고 지나가는 광경을 확인할 수 있었다. 온 세상이 파괴되고 있는 것이었다. 그들은 산 아래서 비참하게 죽어가는 인간들과 생물들의 비명 소리와 울부짖음을 들어야 했다. 그래도 밖에 나갈 수는 없었다. 언제 동굴로 물이 들이닥칠지 알 수 없기 때문이었다. 물은 점점 불어나 동굴과 가까운 곳까지 밀려들었다. 그런데 신기한 일이 벌어졌다. 물이 점점 차오를수록 산은 점점 높아졌고, 동굴도 안전한 높이로 올려졌다. 드디어 비가 그쳤다. 동굴 밖을 내다본 형제는 서서히 물이 빠지고 있음을 알게 되었다. 물이 빠지기 시작한 다음에도 하늘은 여전히 어두웠다. 얼마나 시간이 지났을까. 드디어 태양신 인티가 찬란한 빛줄기를 내뿜으며 하늘에 나타났다. 산 아래 출렁이던 물이 순식간에 사라지고, 질퍽한 진흙으로 변해버렸던 땅이 마르기 시작했다. 동굴에서 야마떼와 지내느라, 식량이 모자라 걱정스러웠던 형제는 땅이 어서 마르기를 기다렸다. 땅이 마르면서 산도 원래 높이로 내려갔다. 형제는 가족과 함께 야마떼를 이끌고 동굴에서 나와 풀과 먹을 것이 풍부한 산중턱에서 살게 되었다. 하지만 야마들은 끔찍했던 순간을 잊지 못해 지금까지 높은 산악지대에서만 살게 되었다. 형제와 그 가족은 무서운 홍수에서 자신들의 생명을 지켜준 야마를 더욱 아끼게 되었고, 진흙으로 변한 땅을 마르게 하고 생명을 다시 살아가게 해준 태양신 인티에게 감사드리며 안데스 산에서 살아가게 되었다(박종욱, 2004: 229~232).

창조와 파괴의 순환하는 시간개념은 잉카를 비롯한 메소아메리카의 창조신화에도 자주 등장하는 모티브이다. 세계의 중심이 창조되고 파괴되며, 시간과 공간이 순환하거나 회전하는 개념은 파차쿠티(Pachacuti)라는 말로 표현된다. 원주민 연대기 작가인 펠리페 구아만 포마 데 아얄라(Felipe Guaman Poma de Ayala)가 1613년에 완성한 『새로운 연대기와 좋은 정부(Nueva Cronica y Buen Gobierno, 1583~1613)』에는 잉카를 둘러싼 세계의 역사를 제5기로 나누어 설명하고 있다. 제1기는 와리 위라코차루나(Wari Wiracocharuna)로 사람들은 자연상태에서 생활했으며 알 수 없는 이유로 막을 내렸다. '와리(야마와 알파카 사이의 이종교배 낙타) 사람'이라는 뜻의 와리 루나(Wari Runa)라 불린 제2기에서는 좀 더 진보한 인류가 살았으며, 그들은 비라코차를 창조자로 숭배했는데 대홍수로 막을 내렸다. 제3기는 '난폭한 사람'이라는 뜻의 푸룬 루나(Purun Runa)라 불렸고, 도시국가가 형성될 만큼 발달된 문명을 이루었으며 창조자인 파차카막을 숭배했다. 제4기는 '호전적인 사람'이라는 뜻의 아우카 루나(Auca Runa)는 잉카 제국의 초기에 해당하며, 조직과 체계가 중앙집권화되는 시기였는데, 어떻게 막을 내렸는지는 알려지지 않았다. 제5기는 잉카인들의 시기인데, 십진법에 기초한 관료제도, 연령등급제, 제국의 종교 및 사회조직 등이 형성된 선진문명의 시대였다.

신은 다시 인류를 창조하면서 태양과 달, 그리고 별을 호수 가운데 섬으로 불러내고 두 번째 인류를 만들었다. 인류를 만든 뒤, 비라코차는 동물과 새를 만들었다.

아직 사람들이 세상에 태어나기 훨씬 전, 하얀 눈이 덮인 높은 산 가운데 바다처럼 커다란 호수가 펼쳐져 있었다. 호수의 물은 다이아몬드처럼 투명하고 하늘보다 푸르렀으며, 호수 주변으로는 나무들이 자라고 하얀 이끼가 낀 바위와 돌이 가득했다. 천지가 창조되면서 가장 먼저 생겨난 티티카카 호수 위로, 아침마다 비라코차 신은 태양의 모습으로 나타나 호수를 어루만졌다. 그러던 어느 날 비라코차 신은 호수로 내려와 작은 물결을 만들어냈다. 물결은 조금씩 위로 올라가면서 서서히 푸르고 빛나는 물 언덕의 모습을 하게 되었다. 이렇게 놀라운 광경을 지켜보던 식물들은 한순간 대화를 멈추고 숨을 죽였다. 거대한 입으로 공기의 흐름을 만들어내던 바람도 조용히 입을 다물고 바위 위 움푹 파인 곳에 머물며 무슨 일이 벌어지는지 살펴보았다. 호수의 내력과 태양과 달, 별들의 이야기를 모두 알고 있는 하얗고 검은 바위들도 검은 눈을 크게 뜨고 묵묵히 비라코차의 행위를 지켜보았다. 잠시 후 거대한 물결 한가운데서 거품이 일더니 손을 맞잡은 남자와 여자가 밖으로 모습을 드러냈다. 최초로 태어난 한 쌍의 인류는 호숫가로 걸어 나왔다. 젊고 아름다운 두 눈은 별처럼 빛났다. 그들은 보석 장식이 박히고 형형색색의 깃털이 장식된 황금빛 망토를 걸치고 있었다. 청년은 망코 카팍(Manco-Capac)이라 불렸고, 처녀는 마마 오클로(Mama Ocllo)라 불렸다. 그들은 말없이 주변을 돌아보았다. 호수는 정적에 휩싸여 있고, 아무도 방해하는 존재가 없는 것 같았다. 그들이 걸치고 있는 옷은 말라 있었지만, 탐스러운 검은 머리카락에서는 물이 방울져 떨어지고 있었다. 두 남녀는 눈을 떴다. 그들이 푸른 하늘을 올려다보니, 그곳에는 기쁨이 가득한 얼굴로 최초의 인류를 바라보고 있는 비라코차가 떠 있었다(박종욱, 2004: 221~225).

태양과 달 등 천지창조의 신화와 달리, 인간의 탄생에 대한 신화는 가장 성스러운 공간인 티티카카 호수를 배경으로 형성된다. 자연과 초자연의 은밀한 만남의 순간은 모든 피조물들이 숨을 죽이고 있을 만큼 성스러운 존재의 탄생을 예비한다. 하지만 이들 인류의 기원은 태양을 공경하고, 종교적 숭배의 대상으로 섬기는 민족인 잉카인들의 건국신화로 연결된다. 아즈텍인들이 북방에서의 오랜 순례를 마치고 멕시코 고원지대에 정착하는 신화를 만들어낸 것처럼 잉카인들 또한 자신들의 조상이 어떻게 순례를 마칠 수 있었는지, 그 과정과 의미에 집중한다.

> 망코 카팍은 오른손으로 황금지팡이를 들고 있었고, 짚으로 만든
> 가방 안에 인디라는 매를 가지고 있었는데, 그 새는 자신의 지혜
> 를 망코 카팍에게 전수해주었다. 마마 오클로는 아름다운 색깔의
> 모사를 자을 수 있는 실패를 가지고 있었다(박종욱, 2004: 222).

태양은 망코 카팍에게 황금지팡이를 주었다. 그는 지팡이로 찔러보면서 땅을 조사하다가, 그 지팡이가 흙 속에 손잡이까지 박힐 만큼 비옥한 자리에 거대한 제국을 세울 수 있는 지혜와 권능을 받았던 것이었다. 비라코차의 황금지팡이에 대한 공경과 복종은 제국을 세울 적당한 땅을 찾기 위한 순례여행에서 매우 중요한 상징이고, 신물(神物)이다. 두 사람은 여행을 계속했지만, 손잡이까지 황금지팡이가 들어갈 만큼 비옥한 땅을 찾기란 쉽지 않았다. 종일 오빠이자 남편인 망코 카팍은 땅을 찔러보며 길을 걸었고, 그 곁에서 여동생이자 아내인 마마 오클로는 실을 자으며 뒤따라갔다. 걷다가 어두워지면 나무 아래에 지친 몸을 누이고 잠이 들곤 했다.

아침이 밝으면 그들은 다시 길을 재촉해 황금지팡이로 땅을 두드리고 찔러보며 제국을 세울 만한 곳을 찾아 헤맸다. 몇 달씩이나 계속된 순례길에 그들은 들판의 과실과 개울물을 마셨다. 그러던 어느 날, 안개가 자욱하게 내린 산기슭에 도착한 그들은 높은 산을 천천히 오르기 시작했다. 그들이 마침내 정상에 발을 딛는 순간 하늘에서는 구름 사이로 태양이 밝게 모습을 드러냈고, 선명하고 눈부신 광선이 구름을 뚫고 사방으로 퍼져 나갔다. 구름 맞은 편으로는 구아나카우리, 무지개가 떴다. 그들은 무지개와 태양이 함께 하늘에 떠 있는 황홀한 광경을 신령한 계시로 받아들였다. 그렇게 아름다운 경치를 지닌 곳을 두 사람은 처음 보았다. "아, 망코 카팍! 정말 아름다운 곳이에요. 빨리 황금지팡이로 땅을 한 번 확인해보세요." 마마 오클로의 말에 망코 카팍은 황금지팡이를 들어 계곡을 천천히 겨냥하고는 앞에 있는 흙을 찔러보았다. 그런데 흙 속으로 지팡이가 손잡이까지 쑥 들어가는 게 아닌가. 그들은 서둘러 산에서 내려와 싱싱한 풀밭 위에 무릎을 꿇고 앉아 아름답고 비옥한 곳을 내려주신 아버지, 비라코차에게 감사의 기도를 드렸다. 가까운 곳에 살고 있던 사람들이 몰려와 두 사람을 보았다. 그들은 태양의 자손을 알아보았고, 그들을 경배하기 위해 끝없는 행렬을 만들었다. 어떤 이들은 자신들의 농장에서 가장 좋은 과일을 가져왔고, 어떤 이들은 아름다운 꽃을 가져왔다. 어떤 목동들은 눈처럼 하얀 야마를 바쳤으며, 어떤 목동들은 황금빛 털을 가진 비쿠냐(Vicuña)와 밤처럼 검은색 털을 지닌 알파카(Alpaca)를 선물로 가져왔다. 크고 작은 마을과 종족의 대표들이 앞으로 나서며 이구동성으로 부탁했다. "청이오니, 저희의 왕이 되어 주십시오." 족장들의 뒤를 이어 악사들이 피리를 불었고, 군인들이 순종과 복종을 맹세하기 위해 창과 화살을 망코 카팍과 마마 오클로 앞에 내려놓았다. 사람들은 점점 불어나 거대한 무리를 이루었다. 그들은 한결같이 망코 카팍 부부에게 예의를 표하며, 자신들의 왕이 되어 달라고 외쳐댔다. 태양의 자손들은 그들의 청을 흔쾌히 받아들였다. 망코 카팍은 타한틴수요 왕국을 건설했으며, 황금지팡이를 꽂았던 곳을 수도로 정했다. 모여든 사람들은 돌과 황금판 장식으로 아름다운 궁전을 짓기 시작했고, 얼마 지나지 않아 '비옥한 땅' 쿠스코(Cuzco)라는 이름의 놀라운 도시가 생겨났다. 망코 카팍은 남자들에게 땅을 경작하는 방법을 가르쳤으며, 마마 오클로는 여인들에게 아름다운 천을 짜는 법을 가르쳤다. 그들은 오랫동안 나라를 다스렸고, 쿠스코에 정착한 뒤에 태어난 신치 로카(Cinchi Roca)는 두 번째 잉카가 되었다. 이후로도 태양의 자손들은 오랫동안 이 제국을 다스렸고, 아버지이자 창조신인 비라코차의 자손임을 자랑스럽게 여겼다(박종욱, 2004: 223~225).

흥미로운 점은 이형신화들을 수용하며, 통합된 제국으로서 잉카의 역사를 합리화하고, 재구성하여 신화를 구성함으로써 신화에는 역사기록과 사회체제의 구조에 대한 정보를 담고 있다는 사실이다. 황금지팡이와 매, 실패의 의미는 본격적인 농경체제와 산업화를 제국으로서 잉카의 지배권력의 정당화 과정으로 해석될 수도 있다. 북방에서 정착을 위해 순례를 떠나온 부족들의 이야기 구조는 아즈텍 신화와 마야 신화의 순례여행과 유사한 구조를 지닌다. 하지만 이러한 순례여행과 정착과정 및 종교의례의 사건들의 구성은 거의 모든 신화적 틀을 구성하는 주요 에피소드다. 모세의 탈 이집트 모티브와 선민으로서 유대인들의 이야기 또한 이러한 신화구조의 유사성으로 파악될 수 있다.

잉카의 종교는 세상의 질서와 운행에서 가장 강력한 에너지를 의미하는 태양 신 인티를 중심으로, 달의 신 마마 킬라(Mama Quilla)와 대지모 신 파차마마(Pachamama), 전쟁의 신 우아나쿠아리(Huanacuari) 등으로 대표되며, 이 모든 신들의 지혜를 받고 그들의 에너지를 수용하는 주체로서 인간의 대표인 사피 잉카(Sapi Inca)가 창조신 비라코차(Viracocha)의 이름으로 민족과 연맹부족의 번영을 위한 연대감과 일체감을 하소연하여 공감대를 불러일으킨다.

2) 종교와 일상

종교는 일상적 삶의 다양한 형태와 의례적 행위를 통해 드러난다. 특히 종교의 성격이 신화적 형태에 가까울수록 일상에서 종교의 성격과 의미는 쉽고 다양한 형태로 재현된다. 마야와 아즈텍, 잉카의 종교는 사회체제에서 경제적 요소가 차지하는 중요성을 고스란히 반영함으로써 일상에 지배적 가치로 긍정적 영향력을 행사한다. 농경 중심의 경제발전과정에 따른 의례적 행위와 형태를 통해 빈번하게 드러내는 것이다.

(1) 사회체제의 형성과 상징

마야와 잉카, 아즈텍의 종교와 의례는 일상에서 중요한 가치를 재현하기 위한 사회적 협의와 소통의 도구이다. 이는 종교와 신화가 반영하는 사회문화적 가치체제의 일반적 특징이기도 하다. 하지만 라틴아메리카에서 종교와 신화가 차지하는 비중은 매우 강력했으며, 이는 서구와의 만남 이전까지 지속되었다.

마야 신화에서 일곱 마코 앵무새의 몰락과 옥수수인간의 탄생은 농경 중심의 사회체제가 공고해지는 과정에서 의미를 지닌다.

아직 태양이 하늘을 지배하기 이전 나무에 살고 있는 일곱 마코 앵무새의 존재는 그야말로 호랑이 없는 여우 세상이었다. 여기에서 중요한 것은 태양의 의미와 더불어 나무에 살고 있는 앵무새의 존재적 의미이다. 앵무새는 조류의 먹이사슬에서 가장 높은 곳에 위치하고 있지만, 단순하게 먹이사슬의 의미에 신화적 의미가 집중되는 것은 아니다. 태양이 없을 때, 태양과 달의 행세를 할 만큼 막강한 절대 권력을 지녔던 일곱 마코 앵무새는 본격적인 계획 농경이 국가경제의 기반이 되기 이전 사회를 상징한다. 수렵과 채집 경제가 나름의 긍정적인 의미를 지니고 있었던 시절의 경제체제를 수렴하여 상징으로 반영되는 이미지가 일곱 마코 앵무새인 것이다. 이후 태양의 등장은 기후의 변화와 날씨의 주기에 대한 정교한 관측이 사회체제에서 중요한 의미로 공식화되는 변화를 의미한다. 옥수수인간의 탄생과 그에 얽힌 신화 또한 대단위 농경체제에 의한 국가경제구조의 중요성과 그 궤를 함께한다. 옥수수가 경제체제와 사회체제에 미치는 절대적 영향이 막강한 사회에서 옥수수의 경작을 위한 기후와 날씨의 조건을 예측하기 위해서는 태양의 운행과 그에 따른 농법이 사회 구조적으로 강화되고 있음을 상징한다. 신화와 종교, 의례는 일상적 삶에 지대한 영향력을 행사하는 사회체제의 구성요소로서 긍정적 의미를 지니는 것이다. 신화와 종교의례의 콘텐츠는 단순한 이야기와 지혜를 전달하기 위한 내용이 아니라, 사회체제를 정비하고 가치관과 의식구조를 공고히 하려는 소통수단이며 통치수단이 되기도 한다.

일곱 마코 앵무새를 물리치고, 옥수수인간의 탄생을 가져온 쌍둥이 영웅, 우나푸와 스발란케의 지하세계 모험은 다양한 의례와 상징 가운데 옥수수의 발아과정과 성숙에 관련된 농법과 종교의례의 의미를 자연스럽게 후대에 전달하는 정보를 담고 있다. 공놀이와 지하세계 여행은 밭을 다지고, 씨앗을 뿌린 뒤, 씨앗이 죽어(썩어) 발아하여, 줄기를 피워내는 과정에 대한 은유이다. 7일 내로 지하세계로 가야 하는 쌍둥이 형제들을 잃을까 슬퍼하는 할머니에게 "사탕수수를 집 마당에 심고 그 사탕수수가 마르면 '죽었다'고, 잘 자라면 '살아났다'고 생각하라고" 당부하는(박종욱, 2004: 137) 의미 또한 씨앗의 발아과정으로 해석되는 대목이다.

사회체제의 본질적 구조를 설명하는 과정에서 신화가 상징적 표현을 통해 접근하고 있다면, 전설은 보다 구체적이고 서술적인 표현을 사용하는 경향이 두드러진다. 옥수수 신화의 이야기는 다양한 전설을 통해 보완되며, 전설의 구체적이고 서술적인 구조는 기본적인 이미지를 활용한 설명식 이야기 구조를 띠고 대중에게 다가선다. 마야의 전설, 『신의 선물, 옥수수』는 신화가 상징을 통해 함축적으로 표현하면서 놓치고 있는 세밀한 사회체제와 농경과 관련된 요소들을 비교적 자세하게 서술하고 있다.

> 그 옛날, 사람들이 모여살기 시작하면서 하나둘 종족이 생겨났다. 그러던 어느 때, 척박한 지역에도 사람들이 모여들면서 종족이 형성되었다. 종족의 규모가 점점 커지면서 사람들에게는 지켜야 할 규칙과 법률이 만들어졌고, 입을 다물어야 할 때와 다른 사람들의 말을 존중해야 할 때에 대한 기준이 생겼다. 연장자를 존경해야 했으며, 많은 권력을 가진 사람들을 따라야 했고, 족장의 말을 지켜야 했으며, 사제들의 가르침을 엄격히 지켜야 했고, 신들의 뜻을 거역해서는 절대 안 되었다.
> 사제들은 힘든 유목생활 중에 휴식을 명령했고, 유목민들은 열대 야생식물과 늪이 가득한 땅에 천막을 세웠다. 그곳에는 오직 '비의 밀림'만 존재했고, 나무들이 사람을 위로 30명쯤 세워놓은 높이까지 자라는 곳이었다. 마호가니나무, 삼나무, 야자나무, 난과수(卵果樹)나무, 빵나무, 고무나무, 판야나무, 바닐라를 비롯해 온갖 나무들이 자라났다. 동물들도 많았다. 재규어, 맥, 멧돼지, 원숭이처럼 커다란 동물부터 작은 곤충들과 온갖 색상의 새들이 많았는데, 그중에서도 케찰 새가 단연 아름다웠다.
> 잠깐의 달콤한 휴식은 오래가지 못했다. 무리를 이끄는 지도자들

이 다시 순례길을 명령했기 때문이었다. 얼마쯤 갔을까, 선두가 걸음을 멈추었다. 사방으로 넓게 트인 그곳은 기후가 건조하고 나무들은 키가 작은 관목 형태로 남아 있으며, 늪지대가 사라지고 대부분의 물은 지하로 숨어들어 있었다. 유순한 사람들은 아무 말 없이 그곳에 정착하기로 했다. 밭을 일구기 위해 잡목에 불을 질러 땅을 넓히고, 바위와 돌을 이용해 바닥을 평평하게 만들었다. 척박한 그곳에서 사람들은 늘 굶주림에 지쳐 있었지만, 사제들은 생명을 함부로 죽이지 못하게 하였고, 따라서 마구잡이 사냥은 허용되지 않았다. 특히 사슴 사냥을 시작할 때면, 그들은 언제나 오트실렌(Otzilen) 신에게 먹을 것이 없어 어쩔 수 없이 사냥을 나서게 되었다고 고백하고 용서를 구한 다음 사냥감을 찾아 나섰다. 씨앗을 심기 위해 땅을 뒤엎을 때도 사람들은 신들에게 아름답고 조화로운 창조물을 해칠 수밖에 없다고 용서를 구하는 기도를 했다. 진정한 행복이란 신들이 제공하는 기초적인 것으로 충분하다고 여기는 마음으로 종족 사람들은 모두 행복했다. 지나친 풍요함도 없었고, 궁핍함이나 잔인함 또한 없었다. 따라서 신들도 사람들의 마음가짐에 만족했으며, 부족한 채로 살아가는 그들의 고마운 마음에 감동을 받아 거대한 산 한가운데 있는 신령한 선물을 전해주기로 결정했다.

맨 처음 신령한 선물을 찾아낸 것은 개미들이었다. 그들은 산속에 묻혀 있던 땅 밑으로 굴을 파고 들어가 신령한 알갱이를 하나씩 등에 지고 날랐다. 그런데 주변에서 일어나는 일에 호기심을 갖는 천성을 타고난 여우가 개미들의 행동을 보고 가만있을 리 없었다. 정체를 알 수 없는 알갱이들을 힘들게 어깨에 지고 나르는 개미들을 발견한 여우는 그 알갱이가 무엇인지 알고 싶어 조바심을 쳤다. 여우의 조바심으로 거대한 산에 묻혀 있는 수상한 알갱이들에 대한 소문이 퍼지기 시작했다. 얼마 지나지 않아 세상의 모든 생물을 거쳐 사람들의 귀에까지 들려왔다. 사람들은 그 알갱이를 캐내고 싶어 했지만, 개미들이나 겨우 드나들 수 있는 구멍으로 갈 수가 없었다.

거대한 바위를 뚫고 산의 내부로 들어가기는 불가능하다고 판단한 사람들은 비의 신들에게 도움을 청하기로 했다. 사람들의 기도는 비의 신들 중 세 명에게 전달되었다. 그들은 거센 번개화살로 거대한 바위에 구멍을 뚫어보려 했지만, 바위는 꼼짝도 하지 않았다. 자신들의 능력으로는 신령한 선물을 캐낼 수 없다고 판단한 비의 신들은 가장 나이가 많고 능력이 뛰어난 비의 신을 찾아가 사람들이 그토록 원하는 신비한 물건을 구하려면 어떻게 해야 하는지를 물었다. 나이 많은 비의 신은 전후사정을 듣고 난 다음 딱따구리를 불러 이렇게 말했다. "저 바위를 네 부리로 쪼아 어디가 가장 약한지 알아보아라!" 그 즉시 산으로 날아간 딱따구리는 부리로 바위산의 이곳저곳을 열심히 쪼아, 드디어 가장 약한 부분을 찾아내어 신에게 알려준 뒤 바위산 뒤쪽으로 숨어들어갔다. 신은 딱따구리가 일러준 곳을 향해 자신의 가장 강력한 번개화살을 집어 던졌다. 순식간에 바위산은 거센 폭발로 산산조각이 나며 사방으로 흩어졌다. 엄청난 폭발음에 놀란 딱따구리는 고개를 내밀고 밖을 쳐다보다가 그만 날아온 불똥에 머리를 맞아 피를 흘렸고, 상처에서 흘러내린 붉은 자국이 지금까지 딱따구리의 머리에 남게 되었다. 나이 많은 비의 신이 던진 번개화살의 위력이 얼마나 대단했는지, 신령한 알갱이들은 사방으로 흩어졌다. 그들 가운데 어떤 알갱이는 불에 그슬려 검게 변했고, 어떤 것은 불덩어리처럼 붉게 변했으며, 어떤 것은 알맞게 익어서 노랗게 변했다. 그리고 번개화살의 폭발이 미치지 못한, 낮은 곳에 있던 알갱이들은 하얀색을 유지할 수 있었다.

사람들의 성실하고 겸손한 태도와 신들에 대한 경배의 보답으로 신들이 선물한 신령한 알갱이인 옥수수는 그 이후 검고, 붉고, 노랗고, 하얀색을 지니게 되었으며, 지금도 신들이 사람들에게 준 최고의 선물로 남아 있다(박종욱, 2004: 210~214).

사회체제와 종교의례의 상징에 대한 복잡하고 어려운 이야기보다는 이야기 구조를 지닌 편안하고 쉬운 서술체의 전설은 신화의 사회적 기능과 역할을 보완하면서 사회체제의 형성과 상징을 위해 봉사한다.

아즈텍 사회는 인신공양을 통해 사회의 질서와 이념을 공고히 하고, 사회 구성원끼리의 연대의식과 일체감을 공감할 수 있도록 종교와 신화의 의례를 구성하였다. 태양과 달, 금성의 운행을 관찰하고 사회체제를 강화할 수 있는 경제구조로서 농경의 효율성을 확보하려는 노력은 통치이념과 지배권력의 강화라는 필요성과 함께 융합되어 신화로 발전하게 되었다. 아즈텍의 전설, 『희생제물이 된 전사』에는 테스카틀리포카 신을 위한 제물로 바쳐진 전사가 옥수수 목걸이 축제인 토스카틀(Tozcatl)날 벌어지는 의례와 희생제의를 준비하는 일련의 과정과 의미가 이야기 형식으로 구성되어 있다. 전투에서 사로잡힌 전사 우아팍친은 출중한 외모 때문에 잔인한 종교의식의 희생양이 될 입장에 있었다. 사랑하는 부모와 형제, 친구들과 함께 지냈던 나날이 이제 다시는 맛볼 수 없는 추억의 파편으로 쪼개어진 채 몽롱한 꿈속에서만 뭉게뭉게 피어올랐다. 느닷없이 찾아온 불행은 달콤하고 몽롱한 기억들을 무참히 짓밟아버렸고, 포로가 된 그는 잔인한 종교의식의 희생양이 될 것이었다.

젊은 우아팍친(Huapactzin)은 큰 키에 외모도 수려했다. 그는 하루 중 대부분의 시간을 넓고 화려한 감옥에서 몽상에 잠겨 보내곤 했다. 14개월 전까지만 해도 그는 고향에서 전사로서 행복한 나날을 보내고 있었다. 그러나 13개월 전 전투에 나갔다가 전사 야오키스키(Yaoquizqui)의 포로가 된 그는 뛰어난 외모 덕분에 '흐린 거울'의 신 테스카틀리포카(Tezcatlipoca)를 위한 제물로 선발되었다. [······] 얼마 전부터 젊고 아름다운 네 명의 여인이 부인 자격으로 그의 시중을 들었고, 앞으로도 한동안 그녀들의 시중은 계속될 것이었다. [······] 우아팍친은 혹시나 희망의 소식이 들려올까 초조하게 기다렸지만, 그의 삶의 시계는 점점 그 끝에 가까워지고 있을 뿐이었다. 드디어 5월 19일, 마지막 하루가 남았다. [······] 신전은 새의 깃털로 만든 양산과 깃발로 치장되었다. 그리고 신상은 제단 가운데에 놓았다. 제단을 가리고 있던 커튼이 치워지자 깃털 장식 아래 화려한 망토를 입고 있는 신의 모습이 드러났다. 벽은 붉은 조개로 가득했고, 천장은 형형색색으로 칠해져 있었다. [······] 이윽고 날이 밝자 붉은 구름이 멀리 바다 위 북쪽 바다 안개가 밀려들 듯 땅 위로 서서히 내려앉기 시작했다. 5월 20일, 그을린 옥수수 목걸이의 축제인 토스카틀(Tozcatl)의 날이 밝았다. 슬픈 바람 한 점이 그의 모든 희망을 앗아갔고, 온갖 추억과의 마지막 대화마저

축축한 고통으로 물든 검은 눈동자 안에서 사라져버렸다. [……]
우아팍친은 뭐라 설명할 수 없지만 낙천적인 기분이 되어 네 명의
여인이 이끄는 대로 옷을 입고 치장을 했다. 노란 줄무늬가 있는
빛나는 옷을 입고, 귀에는 황금 귀고리를 달았으며, 아랫입술에는
파란 깃털이 달린 수정 장식을 끼웠고, 가슴을 거의 가릴 만큼 큰
금 장신구를 목에 걸었다. 허리에는 붉은 띠를 둘렀고, 손목에는
팔찌를, 배꼽에는 커다란 에메랄드를 끼웠고 머리에는 하늘과 별
의 모습이 새겨진 관을 썼다. 왼손에는 노란색, 푸른색, 초록색과
하얀색 깃털로 만든 화려한 부채를 들었는데, 부채 가운데에는 금
박 문양으로 장식된 거울이 붙어 있었다. 오른손에는 네 개의 창
이 들려졌고, 발에 달린 스무 개의 방울 중 하나는 '흐린 거울'의
징표가 있었다. 어깨에는 검은색과 하얀색으로 짠 망토를 두르고
있었는데, 그 가장자리는 희고 붉은 장미와 깃털로 장식되어 있었
다. [……] 행렬이 시작되기 직전 사람들은 화려하게 치장된 상여
위에 신상을 올려놓았다. 귀족계층인 칼메칵(Calmecac)의 소년과
소녀들이 그을린 옥수수 줄기로 만든 뒤틀린 굵은 밧줄을 자신들
의 목에 두르고 앞으로 나와 상여 위에 안치된 신상의 머리를 옥
수수 줄기로 장식했다. 사원의 안쪽 성벽은 장미로 덮여 있고, 바
닥에는 용설란 가시가 흩뿌려져 있었다.
드디어 행렬이 시작되었다. 신상을 모신 상여와 함께 화려한 옷과
장식으로 치장한 우아팍친이 앞에 나섰고, 검은 옷을 입고 머리를
길게 땋은 사제단이 뒤를 따랐다. 계속해서 그을린 옥수수로 장식
한 검은 옷을 입은 처녀들이 행렬에 참여했다. 그녀들은 밝은 색
으로 얼굴을 치장했고, 다리에는 깃털을 붙였으며 옥수수 줄기로
만든 왕관을 머리에 걸치고 있었다. 행렬이 끝나자 망토와 보석의
증정식이 이어졌다. 하늘이 정오의 찬란한 광채를 드러내자 여인
의 무리가 신에게 음식을 바쳤다. 검게 칠한 입술에 고리를 입에
문 여인들은 무릎까지 내려오는 하얀 옷을 입고 있었다. 어떤 여
인들의 옷에는 소매 대신 날개가 달려 있고, 날개 없는 넓은 천을
입고 있는 다른 무리의 여인들은 어깨 쪽에 호박을 붙이고 있었
다. 호박 안쪽에는 숯검정이 들어 있고, 밖으로는 아름다운 장미
송이들이 소담스럽게 꽂혀 있었다. 사원 안쪽에는 여사제들이 준
비한 정갈한 음식이 마련되었다. 신의 권위를 상징하는 칼메칵 계
층에서 선발된 원로들이 닷새 동안의 단식을 마치고 음식 앞으로
초대되어 자리를 잡았다.
시간을 알리는 북소리가 생명의 눈부신 움직임을 더욱 두드러지

게 했다. 우아팍친은 자신을 시중들던 여인들과 함께 배에 올랐다. 여인들의 울음소리가 그의 고통을 잊게 했고, 그의 영혼은 허공으로 떠오르는 듯했다. 호수의 고적한 물빛은 슬픔으로 가득했다. 그가 탄 배가 사원의 계단에 도착하자, 속세의 허망함을 벗겨내듯 우아팍친이 걸치고 있던 장신구며 옷을 벗겨냈다. 우아팍친은 사형집행인들이 기다리고 있는 피라미드 꼭대기 사원을 향해 한 계단씩 올라갔다. 두려움이 가득한 눈으로 모든 것을 하나씩 응시하며, 마침내 마지막 계단에 올라섰다. 황홀한 일몰의 고요함과 호수에 반사되는 곱고 붉은 기운 속으로 젊고 아름다운 목숨이 빨려 들어갔다(박종욱, 2004: 63~70).

메소아메리카의 인신공양과 희생제의는 단순히 신화의 주제가 아니라, 사회체제를 구성하고 공고히 하며, 공공적 삶의 방식을 유지 발전시키기 위한 종교적 의례이며, 문화적 결과물이었다. 이들에게 사회체제의 유지와 발전은 간절한 소명과 사명이었으며, 그 배경에 농경사회의 사회체제를 형성하고 유지하기 위한 천문관측과 그에 따른 종교의례가 존재해 왔던 것이다. 태양과 달, 금성과 별들의 운행에 대한 관찰과 정보는 사회체제를 유지하는 데 필수적인 요소였으며, 통치권력과 사회 구성원 사이의 사회적 협의에 의한 종교의례로서 인신공양과 희생제의는 필수적이었다.

남미 안데스 문명권의 문화적 유산을 집대성하여 제국으로 발전하였던 잉카 신화 또한 천문관측의 중요성에 대한 인식과 더불어 천체의 질서와 운행을 위한 인신공양과 희생제의가 중요한 요소였음은 물론이다. 하지만 강력한 제국이 된 이후 역사를 재구성하는 과정에서 형성되는 신화와 달리 전설은 역사적 사건과 관련된 일련의 대상을 서술적으로 설명함으로써 신화의 주요 모티브를 보완하는 역할을 수행한다. 잉카 전설, 『마법의 거울』은 잉카 제국이 역사에 드러나는 시기의 주요 사건을 신화적 모티브에 등장하는 천체의 운행과 질서, 하늘의 의지와 지원을 받은 인물의 신비한 체험 등과 결합하여 사회 구성원들에게 사회체제가 요구하는 질서와 이념에 대한 공감대를 자극한다.

잉카 왕 야우아르 우아카(Yahuar-Huaca)는 일곱 아들을 두었다. 그 중 첫째는 우르콘(Urcon)이라 불렸는데, 아버지를 닮은 거친 성격에 욕심까지 많았다. 반면 막내 유팡키(Yupanqui)는 천성이 착하고 다정했으며 매사에 침착했다. 어느 날 놀란 병사들이 달려와 찬카(Chanca) 부족의 군대가 쳐들어오고 있다는 사실을 전했다. 왕은 적군의 동태를 파악하기 위해 세 명의 정탐꾼을 파견했고, 얼마 후 그들이 돌아왔다. "폐하, 적군이 계곡과 산을 뒤덮을 만큼 많아서 전사들의 나팔소리에 산이 뒤흔들릴 지경이었습니다." 이에 왕은 잠시 진지하게 생각하더니 신하들을 보며 말했다. "여기에 머물러 있다가는 모두 목숨을 잃을 테니, 어서 피하는 것이 좋겠다! 모두 어떻게 생각하는가?" 첫째 아들 우르콘이 두려움과 흥분을 감추지 못하며 말했다. "옳은 말씀입니다. 몸을 피해야 합니다. 시간이 없을지 모르니 지금 당장 떠나야 할 것 같습니다." 형의 말이 끝나자 막내 유팡키가 조용히 앞으로 나서며 말을 꺼냈다. "아버님, 저희가 도망친다고 해결될 것은 아무것도 없습니다. 겁쟁이라는 소리를 들을 뿐입니다. 저는 이곳에 남아 적에 맞서 끝까지 싸우겠습니다." "투지는 좋다만, 어리석은 생각이다. 게다가 제일 어린 네가 어떻게 무지막지한 전사들과 싸운다는 게냐. 적군은 너를 무참히 죽일 것이다." 왕의 얘기를 듣고 있던 다른 세 왕자들이 결연하게 나서며 말했다. "아버님, 어린 동생을 두고 떠날 수는 없습니다. 저희도 이곳에 남아 동생을 돕겠습니다." "너희 모두 싸늘한 시체가 될 게야! 나설 자리가 아니야!" 겁에 질린 첫째 아들 우르콘이 목소리를 높였다. 왕은 황금 옥좌에서 일어나, 서둘러 피하지 않으면 자칫 모두 다 죽게 된다며 황급히 계곡을 향해 피난길에 올랐다. 왕비와 나머지 왕자들과 적지 않은 수의 귀족들도 왕실 경호원들과 함께 왕의 뒤를 따랐다.

유팡키 왕자는 텅 빈 왕실에서 물러나, 신전으로 가 태양신 인티에게 기도를 드렸다. 얼마나 시간이 지났을까. 왕자는 그만 잠이 들어 이상한 꿈을 꾸게 되었다. 태양이 점점 왕자가 있는 곳까지 내려와 찬란한 빛을 내뿜는 신비한 망토를 입고 있는 아름다운 청년의 모습으로 유팡키 왕자를 바꾸어 놓았다. 오른손에는 많은 도시의 광경이 비치는 커다란 거울을, 왼손에는 황금 칼을 들고 있었다. 그리고 어디선가 신의 목소리가 울려왔다. "내가 시키는 일을 잘 수행한다면, 그대는 여기 거울에 보이는 모든 나라들을 다스리는 왕이 될 것이다." 태양신은 거울과 칼을 건네주며 말을 이었다. "이것으로 너는 찬카 부족을 물리칠 수 있다. 자, 가서 그들과 싸워라. 네가 용기를 갖고 싸운다면, 네가 전투에서 위기에 처할 때마다 내가 많은 군사를 보내주겠다." 잠에서 깨어난 유팡키 왕자는 자기 손에 들려 있는 거울을 발견하고는 깜짝 놀랐다. 섬세한 은테두리로 장식된 거울에는 꿈에서 본 도시들이 비쳤다. 찬카 부족의 왕궁도 보였는데, 왕은 험상궂은 얼굴을 한 백여 명의 경호원들에 둘러싸여 진수성찬을 즐기고 있었다. 대부분의 군인들이 쿠스코(Cuzco)를 점령하기 위해 출정했기 때문에, 정작 왕궁에는 얼마 되지 않는 군인들만 지키고 있었다. 왕궁을 에워싸고 있는 넓은 정원과 숲에는 사람들의 그림자조차 보이지 않을 정도였다. 무릎을 꿇고 태양신, 인티에게 감사의 기도를 드린 유팡키 왕자는 거울과 황금 칼을 들고 왕궁으로 향했다. 막내에게 꿈 이야기를 전해들은 형들은 놀라움과 기쁨을 감출 수 없었다. 유팡키 왕자는 정탐꾼을 보내 적의 동향을 살펴보라고 지시했다. 얼마 지나지 않아 정탐꾼이 돌아왔다. "왕자님, 적들은 저희 국왕께서 피난길에 올랐다는 소식을 듣고 기쁨에 들떠 어제 저녁부터 향연을 벌인 나머지 병사들이 만취한 상태가 되어 있습니다." "아주 좋은 일이야! 이제 우리가 나설 차례입니다!" 유팡키와 왕자들은 무척 기뻐하며 정탐꾼을 격려했다. 하늘에 희미한 빛이 드러나기 전, 왕자와 병사들은 아직도 만취한 상태에서 헤어나지 못하고 있는 적진을 향해 출발했다. 그들은 산들바람보다 더 조용히 다가가 적군을 하나씩 해치웠다. 비명을 듣고 나선 병사들은 유팡키 왕자가 휘두른 황금 칼에 10여 명씩 한꺼번에 쓰려졌다. 희미한 빛과 동료들의 비명소리에 잠을 깬 찬카의 전사들이 정신을 차렸을 때는 이미 쿠스코의 군사들이 대세를 장악한 뒤였다(박종욱, 2004: 233~236).

망코 카팍과 마마 오클로가 비라코차의 도움으로 쿠스코에 도읍을 정했다는 사건이 잉카의 제국화를 의미한 것은 아니었다. 정착지를 찾아 오랫동안의 떠돌이 생활을 겪어내어야만 했던 잉카의 조상들은 황금지팡이에 담긴 지혜를 활용하여 긴 순례를 마치고 쿠스코에 정착할 수 있었다. 이들이 사회를 구축하고 체제를 완비하는 과정에서 중요한 가치로서 종교의례가 형성되었고, 태양신 인티를 향한 숭배와 의례는 이웃의 강력한 부족들과의 헤게모니 싸움에서 우선권을 차지할 수 있게 하였다. 태양신의 가호가 곧 국가 사회의 생존과 발전을 위한 초석이었던 것이다. 호전적 부족이며 강력한 경쟁 상대였던 찬카 부족을 이겨내고, 쿠스코를 지켜내면서 잉카는 제국으로의 발걸음을 한발 더 내디딜 수 있게 되었다. 종교적 믿음과 의례는 사회체제가 보다 공고해지는 과정에서 매우 중요한 사회적 가치이념이 되는 것이다.

> 어느 순간 태양이 아름다운 자태를 드러냈다. 산꼭대기에 비쳐들던 빛은 순식간에 계곡까지 물들이며 세상을 비추었다. 계곡의 바위들은 빛을 받자 완전무장한 전사들로 변했다. 그들은 찬카의 전사들을 향해 빛을 던졌다. 눈부신 깃털 장식을 한 신비스런 전사들은 퓨마처럼 용맹하게 싸웠다. 바위처럼 단단한 그들의 몸과 부딪히기만 해도 수많은 전사들이 바닥에 나뒹굴었다. 그들은 숯처럼 검게 이글거리는 눈동자로 사방을 바라보며 말없이 적군들을 소탕하고 있었다. 치열했던 전투는 순식간에 유팡키 왕자의 승리로 끝을 맺었다. 전투가 끝나자 태양은 기묘한 바위전사들을 비추던 빛을 조금씩 거두기 시작했고, 바위전사들은 북과 피리소리에 맞춰 대열을 지어 걷듯 멀고 깊은 계곡으로 줄지어 사라졌다. 멀리 발걸음소리가 메아리쳐 들려왔다. 그늘 속에 잠긴 전사들은 처음처럼 바위로 돌아갔다. 태양의 힘으로 태어났던 신비스러운 전사들이 마침내 자연으로 되돌아간 것이었다. 유팡키 왕자는 적진에서 전리품과 무기들을 거둬 아버지가 피난해 있는 계곡을 찾아갔다. 계곡 후미진 곳에서 아버지를 만난 유팡키 왕자는 전리품과

무기들을 바치며 다시 쿠스코로 돌아와 잉카 제국을 다스려달라
고 청했다. 아무런 대답도 없이 잠시 생각에 잠겨 있던 아버지는
마침내 막내아들을 찬찬히 바라보며 나지막한 목소리로 입을 열
었다. "유팡키, 너는 참으로 용감하구나! 나는 이제 나라를 다스리
기에 너무 늙은 것 같다. 산과 계곡을 벗 삼아 조용히 여생을 보
내고 싶구나." 왕은 고개를 돌려 우르콘을 바라보더니 힘을 주어
말을 이어갔다. "우르콘, 너는 큰아들이니 내 뒤를 이어 나라를 다
스려야 하겠다. 네 동생이 가져온 전리품과 무기들을 받아두어라.
이제 너를 왕으로 추대할 것이다!" 큰아들을 편애하는 아버지의
일방적인 얘기에 우울해진 유팡키 왕자는 방에서 나와 군사를 거
느리고 쿠스코로 돌아왔다. 잉카 주민들은 쿠스코 광장에 모여 한
마음으로 쿠스코의 영웅과 그 병사들을 열렬히 환영했다. 어느새
사람들은 한목소리로 유팡키를 외쳐대기 시작했다. "용맹한 유팡
키 만세! 황제 유팡키 만세!" 주민들의 환호성이 쿠스코 광장에 울
려 퍼지는 가운데, 쿠스코 왕국의 사제단을 대표하는 최고 사제가
왕관을 두 손에 받쳐 들고 앞으로 나와 유팡키의 머리에 얹어주었
다. 선왕들이 사용했던 왕관과 전혀 다른 모양의 왕관은 황금 실
과 모직으로 제작되었으며, 두 개의 깃털 장식과 하나의 술 장식
이 달려 있다(박종욱, 2004: 236~239).

전통적 방식에 의해 왕으로 추대된 유팡키는 자신의 이름을 비라코
차(Viracocha)로 바꾸었다. 그 후 비라코차 왕은 태양의 신이 내려준
마법의 거울을 통해 드넓은 국토를 살펴보고 관리하며 잉카 왕국의
통합과 제국으로의 지평을 열었다. 신화와 종교는 사회체제의 구성과
재구성에 긴밀하게 연결되어 있으며, 사회체제의 변화는 종교의례와
신화적 모티브를 통해 합리화되고 정당화되는 과정을 경험하게 된다.

(2) 일상과 의례

고대인들에게 중요한 것은 먹을 것을 확보하는 일과 종족을 보존

하는 일이다. 이 두 가지는 인간의 가장 기본적인 일차적 욕구의 대
상이기도 하다. 이러한 기본적인 욕구가 충족되지 않는 환경은 인류
의 존속을 위태롭게 할 것은 분명하다. 다시 말하자면 식량을 확보
하는 일과 종족을 번성하는 일은 일상에서 가장 중요한 대상이며,
의례로서 그 의미와 방식이 강화되어야 하는 기본적인 대상이 된다.

　고대인에게 외부환경으로서 가장 중요한 것은 기후와 계절의 변
화에 대한 관찰이다. 이는 식량공급과 밀접한 관계에서 파악되는 일
이기 때문이다. 특정한 기후나 계절이 종교적 축제가 되는 것 또한
삶의 유지와 본질적 차원에서 관계된다. 기후와 주변환경에 대해 알
지 못한다면 민족의 제의와 의례를 이해할 수 없을 만큼 한 민족 혹
은 한 사회의 존속은 기후와 주변환경에 대한 관측을 통해 이뤄진다.

　해리슨은 그의 저서 『고대 예술과 제의』에서 이집트에서 식량공
급이 나일 강의 증감에 의존했으며, 오시리스의 제의와 역법은 이
강의 증감에 의존했을 것이라는 가설을 주장하는 과정에서, 일부 종
교학자와 역사학자 및 인류학자들이 오시리스의 의례와 신화를 사
회체제에 선행하여 존재하는 것으로 설명하면서, 오시리스의 의례와
역법을 오시리스의 종교에 의해 만들어졌다는 취지의 연구논문이나
그 결과물들을 내놓고 있는 현실을 비웃고 있다(해리슨, 1996: 57).
신화가 사회체제와 일상의 가치관을 형성하고 그에 따라 사회의 구
조가 형성되는 것처럼 논의하는 연구자들의 시각을 조롱하고 있는
것이다. 사회체제의 형성과 신화 및 종교의 구성은 동시다발적이며,
멀티 플롯에 의한 유기적 협력관계에 있음을 망각하곤 하는 연구자
들의 편협한 시각은 비난받아 마땅하다. 해리슨은 가장 기본적인 시
각을 중요시한다. 그의 주장은 나일 강은 이집트의 식량공급을 조절

하는 강이라는 사실과 이집트의 역법은 나일 강의 범람시기를 관측하기 위한 목적에서 구성되었으며, 이러한 과정에서 신화와 종교 및 그 의례들이 파생된다는 사실이 존중되어야 한다는 인식에서 찾을 수 있을 것이다. 몬순 기후의 영향을 받는 민족들에게는 열대성 저기압이 고기압과 만나는 계절적 요인에 대한 관찰과 그 의미를 상징화하고 신격화할 필요가 제기될 수밖에 없는 것이며, 그들의 제의와 의례들은 많은 부분 기후와 계절적 특성을 반영할 수밖에 없는 것이기 때문이다. 라틴아메리카에 존재하던 혹은 여전히 존재하는 문명의 신화와 종교의 의례 또한 이러한 주변환경에 대한 관찰의 필요성과 그 결과물을 통해 해석될 수 있는 것이다.

계절의 변화는 기후에 절대적 영향을 미치는 최대의 변수였기 때문에 농경 중심의 경제체제 사회에서 계절에 대한 기준은 매우 중요했다. 해의 길이에 대한 측정방식은 세월의 변화와 함께 매번 정교해졌으며, 일조시간의 변화에 따른 식물의 조생조건에 대한 정보는 지식을 넘어 지혜의 수준으로 여겨지게 되었고, 태양과 함께 달의 주기변화와 별의 운행까지도 섬세한 기후와 계절의 변화에 대한 관찰과 관측의 판단조건이 되었다. 문명의 수준이 발달할수록 천체의 운행에 대한 정보는 사회체제의 조직력의 크기와 비례하였으며, 권력의 지배층은 천체운행에 대한 정보를 배타적으로 활용할 수 있어야 했다.

일조시간이 가장 짧은 동지는 한 해의 시작을 의미하기도 했으며, 새로운 탄생과 시작을 의미하는 상징적 기준점이 되곤 하였다. 하지만 농법에 지대한 영향을 준 것은 춘분과 추분이었으며, 특히 춘분에 대한 기념의례는 가히 종교적이었다. 대부분의 문명권에서 춘분과 관련된 축제가 전승되어 왔으며, 신화와 종교에 그 의례와 상징에 대한 흔적이 남겨져 있다.

잉카의 흔적이 많이 남아 있는 안데스 지역에는 태양신 인티의 자취를 관측하는 인티와타나 석(石)이 많이 발견된다. 그중에서도 마지막 잉카 문명의 비밀스런 공간이며, 공중도시로 표현되는 마추피추(Machu Picchu)에는 큰 돌로 깎아서 만든 해시계인 인티와타나(Intihuatana)가 있다. 남위 13°9′48″에 위치한 인티와타나는 잉카인들이 연중 태양의 운행항로를 정확히 관측하여, 태양의 그림자가 없어지는 11월 11일 정오와 1월 30일 정오를 측정할 수 있도록 하였다. 연중 태양의 그림자가 남쪽으로 가장 긴 날짜가 7월 21일이며, 북쪽으로 가장 긴 날짜가 12월 21일이 되도록 태양시계가 제작되어 있다. 협곡이 많고 일조량이 부족한 산악 지역에서 농경을 위해 가장 효율적인 기후와 날씨를 예측할 수 있도록 태양의 운행을 정밀하게 관측했다는 것은 사회체제가 농경 중심체제였으며, 이를 통제하고 관리하는 기술이 무척 중요했음을 알 수 있다.

이렇게 태양의 운행을 관찰하고, 그림자의 길이와 일조량을 분석하는 것은 실제로 식물의 성장에 절대적 도움이 된다. 동지와 하지, 춘분과 추분을 기록하는 것은 동서고금 모든 문명권에서 가장 중요한 천체관측의 기본이었다.

춘분과 추분, 동지와 하지는 농경사회에서 매우 중요한 측정기준단위이며, 달력의 기준과 제작에 중요한 분기점이 된다. 특히 춘분은 계절적으로 씨앗의 발아와 모종 등과 밀접한 관계에서 파악되는데, 생명의 성장발육의 과정에 있어서 탄생을 의미하는 상징성을 지니고 있기 때문이다. T. S. 엘리어트가 4월을 잔인한 달로 표현했던 것도 따지고 보면, 생명의 계절은 죽은 이들을 생각나게 하는 슬프면서도 찬란하게 아름다운 계절이기 때문이 아니었던가. 에즈라 파운드가 엘리어트의 초고를 읽고 재배열하여 강조했던 것도 이렇듯 자연에서 느낄 수 있는 극명한 삶과 죽음의 대조 때문이었다. 생명을 예찬하고, 풍요를 기원하는 의례는 다산을 의미하는 빌렌도르프의 비너스와 같은 이미지를 통해 상징되었다. 봄은 그리스인들에게 '아노익시스(anoixis)', 즉 '열림'이다. 새해를 맞이하며 풍요를 기원하고 의식을 행하는 전통은 비단 어느 한 문화권의 풍습이 아니라, 동서고금의 공통된 의식이기도 하다. 사실 태양은 그것이 계절을 가져다준다는 사실을 인간이 알기 전까지는 제의를 갖지 못했다. 하지만 그러한 사실이 알려지기 한참 전에도 계절이 1년에 한 번씩 돌아오며, 그것들이 하나의 원을 이루며 순환한다는 사실을 사람들은 알고 있었다. 그리고 1년에 한 번씩 순환하는 원이 길었기 때문에 겨울의 희망과 공포, 그리고 봄의 위안과 기쁨도 그만큼 컸다. 그것은 문자 그대로 삶과 죽음의 문제였으며, 아도니스와 오시리스의 형상들에서 나타나는 것과 같이 그들이 때로 그것을 재현했던 것도 삶과 죽음으로서였다(해리슨, 1996: 68). 겨울의 혹독한 시련은 봄을 기다려 생명의 씨앗을 심기를 기원하는 것이다. 해리슨은 보헤미아의 노래를 들려준다. "우리는 죽음을 실어냈어요. 생명을 도로 가져오려고요." 확실히 봄은 '불러냄의 의례'로서 겨울을 실어 내보내고, 생명을 환영하는 시간인 것이다(해리슨, 1996: 69, 79).

우리나라에서 춘분은 24절기의 하나이며, 태양의 중심이 춘분점 위에 오는 시기는 양력 3월 21일경이다. 우리나라의 전통 농경역법에서 춘분은 그 시기를 전후하여 농사의 시작인 초경(初耕)을 엄숙하게 행하는 때이다. 춘분은 죽음의 계절 겨울을 겪어 이겨내고, 초목이 생명의 싹을 움트고, 땅에 씨앗을 심는 계절인 것이다. 동토의 세월을 이겨내도록 생명을 지켜주고, 새롭게 생명을 시작하도록 허락하는 자연에 대한 감사의 의례의 중심에 있는 계절의 정점이다.

밤의 기운이 점점 짧아지고, 낮의 기운이 밤의 기운과 평형을 이루는 계절은 농경사회에서 여러 면에서 긍정적 의미를 부여하는 시기이다. 오르페우스 신화가 지닌 농경사회에서 씨앗의 상징적 죽음의 의미는 단순한 이야기로서 신화가 아니라, 농경사회에서 씨앗이 지닌 죽음과 부활이라는 자연의 이치에 대한 교훈적이고 실증적인 이야기인 것이다.

결국 춘분은 농경의 기준점으로서 국가경제의 존폐가 결정되는 절대적 가치의 대상이었고, 국가는 춘분을 정교하게 관찰하고 그 의미를 의례로서 주민들에게 설파하여, 농경체제의 생산성과 효율성을 높일 수 있도록 독려하는 것이 필요했을 것이다.

유카탄 지역에 있는 마야의 대표적 유적지인 치첸이차에는 아름다운 피라미드가 있다. 카스티요라 이름 붙여진 이 피라미드에는 태양의 주기를 정교하게 측정하여 기록한 건축물의 비밀이 숨겨져 있다.

사실 이 피라미드는 쿠쿨칸(Kukulkan)의 사원이다. 깃털 달린 뱀의 신격은 메소아메리카 공통의 특징이기도 하다. 멕시코 고원 지대의 케찰코아틀과 쿠쿨칸은 동일한 신격이며, 이름만 달리하고 있을 뿐이다. 하늘의 신령한 기운과 땅의 신령한 기운이 하나로 결합된 신격의 신비스러움과 능력은 인간문명에 유익함과 지혜를 가져다주는 주체로 이해된다. 아름다운 외형으로 많은 관광객들의 카메라에 피사체가 되곤 하는 이 피라미드는 태양의 주기를 완벽하게 담고 있는 성스러운 공간이기도 하다. 흥미로운 점은 피라미드의 높이가

24m로 하루의 등분단위와 같다는 것이다. 주목할 대목은 네 경사면의 중앙부에 있는 계단은 모두 91개씩이며, 이를 합치면 364개가 된다는 점이다. 여기에 제일 꼭대기에 있는 사원의 기단을 합치면 계단은 모두 365개가 된다. 태양의 1년 주기가 되는 것이다. 물론 마야인은 태양의 주기를 365.2420일로 정확하게 알고 있었을 뿐 아니라, 동지와 하지, 춘분과 추분의 정확한 측정도 이뤄내고 있었다.

쿠쿨칸 사원인 이 피라미드는 춘분이 되면 정확하게 상층부에서 하층부로 기울어진 경사면을 따라 중앙 계단의 측면부에 피라미드 모서리의 그림자가 정교하게 뱀의 모양을 나타나게 설계가 되어 있다. 물론 이 뱀은 그냥 뱀이 아니라, 깃털 달린 뱀 쿠쿨칸이며, 하늘에서 지상으로 내려오는 형상을 재현하게 된다. 농경의 본격적인 시작을 알려 초경을 도왔던 시점으로서 춘분은 무척 중요하다. 일상에서 춘분의 신비를 체험하고, 하늘의 신령한 기운과 비호를 받으며 농경의 시작을 의식화함으로써 일상에서 신에게 기도하고 신의 도움으로 자연과 협력하여 사회체제를 유지할 수 있었던 것이다.

춘분의례는 사순절과 부활절 시기와 비교되면서도 꾸준하게 일상적 의례로서 기념되는 경향이 높았으나, 농경 중심의 가치가 상대적으로 작아지는 현대에 이르게 되면서 춘분의례의 순수한 의미는 퇴색되고, 춘분의례에 기울였던 안녕과 풍요에 대한 의식은 사순절을 겪고 부활절을 맞이하는 의례로 변화하게 되었다. 오늘날 부활절은 춘분 다음의 첫 만월이 지난 후 첫 번째 주일이므로, 시기적으로 약간의 차이가 있지만, 농경사회가 아닌 현대에 있어서는 그 시기적 차이가 긍정적 의미가 될 수 없으며, 다만 죽음을 이겨내고 부활을 축하하며 새로운 한 해를 준비하는 콘텐츠만 살아남아 종교문화의 원류로서 잔존하게 되는 것이다. 이렇듯 종교문화는 고착된 가치개념으로서의 대상이 아니라, 시기와 지역에 따라 조금씩 상대적 해석의 개연성을 열어두며 살펴보아야 하는 유기적 변화의 대상이다.

일상적 삶은 고난과 위험의 연속이다. 안녕과 행복을 추구하는 인간에게 일상에서의 위기는 생존의 문제와 직결된다. 일상의 안녕은 의례를 통해 안전해질 수 있으며, 사회체제는 구성원들의 안녕을 책임질 수 있는 자연환경과 기후조건 등에 대한 최대한의 정보제공과 활용 및 통제를 통해 유지의 목적이 실현되었다. 고대인들에게 일상에서의 의례는 삶의 안정적인 유지를 위해 절대적이며, 이러한 전통은 현대사회에서까지 축제와 의례, 전통과 관습 등으로 유지되어 오고 있다. 종교의 형태가 혼성화되고 새로운 형태의 종교와 혼합되거나 교체되어도 마야와 아즈텍, 잉카 등으로 대표되는 고대문명의 종교와 문화적 습성은 일상에서의 의례형태로 여전히 그 흔적이 남겨져 있다. 아즈텍의 대지모, 토난친(Tonantzin)에 대한 공경의식은 서구의 침공 이후에 들여온 가톨릭의 영향으로 성모 신앙과 뒤섞이며 종교혼종의 성격으로 유지되고 있다. 검은 피부의 성모에 대한 각별한 공경과 애정은 라틴아메리카 전역에서 발견되고 있는데, 이는 토착 원주민들의 신앙에서 유래된 요소들과 아프리카계 신앙에서 유래된 요소들과 함께 뒤섞여 새로운 혼종의 형태를 이루게 된다. 일상에서의 의례가 변화된 종교적 외형과 함께 그 콘텐츠에도 다양한 변화의 요소를 첨가하게 되는 계기인 것이다.

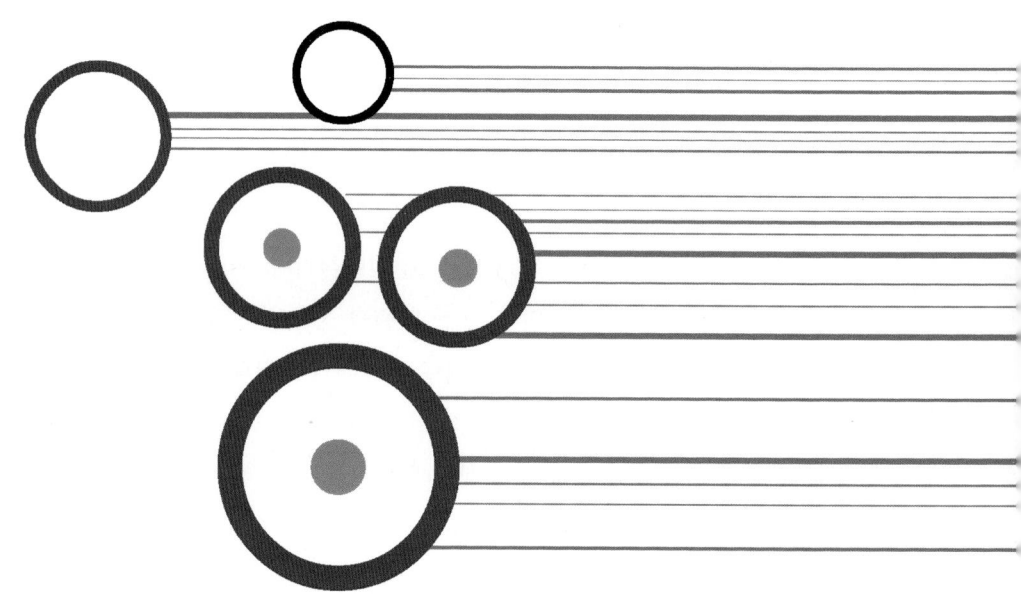

제 3 장

신대륙 정복과
복음화

콜럼버스(Columbus: 1436~1506)는 1492년 10월 12일 네 차례에 걸친 탐험(1492~1493, 1493~1496, 1498~1500, 1502~1504)을 통해 신대륙을 '탐사'했다. 우리가 퀴즈 프로그램 등을 통해 성찰적 시각도 없이 습관적으로 사용하고 있는 '아메리카 신대륙을 발견한 사람은 콜럼버스'라는 표현은 서구 중심 역사의 주장이지, 보편적 진실이 될 수는 없다. 신대륙은 이미 지배 주체의 삶과 정신이 담겨 있는 종교와 문화를 오랜 세월 창출해 왔기 때문이다.

독도를 '다케시마'라고 주장하는 일본인들을 향한 한국인들의 날선 민족감정처럼 서구가 아메리카를 발견했다는 주장을 역사적 사실로 수용할 수 없는 주체들이 분명하게 존재한다고 전제한다면, 우리는 더 이상 신대륙 발견이라는 표현을 쓰는 대신, 서구의 아메리카 대륙 진출이라는 표현을 사용하는 것이 옳을 것이다.

10월 12일은 콜럼버스가 '소위' 신대륙에 도착한 날이다. 그는 자신이 도착한 섬을 '젖과 꿀'이 흐르는 희망과 환상의 땅으로 묘사한다. 라틴아메리카의 입장에서 이날은 결코 긍정적인 의미만 기념할 수는 없는 날이다. 그렇다고 비극적인 날이라 할 수도 없다. 오늘날 라틴아메리카 대부분 국가의 인종과 문화정체성이 바로 이날을 계기로 시작되었음을 부인하기 어렵기 때문이다. 아르헨티나에서는 '문화 다양성의 날'로 기념하고, 벨리스에서는 '범아메리카와 콜럼버스의 날'로 기념하며, 코스타리카에서는 '문화의 만남일'로, 미국에서는 '콜럼버스의 날'로, 우루과이와 페루에서는 '아메리카의 날'로, 베네수엘라에서는 '원주민 저항의 날(과거에는 '인종의 날'이었음)'로, 과테말라와 엘살바도르, 온두라스 등지에서는 '인종의 날'로 기념되고 있지만, 중립적 가치개념으로 '두 문화의 만남' 정도가 옳을 수도 있을 것이다. 중요한 것은 신대륙이 발견된 것이 아니며, 따라서 정복의 당위성 또한 서구 중심적인 해석 이외의 다양한 해석 가능성에 연구의 방향성을 열어두어야 한다는 점이다.

동인도의 한 지역으로 생각하면서 계속 탐사의 대상을 넓혀가던 콜럼버스는 자신이 발견한 곳이 유럽과 인도 사이에서 인도에 가까운 어느 한 지역이리라는 믿음이 점차 무너져 내리는 처참한 경험을 하게 된다. 그가 매달렸던 이사벨 도시의 건설도 계속되는 폭풍우와 인력조달의 미비 때문에 저조할 수밖에 없었고, 자신이 입증한 항로를 거쳐 탐험을 감행하는 이들에 의해 수행되는 지리적 탐험의 결과 자신의 판단이 크게 빗나갔다는 사실을 깨닫게 되었다.

향신료 유통경로 확보를 위한 항로 개척의 탐사여행은 원래의 목적을 상실했고, 신천지의 개척이라는 새로운 목적으로 대체되었다. 처음에는 땅의 개발보다는 땅에서 수익이 실현되는 대상에 구체적 목표를 정했었지만, 전혀 새로운 지형과 지리적 환경에서 계속되는

콜럼버스가 건설한 도시, 이사벨라시의 수도원 전경

시행착오는 목표와 목적의 지속적인 재설정을 요구하였다. 결과적으로 본토의 발견에 이어, 태평양의 발견과 같은 새로운 지리적 발견은 콜럼버스의 탐사 목적에 대한 대중들의 무관심과 함께 역사의 그늘로 사라지게 되었다.

　스페인 왕실은 새롭게 발견된 거대한 지역을 '스스로가' 참여하여 '개발'하는 경영에 나서게 되었고, 이렇게 서구의 식민지 경영이 본격적으로 시작되었다. 이 과정에서 경영의 명분 가운데 하나로 제기된 것이, 미개한 비문명인의 개화와 더불어 영혼의 존재를 오해하고 있는 저개발인들에게 참다운 신앙의 기회를 제공하겠다는 소위, 복음화였다. 신대륙의 정복은 복음화 사업과 그 궤를 함께하게 된 것이었다.

라틴아메리카의 종교를 다루면서, 서구의 신대륙 발견이나 그에 따른 자연스러운 결과로서 정복과 식민지배를 그 서술시점으로 한다면, 그것은 결코 객관적 진실을 제대로 반영하지 못하는 시각이 될 것이다. 라틴아메리카에는 서구와의 만남 훨씬 이전부터 마야와 아즈텍, 잉카를 비롯한 여러 문명사회가 존재해 왔으며, 그들의 사회문화적 가치관과 우주관에 따른 고유의 종교가 엄연히 존재해 왔음을 부인하는 결과가 되기 때문이다. 손을 들어 하늘을 가리는 격이다.

우리가 자칫 간과하고 지나치는 사실이 있다. 콜럼버스의 위대함은 지구가 둥글다는 사실을 입증한 것도, 아메리카 대륙을 처음 발견한 것도 아니라는 점이다. 지구가 원이라는 사실은 16세기 당시 이미 정설이었고, 다만 그 크기를 제대로 측정하지 못했으며, 당시 지도 제작자들과 과학자들은 태평양에서 대서양에 이르는 거대한 지역의 존재를 실제보다 훨씬 작은 규모로 오해하고 있었고, 이 과정에서 아메리카의 정확한 위치와 규모를 측정하지 못한 채 기존의 지도와 합성하여 상상이 결합된 지도를 만들어 지구의 전체 지형을 이해하려는 오류를 범하고 있었던 것이다. 바이킹이나 다른 지역의 유럽인들이 아메리카를 훨씬 전에 발견했다는 시각 또한 편협한 오리엔탈리즘 그 이상이 아니다. 그들이 배를 건조하고, 항해술을 발전시키기 훨씬 이전에 역시 대양 항해술을 갖고 있지 못했던 북방 아시아계 사람들이 얼어붙은 베링해협을 수차례의 시도와 실패 끝에 수백 년 동안 힘들게 건너냈으며, 신대륙 적응과 실패의 험난한 여정을 수백, 수천 년의 긴 세월 동안 겪어 내면서 그 힘겨운 결과물로 잉태되었을 아메리카의 문화적 씨앗들을 만들어내었다고 보아야 할 것이다. 하지만 이러한 결과물 또한 아시아적 가치를 중요시하기 위한 평가자료로 활용하려는 시각으로 이해되어서는 곤란하다. 베링 해협을 건너 미지의 대륙을 향한다는 시도 자체가 이전의 문화와의 단절을 의미하며, 대륙을 건너가고, 절박한 심정으로 정착지를 찾아 헤매는 수백, 수천 년의 순례는 새로운 문화적 종족으로 정착하며 살아남은 이들 고유의 숭고한 문화적 자산이기 때문이다.

아메리카 대륙의 역사를 서술하고, 변화의 순간에 대한 가치를 평가하는 데 있어서, 콜럼버스가 주요한 변수임에는 틀림없다. 하지만 그의 위대함은 신대륙을 발견한 데에 있는 것이 아니라, 보잘것없는 세 척의 범선과 부족한 항해 정보로 예상보다 훨씬 넓은 대서양을 건너는 장거리 행해를 자연이 빚어내는 역경과 인간이 빚어내는 저항과 반란을 극복하고 이뤄냈다는 점에서 신항로 개척이라는 모험정신과 리더십에서 찾아야 한다. 따라서 신대륙의 발견을 비롯하여, 식민통치의 근간이 되었던 이사벨 도시 건설과 명분 등의 주제들은 콜럼버스의 유산으로서 긍정적 가치에서 우선순위가 되어서는 곤란하다.

라틴아메리카 고유의 종교가 지닌 문화적 가치와 의미는 단순히 전통의 이름을 넘어서, 현실적 지배문화 가치로 긍정적이다. '발견'은 '발명'된 것이며, 'discover'는 'cover'를 '떼어내어야' 그 진실이 밝혀지는 것처럼, 콜럼버스의 탐험 의도와 그 결과적 의미는 서구중심적 사고에 의해서만 신대륙 발견이 될 뿐이다. 서구의 이러한 오리엔탈리즘의 입장에서 라틴아메리카 고유의 종교는 다른 문화적 가치에 대한 것과 마찬가지로 폄하되었으며, 진정 객관 타당한 가치로서 평가되지 못했다.

물론 아메리카 고대문명을 통해 존재해 왔던 종교 및 종교문화가 고스란히 현대에 적용될 수 있는 것은 아니다. 오히려 스페인과 포르투갈의 국교였던 가톨릭이 가장 중요한 대부분의 종교문화를 형성해 왔으며, 여전히 최고의 변수로 자리하고 있다. 다만 다양한 요소들의 복합적 구성에 대한 수용인식과 그에 따른 객관적이고 타당한 평가는 아메리카 종교문화에 대한 보다 객관 타당한 해석을 가능하게 할 것임은 분명하다.

신대륙 정복과 복음화의 대단원은 스페인 왕실의 정략적 결합이라는 계기로부터 기인한 바가 절대적이다. 1469년 이사벨(1451~504) 공주와 아라곤의 왕세자 페르난도(1452~1516)가 결혼하면서 이베리아 반도의 정치권력의 중심이 크게 흔들리게 된다. 까스띠야 왕국의 엔리께(Enrique) 4세가 서거하자, 왕위계승 문제로 엔리께의 딸로 추정된 후아나와 여동생 이사벨 공주 사이에 분쟁이 일어났으나, '알까소바스 평화조약(1479)'에 의해 종결되면서 이사벨 공주가 까스띠야 와 레온 왕국의 합법적 여왕으로 공식 선포되었다. 같은 해 남편인 페르난도 왕세자는 후안(Juan) 2세의 사망으로 아라곤(Aragón) 까딸루냐(Cataluña), 발렌시아(Valencia), 발레아레스(Baleares) 군도와 시칠리아(Sicilia)를 포함하는 대왕국의 국왕으로 즉위하였다. 두 사람의 결혼은 각각의 왕국에서 상대 왕국에 대한 견제와 기득권을 강화하기 위한 정략적 포석이었으나, 결과적으로 거대한 세력의 결합이라는 정치구도의 변혁을 가져오게 될 것이 예상되었던 것은 아니었다. 하지만 세력의 균형추는 이사벨과 페르난도의 편에 있었고, 두 사람은 합법적 왕통을 잇는 후계자로서 최고 통수권자의 자리에 오르게 되었다.

까스띠야와 아라곤은 내정에 있어서는 각자의 독립을 상호 존중하는 기본입장에 동의하였고, 대외적으로는 까스띠야가 주도하기로 하였다. 이러한 정책이 콜럼버스에 의한 아메리카 대륙의 탐사와 정복 이후 '라스 인디아스(Las Indias: 스페인의 지배하에 있는 아메리카 대륙의 지역들을 지칭하는 용어로서, 콜럼버스가 처음에 인도라고 착각한 이후 관용적으로 사용되었다. 오늘날 인디언이란 말 또한 인도 거주민이란 의미의 잘못된 흔적이다)'의 지역들이 까스띠야 왕국에 속하게 되는 정치적 근거가 되었던 것이다. 각각 까스띠야와 아라곤으로 대표되는 왕국의 여왕과 왕이 된 이들은 한발 더 나아가 반도를 완전히 하나의 통일된 국가로 만들기 위한 국토회복전쟁(Reconquista)의 후속 조치로서 완전한 통합을 위해 노력하였다.

정치 및 군사적인 통일은 그 명분으로 종교적 통일을 배경으로 하였고, 반도의 통일은 종교적 통일이라는 명분을 완수하기 위한 성전(聖戰)의 의미를 포함하였다. 1492년 1월 그라나다 왕국을 탈환한 이사벨 여왕은 결국 반도를 통일한 주체세력이 되었고, 단일종교로서 가톨릭 신앙은 독실한 신자였던 이사벨 여왕과 페르난도 왕의 비호 아래 국가의 권력과 세력 확장의 명분이 되었다. 콜럼버스에 의해 새로운 항로가 개척되고, 신대륙을 향한 발걸음이 빨라지면서, 신세계는 복음화를 위한 절대적 기회의 땅이 되었다. 당시 유럽인들이 체감하기에 라틴아메리카의 종교는 이질적 형태의 종교적 요소를 지니고 있었으며, 이러한 낯선 요소들은 선민의식과 복음화의 당위성을 배경으로 배타적 해석의 원천이 된다. 특히 원주민들이 행한 주술적 행위와 의례들에 대한 편견은 타문화에 대한 이해의 결여와 함께 배타적이고 폄하적인 시선을 통해 진실의 왜곡으로 이어지기도 하였다.

1) 가톨릭의 유입과 신대륙 개발

아메리카 대륙에 유입된 서구의 종교는 유입 경로에 따라 각기 다른 형태를 나타내었다. 현재 미국에서는 개신교가 55%로 가장 중요한 비중을 차지하는 가운데, 가톨릭이 30%, 유대교가 3.2%, 동방정교회가 2.3% 등의 비율을 나타내고 있으며, 같은 북미이면서도 캐나다의 경우에는 가톨릭이 47%로 수위를 차지하고, 개신교 41%, 동방정교회 1.5%, 유대교 1.2% 등을 나타낸다. 이는 이민의 구성과 경로에 따른 자연스러운 결과라고 보아야 할 것이다.

북미와 상대적 개념으로 중남미 혹은 라틴아메리카에서 가장 주요한 종교가 가톨릭인 것은 분명한 사실이다. 이는 스페인과 포르투갈이 현재의 중남미 지역에 가장 먼저 진출했고, 그들의 종교와 문화 및 풍습을 전파한 까닭이다. 따라서 종교문화의 형성에 있어서 가장 큰 영향을 미친 요소 또한 서구에서 유입된 가톨릭이라 할 수 있다. 하지만 서구의 가톨릭 문화의 구성과 동일한 방식으로 라틴아메리카의 가톨릭 문화를 평가하기란 매우 조심스러울 수밖에 없다. 가톨릭의 유입이 기존 종교와 그 문화를 토대로 이뤄진 것이며, 기존 종교문화에 따라 오랫동안의 형성되어 온 농업생산 및 경제구조와 가치관에 따른 종교 문화적 풍토가 단시일에 가톨릭의 문화적 풍토를 대체할 수 없기 때문이다.

신대륙의 복음화는 이베리아 반도의 정치적 상황에 따른 결과였다. 스페인 중심의 아메리카 대륙 공세는 경제적 이익이 우선이었으며, 정치적 논리와 종교적 명분이 합리화의 구실이 되었다. 이러한 종교적 합리화의 필요성은 까스띠야 와 레온(Castilla y León) 왕국의 이사벨(Isabel) 여왕과 아라곤(Aragón) 왕국의 페르난도(Fernando) 왕이 정략결혼을 통해 이베리아 반도를 가톨릭의 깃발 아래 정치군사적으로 통일할 수 있었던 명분 때문이었다. 반도의 통일은 중요한 과제였고, 그 과제를 수행하는 과정에서 가톨릭은 정치·사회·문화적 통일을 위한 가장 손쉬운 매개와 기치가 될 수 있었던 것이다. '가톨릭 양 왕'이라 불리는 이사벨 여왕과 페르난도 왕의 전략적 결혼과 타협은 외형적으로 가톨릭이라는 종교 이데올로기를 통해 분산되었던 권력을 중앙체제로 흡수하고, 강력해진 시스템을 통해 어수선했던 당시 정세를 통제할 수 있는 구실과 명분으로 이어졌다. 실제로 신앙심이 돈독했던 두 사람이기는 했지만, 그들의 정치적 행보 모두를 종교적 배경에서 나온 것으로 보기에는 당시 스페인의 정치사회적 정황은 매우 급박했다.

라틴아메리카에 있어서 가톨릭의 유입이 점진적이고 체계적인 단계를 걸친 것은 아니었다. 신대륙에 대한 관심과 열풍은 급작스러웠으며, 경제적 부흥에 대한 과도한 기대만큼이나 종교적 신천지에 대한 의무와 소명감은 급박하고 과장되었다. 가톨릭의 유입이 자연스럽게 이뤄진 것이 아니라, 유입이 결정된 이후 그 정당성에 합당한 각종 절차와 대책이 마련되어야 하는 급박한 상황과 환경이 오히려 자연스러운 배경이었다고 평가해야 할 것이다.

콜럼버스가 서구에는 알려져 있지 않았던 지역을 발견한 행위와 결과는 새로운 영토에 대한 선점권의 선언과 연결되었으며, 이는 항해를 위한 계약조건에서 밝혔던 것처럼, 자신을 경제적으로 후원했던 이사벨 여왕과 그의 부군인 페르난도 왕에 대한 충성, 그리고 통일국가로서 스페인에 대한 봉헌으로 이어졌다. 이 모든 과정에서 신의 은총과 섭리가 서구의 입장을 합리화하는 도구로 인식되었기에, 신대륙의 발견은 서구 중심의 복음화 사업과 동일시되기도 하였다. 따라서 가톨릭의 유입은 그 정치적, 종교적 절차나 순리와는 무관하게 범정부적이고 범시민적이며, 범서구적 행위와 다를 바가 없는 기준과 규모로 진행될 수밖에 없었다. 정책과 규정은 이후 과정에서 겪어야 할 다양한 절차에 대한 법규 정리와 선언의 합법화 과정에서 요구되는 요소들이었다. 콜럼버스가 자신의 첫 번째 보고서에서 언급한 것과는 반대로 아메리카는 종교 역사와 관련해서 결코 신대륙이 아니었다. 15세기 말 당시 아메리카에는 다양한 종교와 신앙의 형태가 존재했었다. 아즈텍과 마야, 잉카의 종교는 당시 서구인들에게는 자신들의 종교적 구조적으로 유사한 형태를 지니고 있었음에도 불구하고, 종교적 요소가 아닌 것으로 간주되었다. 서구인들에게는 신전과 사제, 공적 의례와 신상에 대한 숭배 등과 같은 종교 일반적 구조와 요소에 대한 인식과 이해도가 전혀 준비되어 있지 않았기 때문이었다(Klaus Koschorke, et al., 2007: 278).

가톨릭이 제일 먼저 들어가게 된 것은 카리브 지역이었다. 대표적으로 가톨릭에 노출된 종족은 따이노(taino)족이었지만, 그들은 가톨릭이라는 외래종교에 노출된 환경에서 새로운 종교와 자신들의 종교와의 만남과 융합이라는 과정을 겪기도 전에 극심한 노동력 착취와 질병의 감염으로 순식간에 죽어갔기 때문에 최초로 가톨릭이 유입된 지역임에도 불구하고, 서구인들이 자신들의 종교를 특정한 다른 지역에서 지속했다는 의미 이외에 특별한 역사적 의미를 찾기는 어렵다. 비록 극단적인 사례이기는 하지만, 이처럼 초기 가톨릭의 유입은 단순한 지리적 확산이었으며, 토착 거주민들의 삶에 구체적 영향력을 행사할 겨를이 없었던 것이다. 오늘날 쿠바를 비롯한 카리브 지역에서 전통신앙의 자취를 찾을 수 없는 대신, 토착 원주민들의 노동력을 대체하기 위해 들여온 서부 아프리카 흑인들의 신앙인 요루바 종교가 강한 흔적과 영향력을 행사하고 있는 것과 비교하자면, 따이노족의 종교와 신앙은 허무하게 역사의 기록으로부터 사라져버린 셈이다.

　신대륙 개발에 대한 논의가 불길처럼 번져가던 당시 유럽은 종교적으로 정치 구조적 분열을 겪고 있었다. 엄밀한 의미에서 대중들을 위한 분열이라기보다는 기득권이 세분화되고 정밀화되는 분화의 과정에서 겪을 수밖에 없었던 분열에 기초한 것이었다. 왕권과 귀족권이 신흥 상공계층과 이합집산을 하면서, 권력구조의 새로운 탄생이 가속되기 시작하였고, 이를 이념적으로 뒷받침해줄 수 있는 이데올로기가 요구되었으니, 이러한 정치권력의 분산을 체제로서 수용하기 위한 종교적 이해가 첨예하게 대립되면서 종교가 분열되는 파국에 이르렀던 것이다. 그러므로 보다 정밀하게 보자면 종교가 분열된 것이 아니라 교회가 분열된 것이며, 신학이 그 배경을 수행한 것이 아니라 사회적 가치의 혼란과 부재상태에서 이념적 대립과 요구가 국가 권력구조의 재편을 이루게 만들었다고 보아야 할 것이다. 이는 교회의 세속화와 분산이 계층적으로 분리되어 적용된 것이 아니라, 국가 혹은 지역별로 적용되어 형성되었던 역사의 흔적을 통해 명확하게 확인되는 대목이다. 신의 이름으로 세운 교회는 16세기 종교분열을 겪기 이전 1500여 년 동안 일만 건이 넘는 분열과 해체를 통한 흥망성쇠의 역사적 사례를 기록하고 있지 않은가. 무엇이 옳거나, 누가 보다 나은가 하는 현상에 대한 문제가 아니라, 인간의 종교문화에 대한 본질적 회의의 시기였던 것이다. 이러한 상황에서 가톨릭의 종주국을 자처하면서, 지중해의 패권을 노리고 있던 스페인 왕국의 입장에서는 교황권을 비호하면서, 새로운 정치권력의 재편에서 우월한 위치를 점할 분명한 명분과 기회가 필요했다. 종교분열의 시기에 복음화는 넓은 의미에서는 스페인 왕국이 유럽 전체가 분열과 분쟁의 진흙탕 싸움의 소용돌이에 처해 있는 동안 마치 한발 물러나는 의연함을 지니고 있는 듯한 인상을 줄 수 있을 뿐 아니라, 좁은 의미에서는 교황권이 가슴 아파하는 종교분열의 위기의식을 타개할 수 있는 가톨릭 복음화의 선봉에 설 수 있음으로써 유럽에서 교황권과의 결탁이 재현될 수 있는 기회로 해석될 수 있는 대목이었다.

유럽이 종교적 분열의 상황이라는 파국을 치달을 때, 아메리카는 복음화를 위한 신천지였다. 하지만 이는 종교적 목적과 배경에서 이해되기보다는 종교를 명분으로 외형화한 채 정치·사회·문화적으로 스페인 왕실의 세력확장이라는 보다 현실적인 목적에 따른 합리화 과정의 소산이었다.

1478년 이사벨 여왕과 페르난도 왕이 교황 식스투스(Sixtus) 4세에게 강화된 종교재판소의 설치를 청원했던 것은 물론 반도 내에서 종교적 갈등과 대결국면에 의한 비극적인 소동을 종교적 이념으로 잠재우려는 목적이 우선되었기 때문이었다. 그러나 스페인의 상황에서 종교적 신념이란 어느 한 종교를 중심으로 그 갈등구도가 재편되었다고 해서 쉽게 사라질 수 있는 가벼운 문제는 아니었다. 우선 가톨릭 두 왕들은 일단 반도를 통일하려는 정신적 이데올로기로 가톨릭에 의한 통일을 주장하였다. 재정복전쟁의 주체세력 대다수가 그리스도교였기 때문에, 그리고 이교도인 이슬람 세력과의 전쟁은 어떤

면에서는 십자군전쟁의 연장의 의미도 지니고 있었기 때문에 그리스도교 중심의 반도통일이라는 생각은 비교적 자연스러운 것이었다. 이러한 이교도에 대한 배타적 이념은 반도통일의 정신적 구심이념으로 기능했으나, 이후 신대륙 개척과정에서도 반복되는 유형적 유사성을 지니게 된다(박종욱, 2006: 36~42).

스페인과 포르투갈의 종교적 역할과 사명에 긍정적 입장을 표명하던 교황 알렉산데르(Alexander) 6세는 서구가 인지하지 못하였던 새로운 대륙에 대한 소식이 서구의 정치경제적 전략의 목표를 재설정하게 되었던 1493년 당시 북극에서 남극에 걸쳐 까보 베르데(Cabo Verde) 제도의 서쪽 400km 지점을 경계선으로 삼는 교서를 발표함으로써 스페인에는 이 경계선 서쪽 지역을, 포르투갈에는 경계선 동쪽을 탐사하고 정복할 수 있는 권리를 공인하였다. 토르데시야스 조약(Tratado de Tordesillas)은 교황의 공적 지지성명이었고, 경계지점에 대한 몇 차례의 수정과 주변 국가들의 불만과 저항이 있었지만, 오늘날 라틴아메리카 대륙이 스페인어와 포르투갈어를 기본으로 사용하게 된 것은 바로 이러한 종교적 명분의 정치화 과정을 통해서였다. 토르데시야스 조약에서 명시한 것처럼 대서양 시대를 화려하게 연 포르투갈과 스페인은 신대륙 개척에 혈안이 되었고, 정치적 공세와 우선권을 유지할 수 있도록 교황청에 자신들의 탐험 및 개척의 의도를 '복음화'에 있었음으로 정치적으로 전략화하였던 것이며, 그에 따라 정치적, 경제적(경제인 이유는 초기에는 향신료의 유통망 확보가 지닌 경제적 효과에 따른 것이었고, 이후에는 작물의 재배와 수출 및 수입을 통한 지속적인 경제구조의 전환이 가져다주는 부의 팽창효과에 따른 것이었다) 목적에 따라 '복음화'의 구체적 실례를 드러내야 하는 입장에 처하게 된다.

하지만 신대륙 개발이 진행되면 될수록 종교적 명분으로서 원주민 복음화 사업은 점차 형식논리에 빠질 수밖에 없었고, 실질적으로는 통제 불능상태에서 인간의 물신적 탐욕이 노골적인 자태를 드러내는 형국에 빠질 수밖에 없었다.

사제들을 제외한다면 현실적으로 원주민을 가톨릭으로 교화하려고, 험난한 탐험과 개발 사업에 참여한 사람들은 극소수였다. 오히려 이들에게 복음화는 자신들의 탐욕을 정당화하는 외형적 장식의 하나였으며, 이들의 물신적 욕망은 '엘도라도'의 전설을 만들었고, 스스로의 욕망에 쓰러져가는 수많은 굶주린 영혼들을 만들어내었던 것이다.

카를로스 사우라의 <엘도라도>는 스페인 사람들이 희구했던 물신적 꿈이 무너지는 과정에 대한 묘사에 집중하였다(박종욱, 2009: 60~61). 1560년 펠리페 2세 치하의 페루 산따 끄루스 데 까뽀 꼬바르에서 엘도라도를 찾는 원정대의 여정은 황금에 대한 탐욕의 허상을 드러낸다. 7년의 세월 동안 아마존 유역을 헤맬 수 있는 동력이 되었던 황금에 대한 욕망은 끊임없이 위협하는 자연의 위력 앞에 기진하게 되었으나, 알론소 데 에스떼반 대장은 반역과 반란을 평정하며 힘들게 진군한다. "나는 지쳤소. 한데 엘도라도가 없는 것이라면, 우리는 무엇을 해야 할까요?" 그는 자신과 대척점에 있는 아기레에게 고백한다. 황금에 대한 인간의 탐욕은 원정대장의 혼혈 애인인 이네스를 통해 체화되며, 그녀는 모든 남성들의 표면적 갈등의 원인으로 등장한다. 그녀가 욕망의 대상이 되는 것이다. 영화적 표현의 전형으로서 물신적 욕망의 대상으로서 여성을 표현하고 있으나, 이

물신적 욕망의 상징으로서 '엘도라도'

는 영혼의 구원을 명분으로 삼았던 당시 대다수 식민지배자들의 메마른 영혼을 드러내는 대목이 아니었을까. 이네스의 곁에서 남성들은 차례로 죽음을 맞이하며, 탐욕은 혼란과 내분을 거쳐 비극으로 확장된다. 대장의 암살 이후 원정대는 아기레의 독선으로 점점 좌초된다. 이 과정에서 이네스와 아기레의 딸, 엘비라는 원정을 바라보는 두 시선을 상징한다. 원정대장의 애인으로 남성들의 욕망의 대상으로 물화된 이네스는 희망의 원정에 따라나섰다가 두려움과 혼란에 빠지는 원정대원들의 모습과 동일시된다. 그러나 엘비라는 원정의 후반부를 지휘하는 독선적인 아버지, 아기레의 모습에서 인간의 탐욕에 대한 분노와 저항을 드러낸다. 초기 원정대의 참욕과 폭력에 대한 아메리카적 시선의 고발을 상징하는 것이다.

식민지의 모국에 대한 거부감과 저항의식은 원주민 혼혈 엘비라와 아버지, 아기레와의 관계로 함축된다. 귀족 출신의 에스테반이나 평민 출신의 아기레 모두 물신적 집착과 탐욕에서 벗어나지 못한 채 두려움과 불안에 휩싸인 채 비극적 결말을 맞이한다. 사우라 감독이 주목했던 것은 죽어가는 아기레의 환영을 통해 혼혈문화인 라틴아메리카의 실체를 반영하는 딸, 엘비라가 스페인인이며 정복자인 자신의 만행으로 죽어가는 끔찍한 자각몽 의미의 부각에 있었다. 물신적 꿈인 엘도라도는 다만 스페인 정복자와 원정대의 비극에서 끝나는 것이 아니라, 혼혈문화로서 라틴아메리카의 비극이며 현실이라는 해석이 가능한 묘사이다. 원정은 1562년 아기레와 엘비라 부녀와 다른 많은 대원의 죽음으로 비극적 결말을 맞이한다. 엘도라도의 꿈은 허구로 사라졌지만, 권력의 주체는 여전히 라틴아메리카의 경영권을 유지하는 것으로 영화는 마무리된다. 원주민의 복음화를 통해 그들의 삶의 질을 향상시키고, 내세로 인도한다는 선교정신이 과연 누구를 위한 것인가 하는 성찰적 시각은 16~17세기 당시에는 일반화되지 못했던 제한적 견해에 불과했다.

롤랑 조페 감독의 <미션>은 스페인과 포르투갈의 영토분쟁이 과라니 원주민의 삶에 어떠한 영향을 미칠 수 있었는지 역사의 기억을 재연하는 영화이다. 이질적 문화 간의 만남에 있어서 서구의 시선과 라틴아메리카 원주민의 시선이 극명하게 교차되는 의미를 담고 있다. 스페인과 포르투갈 사이에 존재하는 영토분쟁의 이유는 분명하다. 강제 노동력으로서 원주민의 노예화를 둘러싼 스페인과 포르투갈의 대결구도에 그 원인이 있었던 것이며, 여기에 교황청이 중재를 나섰고, 원주민의 선교에 나섰던 예수회가 원주민 지역보호를 옹호하면서 사건이 발생한다. 원주민 사냥꾼이었던 로드리고가 아내와 불륜을 저지른 동생을 홧김에 죽인 뒤 방황하는 끝에 가브리엘 신부의 제안으로 원주민 포교를 위한 수사신부가 되면서 정복의 문제는 '서구인의 성찰적 시선'으로 초점이 전환된다. 하지만 원주민 노예

서구인의 성찰적 시선으로 조명된 초기 복음화 정책의 명암

제를 옹호하는 서구의 시선은 저개발의 원주민을 영혼이 없는 존재로서 동물과 다를 바 없다고 생각하는 반면, 가브리엘과 예수회 신부들은 원주민의 보호를 위해 정치적 절충과 제안을 거부하며, 서구제국의 무력적 시위 앞에 원주민 보호와 인권옹호는 무기력하게 몰락한다.

콜럼버스의 이상국가가 서구적 가치에 의한 백인의 세계였다면, 가브리엘 신부의 이상국가는 선교의 목적과 상충되는 모순에도 불구하고 원주민 중심의 세계를 지향했다. 롤랑 조페 감독은 서구 제국주의의 폭력을 강조하고, 가브리엘 신부와 로드리고 신부의 숭고한 희생을 부각시키며, 과라니 원주민의 비극을 증언하고 있지만, 원주민의 입장에서는 선교 신부들의 방문조차 되돌리고 싶은 역사의 기억일 수밖에 없는 것이다. 대주교의 '우리 중 어느 누구도 (여기에) 오지 않았으면 좋았을 것'이라는 회상과 원주민의 '(서구의) 하느님은 우리를 버렸고, 우리는 버려졌다'는 증언은 역사의 기억이 극명하게 대조됨을 잘 드러낸다. 아름다운 선율의 음

악과 함께 많은 국내 관객들의 심금을 울렸던 조페 감독의 우수성
은 서구 제국의 탐욕과 끝없는 물신적 갈증에 대한 현대인들의 분
노와 슬픔, 그 공감이 식민에 대한 원주민의 시선과 객관적 공감
대를 제공함으로써 역사의 기억에 대한 성찰적 재연을 구사하는
데 있다. "언제나 그렇듯 죽은 자의 정신은 산 자의 기억 속에 남
기 때문입니다"라는 주교의 고백은 역사의 기억과 기억의 재연이
주는 긍정적 의미를 상기시킨다(박종욱, 2009: 65).

복음화는 신대륙 개발의 명분으로 작동했으며, 결코 적지 않은 긍
정적 의미로 해석될 수 있는 영향을 미친 것도 사실이기는 하지만,
그 본질적 의미와 동기가 물신주의와 영혼구원에 대한 복합적이고
세속적인 결합에 의해 진행되었다는 사실에 대한 인식이 보다 중요
한 시점이 되어야 할 것이다. 서구가 자행했던 신대륙 개발과 일방
적 복음화의 정신이 혹여 우리가 제3세계를 바라보는 제국주의적
오리엔탈리즘의 시각과 겹쳐지는 것은 아닌가 하는 자성이 필요하다.
우리가 우월자적 입장에서 제3자를 관찰하고 평가할 때, 우리의
가치와 이데올로기를 우선적으로 반영하고 적용하려 한다면, 이는
스페인으로 대표된 서구 식민주의자들의 이데올로기 명분과 본질적
으로 다를 수 없을 것이다. 복음화를 명분으로 내세우면서, 내가 주
체가 되어야 더욱 효율적인 복음화 사업을 진행할 수 있을 것이라는
착각은 역사의 기록에서 분명하게 드러난다. 식민지 개발정책의 설
계과정에서 스페인과 포르투갈은 첨예하게 서로의 이익을 위해 충
돌하였고, 그들이 명분으로 내세운 복음화와 원주민들의 내세에 대
한 약속은 자신들의 물신적 욕망이라는 위선 앞에서 한갓 형식에 불
과하였던 것이다.

2) 식민시대 복음화의 의미

복음화는 피식민지인들의 문화를 배타적 가치의 대상으로 합리화하는 명분을 제공한다. 서구인들의 시각에서 저개발된 아메리카 토착 원주민들에게 서구인들이 향유하는 문명의 기회를 제공하고, 자신들의 의식구조를 모방하도록 배려하는 것은 분명 선의에서 유발된 것일 수도 있다. 하지만 황국신민화 정책에서 식민시절을 겪어야 했던 우리가 체험했던 것처럼 한국인이 일본인이 된다는 의미와 일본의 선진문명을 한국에 이식하는 것은 분명 구분이 되어야 하는 문제이다. 그럼에도 불구하고 문명의 제공자 입장과 수혜자의 입장은 전혀 다를 수 있다. 적극적 주체 입장에서의 수혜는 소극적 주체 입장에서 억압이며 굴종이 될 수 있는 까닭이다. 문명의 혜택을 제공하려는 주체자의 입장에서는 서로 다른 둘이 하나가 되어야 한다는 명분이 고귀한 이상이라 할 수 있지만, 문명을 제공받는 자의 입장에서는 서로 다른 둘이 하나가 되어야 한다는 사실은 자신의 정체성을 버리고 새로운 정체성에 스스로를 맞춰야 한다는 억압이며, 질곡이기 때문에 명분은 실체를 반영하지 않은 허구적 이데올로기로 공허할 뿐이다. OECD 회원국가로서 대한민국이 국제공조를 통해 공여자의 역할을 적극적으로 수행하는 과정에서 자칫 드러내기 쉬운 오만이며, 실책이 아프리카와 동남아시아에서는 물론이고, 라틴아메리카에서도 여러 차례 드러나지 않았던가.

(1) 원주민과 복음화

라틴아메리카 토착 원주민들을 유럽인들처럼 생각하고, 생활하도록 배려한다는 생각은 서로 다를 수밖에 없는 환경조건과 일상문화를 지니고 있는 요소를 그 존재로서의 존엄성을 무시하고, 일괄적으로 하나로 만들어가려는 억압이다. 서구가 자신들의 의식구조와 풍습을 따르도록 가장 효율적인 방식의 하나인 종교 이데올로기를 이식하려는 것은 종교가 없는 인간에게 영혼의 존재를 가르치고, 그들을 행복한 내세로 인도한다는 아름다운 명분은 아닌 것이다. 복음화는 개인과 집단의 문화가 서로 다를 수 있으며, 각자 스스로의 가치관과 명분에 따라 일상적 삶을 영위할 수 있는 권리를 존중하자는 의미에서 문화 상대주의가 전혀 배려되지 않은 일방적 접근이라 해석될 수 있음을 서구는 미처 고려하지 않았던 것이다. 안타까운 마음에 자신들이 섬기는 신을 공유할 수 있도록 배려한다는 복음화의 정신은 피식민지인들 고유의 사회문화적 가치를 부정적으로 폄하할 수 있는 빌미를 제공한다.

식민초기 로마 교황청은 가톨릭을 수호하고 동시에 원주민들을 개종하는 역할의 선봉에 스페인과 포르투갈을 임명함으로써 라틴아메리카 교회에 있어서 성직의 임명권을 왕권에 위임한다. 이는 행정적 편익 때문인 부분도 없지 않으나, 무엇보다도 로마 교황청이 지니고 있던 스페인과 포르투갈 왕실에 대한 강력한 기대감 때문이었다. 이렇게 성직의 임명권을 부여받은 스페인 왕실의 라틴아메리카 교회에서의 정치적 역할과 권력은 막강할 수밖에 없었다. 이는 라틴아메리카 가톨릭교회가 교황청의 영향력 못지않게 식민지 정부 내에서 정치적 영향력을 행사하는 왕족과 행정관료들의 입김에 휘둘릴 수밖에 없는 취약한 구조에 노출되어 있음을 의미했다. 가톨릭교회와 왕권이 전체적 틀에서는 의견을 조율하고 있었지만, 각자의 역할과 기능이 왜곡되고 뒤틀어지는 사례가 빈번하게 드러나기 시작하였다.

초기 식민지 시대에 라틴아메리카에 도착한 선교사들과 사제들은 대부분 자신들의 무지를 인식하지 못한 채 토착 원주민들의 신앙과 그들이 섬기는 성상을 우상으로 간주하였을 뿐 아니라, 그들의 신앙도 종교적 위상에 도달하지 못한 저급한 믿음의 일종으로 치부하였다. 신대륙에 도착한 성직자들은 자신들을 라틴아메리카의 사도들로 생각하고, 열정적으로 복음화에 앞장서며, 원주민들의 일상적 신앙의 흔적들을 지워가는 작업을 선도했다. 멕시코 초대 주교였던 후안 데 수마라가(Juan de Zumarrága)가 남긴 기록에 의하면, 에르난 꼬르떼스(Hernan Cortés)가 멕시코를 점령한 이후 10년 동안에 5,000개 이상의 원주민 사원과 20,000개 이상의 우상이 파괴되었다고 한다. 당시의 통계방식과 기록방식 모두 신뢰할 만한 것은 아니지만, 초기 군인들은 자신들의 물신적 탐욕을 가릴 목적으로 토착 원주민들의 종교적 흔적을 광적으로 지워나갔으며, 이를 대단한 공적인 것처럼 내세웠던 오욕의 기록은 분명 존재했었다.

왕권의 행정적 체제의 영향에 놓여 있던 가톨릭교회의 위상은 상대적으로 강력한 편은 아니었지만, 가톨릭의 유입과 복음화는 놀랄 만큼 빨리 전개되었다. 그 과정에서 스페인 군대의 억압이 얼마나 있었으며, 토착 원주민들의 자발적인 참여가 어느 정도였는지, 정확하게 산출할 역사적 기록들은 대부분 선정적이거나 과장되어서 객관적 정황을 면밀하게 재현하기는 불가능하다. 하지만 토착 원주민들이 자신들의 전통적 신앙을 고수하기에는 외압이 적지 않았던 것이 분명했다. 이러한 과정에서 종교가 지니는 보편성과 원형적 요소들은 토착 원주민들의 신앙과 가톨릭 신앙 사이의 이질성을 완화해 줄 수 있는 역할과 기능을 수행하게 된다. 어느 문화권의 종교에서 나 발견되는 대지모 신앙의 모습은 멕시코 아즈텍 신앙의 경우에는 또난친에 대한 신앙으로 구현되었으며, 이는 가톨릭의 성모에 대한 공경과 유사한 구조적 특성을 지녔다.

원주민 개종자였던 후안 디에고(Juan Diego)가 갈색 피부의 성모 를 만난 에피소드는 전설로, 다시 초자연적 계시로 인식이 되었고, 교회의 공인 여부와 관계없이 토착 원주민들 사이에서는 성모 마리 아가 또난친의 재림으로 여겨지게 되었다. 이러한 현상은 라틴아메 리카 식민지배와 시기를 함께하는 초기 복음화 과정에서 병렬적 (yuxtaposición)으로 발견되는데, 적지 않은 부분은 과장되거나 부분 적으로 왜곡된 이야기들이 전설에서 사실로 해석되는 과정을 겪으 면서, 토착 원주민들은 자신들의 전통신앙을 숨겨둘 수 있는 매개적 대상물로서 가톨릭 신앙에서의 성모 마리아에 대한 공경과 신앙행 위를 증대하게 되었다. 이는 복음화의 선봉에 있던 성직자들과 선교 사들 사이에서도 놀라운 현상이었는데, 마치 쿠바에서 발견되는 요 루바 신앙의 예마예 신앙이 외형을 감춘 채 고유의 신앙을 유지하기 위한 전략적 측면이 있었던 것처럼, 아즈텍 신앙을 유지하기 위해서 가톨릭 신앙의 내부구조에 숨어들어간 형식과 닮아 있는 것을 볼 수 있다.

스페인 성직자들과 행정관료 및 군인들이 강요하는 가톨릭 신앙 의 구조와 성인 공경의 형식에서 아즈텍의 신앙적 구조와 특정한 인 물에 대한 공경을 결합하여 자신들 고유의 종교문화적 감성을 유지 할 수 있었던 것이다. 따라서 과달루뻬 성모에 대한 공경과 신앙은 가톨릭 고유의 신앙형태로 해석되기보다는 아즈텍 신앙에서 또난친에 대한 공경과 신앙의 '의도적으로' 왜곡된 형태라고 해석될 수 있는 개연성이 많다고 보아야 할 것이다.

사실상 토착 원주민 종교의 우상파괴의 선봉에 섰던 이들은 성직자들은 아니었다. 공적을 내세우고 싶어 했던 군인들과 행정관료들이 대부분이었다. 하지만 일부 성직자들은 식민정책에 포함되어 있는 복음화 사업의 정책들을 원주민들의 개종을 위해 도움이 되는 것으로 용인하고 일정 수준에서 강압적 정책과 타협한다. 특히 정치적 권력과 긴밀한 관계에 있던 고위직 성직자들의 경우에는 신대륙 복음화 정책의 세부적 항목의 수립과 적용에 일정 부분 주도적 역할을 수행하였으나, 드넓은 지역에 대한 조사와 그에 따른 정보는 극히 제한적이었으므로, 초기 군인들과 행정관료들의 편견에 가득한 견해를 일방적으로 수용하는 측면이 강하였다.

문제는 이들의 정책적 시각이 전체 성직자들을 선도한다는 구조적 문제에서 발생하는 것이었는데, 이렇게 설정된 복음화 정책의 일관성이 견지되었던 것은 결코 아니었다. 지속적으로 시행착오를 거듭하면서, 점차 많은 정보가 축적되었고, 토착 원주민들이 생각보다 놀라운 문명을 이루고 있었을 뿐 아니라, 그들의 신앙 또한 고도의 체계를 지닌 인식구조에 기반하고 있다는 사실을 인식하게 되었기 때문이었다. 하지만 프란시스코 회가 중심이 되었던 초기 식민지 시대에는 토착 원주민들의 일상적 삶에 대한 정보도 부족할 뿐 아니라, 그들의 삶에 대한 직접적인 관찰도 거의 이뤄진 것이 없이 정책이 수립되었으며, 따라서 원주민들의 신앙을 부정적으로 보는 편견이 많았던 것이 사실이다. 이후 예수회를 비롯하여 다양한 종교단체가 서로의 역할을 견제할 수 있는 시기가 되면서 가톨릭 복음화 사업은 점차 흥분되었던 열기를 거두고, 실증적이고 실효적인 정책의 수립과 더불어 토착 원주민들과 공생과 협력관계를 수립하기 시작하였다.

(2) 식민지배체제와 종교재판소

라틴아메리카의 거대한 영토를 대상으로 행정제도를 설계하고, 종교적 소명으로서 복음화를 적용한다는 것은 거의 불가능했다. 유럽에서 체감했던 공간의 개념과 근본적으로 다를 뿐 아니라, 사회 구성원의 주거 밀집지역에 대한 정황도 유럽과는 많이 달랐다. 게다가 성직 임명권을 부여받은 스페인과 포르투갈 왕실이 행정체제를 구성하면서, 종교적 관할지역까지 안배한다는 것은 절대적으로 부족한 성직자들의 숫자로는 감당할 수 없는 막연한 탁상공론에 가까웠다. 스페인 왕실의 경우에는 멕시코에서 아르헨티나에 이르는 거대한 지역을 실질적으로 지배하거나 관리한다는 실감을 하지 못하였으며, 유럽에서 그러했던 것처럼 부왕청이나 공국 등을 설치하여 모국에 종속된 정치행정 체제를 정비하려는 시도는 현실감각이 결여된 모험일 수밖에 없었다. 이는 스페인뿐 아니라, 이후 식민정책에 적극 참여하게 되는 포르투갈, 영국, 네덜란드, 독일, 프랑스 등의 경우에도 유사한 결과를 초래하였는데, 본국과 속지국이라는 개념을 강화하여 종속적 차원에서 모국과 식민지를 연결 지으려는 무모함에서 비롯된 시행착오였다.

스페인은 1533년부터 체계적인 행정조직을 정비하였으며, 1524년

설립된 Consejo de Indias(인디아 위원회)가 식민지역을 통치할 수 있
도록 하였다. 해가 지지 않는 제국으로 거듭난 스페인은 멕시코 지
역을 누에바 에스빠냐(Nueva España)로 지정하고, 페루와 함께 부왕
청을 설치함으로써 오늘날 미국에 속하는 캘리포니아에서 남미까지
를 총괄하게 된 것이었다. 스페인 왕실에 의한 식민지배의 구조는
Nueva España(1535)과 Nueva Castilla(1543)의 부왕청을 통해 구조적
으로 시작되었고, Nueva Grenada(1717)과 La Plata(1776)으로 확대되
면서 18세기 말까지 운용되었다.

　식민지의 행정을 총괄하는 위원회의 최고 책임자는 국왕이었으며,
스페인 식민지의 고위직 관리 역시 모국의 이익을 관철시킴에 주저
함이 없을 스페인 출신 사람(peninsulares)들을 등용하게 된다. 부왕
청과 위원회를 중심으로 이뤄지는 지배구조는 라틴아메리카에서 태
어났으며 스페인 혈통을 유지하고 있는 현지출생자(criollos)들을 체
제의 중하위직까지만 등용하는 철저한 종속체제를 유지하도록 설정
되었다. 이러한 구조는 소수의 스페인 출신 백인들을 제외한 대다수
의 백인들과 혼혈 및 원주민들의 주체적 역할과 기능을 제한하는 차
별정책이었으며, 이후 모국과 식민국 사이의 본질적 갈등의 원인이
된다. 가톨릭교회 또한 본국의 이해관계에 종속적인 구조로 재편되
었지만, 본국과의 이해관계에서 점점 멀어지는 입장에 놓이게 된다.
소수의 최고위 성직자들은 스페인 왕실의 윤허에 따라 정책을 수립
하고, 수행하는 적극적 역할을 실행하였지만, 대부분의 성직자들은
영토의 방대함으로 기인하는 부와 권력이 제공하는 의미를 실감하
지 못하였을 뿐 아니라, 원주민들의 일상적 삶에서 유리된 구조와
공간적 거리감을 통해서는 애초에 목표하였던 복음의 소명이 불가

능하다고 판단하였고, 많은 수도회와 선교회가 도시를 떠나 원주민들의 집단 거주 지역으로 떠났다. 이들 가운데 상당수는 초기 복음화 정책을 통해 많은 원주민들이 희생되었던 전철을 피하기 위해, 정부정책에 적극적으로 대항하며 선교 및 학술활동을 전개하였다. 도미니코회 수사인 바르똘로메 데 라스 까사스(Bartolomé de las Casas: 1471~1566)는 '아메리카 파괴에 관한 간략한 진술(Brevísima relación de la destrucción de las Indias: 1552)'을 통해 산토도밍고와 쿠바의 원주민들에게 가해진 행위들을 고발하며 큰 반향을 일으켰다.

근대 종교재판소가 신설되면서 이베리아 반도에서처럼 신대륙에도 종교재판소가 설치될 수 있었다. 그러나 이사벨 여왕과 페르난도 왕은 신대륙에 즉시 종교재판소를 설치하면 식민정책에 막대한 차질이 생길 것을 우려하였다. 즉, 제대로 사회가 형성되기도 전에 형벌을 다스리는 막강한 권력기관이 등장하면 신대륙에 새롭게 인구를 이주시키는 식민정책이 늦어질 수도 있다고 판단되었기 때문이었다.

훗날 노역에 동원된 원주민들의 궁핍하고 열악한 생활을 고발하며 아프리카에서 데려온 흑인에 의한 대체 노동력을 주장하게 될 바르톨로메 델 라스 카사스(Bartolomé de las Casas) 수사는 신대륙에 이주한 스페인 사람들의 종교적 순수성을 유지하기 위해 종교재판소가 절실하게 필요하다며 시스네로스 추기경에게 종교재판소의 설치를 요구하였다. 당시 스페인은 종교재판소의 권력남용을 경계하는 신분제 의회의 진정을 접수한 교황 레온 10세가 종교재판소의 폐쇄를 검토하던 때였다. 과거처럼 주교 관할 종교재판소 제도를 신대륙에서 부활시키는 가능성도 논의가 되었으나, 시스네로스 추기경은 주교 관할 종교재판소의 지역적 특성과 근대 종교재판소의 역할을 혼합한 형태의 종교재판소를 식민지에 설치할 것을 신중하게 검토하였다. 그러나 시스네로스 추기경은 식민지의 상황이 본토와는 많이 다르다는 사실을 간과했다.

스페인이 주교 관할의 전통적 토대 위에 강력한 국왕권이 펼쳐져 사회적으로 안정되었던 상황과 비교하여 식민지는 부왕(副王)들과 주교들의 세력이 제대로 자리를 잡지 못한 채, 원주민들과의 사이에서 서로를 불필요하게 견제하며 사회적으로 불안정한 상황을 만들고 있었다.

스페인 사람들이나 신대륙에서 태어난 백인(끄리오요: Criollo)들에게 신대륙은 꿈과 희망의 땅이었으며, 놀라운 기회가 주어지는 황금의 땅이었다. 그러나 급변하는 주변 상황과 뿌리가 없는 인적 관계는 생활의 불안정을 초래하였고, 많은 정착민들이 도덕적으로 불안정한 상황에 노출되곤 하였다. 이런 상황에서 바르톨로메 델 라스 카사스 수사가 종교재판소가 설치되어야 할 필요성을 느끼게 되었던 것이었다. 종교재판소는 본토에서와 마찬가지로 그리스도교인들만을 대상으로 존재하는 종교법적 기구였다. 대다수의 원주민들은 종교재판소의 심문과 재판대상이 될 수 없었다. 그러나 원주민들이 그리스도교로 개종을 하면 문제는 달라졌다. 공식적으로 개종을 하였지만, 문화적으로는 여전

초기 신대륙에서의 종교재판소의 문장

히 자신들의 종교의식을 지속하는 원주민들은 종교재판소의 거센 비판과 감시의 대상이 될 수밖에 없었다. 애초에 종교적으로 타락한 그리스도교인들을 위해 설치되었던 종교재판소가 원주민 문화 탄압의 한 축을 이루게 된 것이었다.

최초의 종교재판관은 푸에르토리코(Puerto Rico)의 주교였던 알론소 만소(Alonso Manso)였는데, 그는 1519년부터 1539년까지 재임하는 동안 원주민 문화에 대한 이해부족으로 종교재판소의 이름을 피로 물들였다. 알론소 만소 재판관이 카리브와 베네수엘라 일대를 관할하면서 크고 작은 문제가 발생하자, 본국에서는 1543년 수마라가(Zumárraga)와 모투파르(Motúfar) 두 명의 재판관을 파견하여, 각각 카리브와 멕시코 지역의 종교재판관으로 임명하였다.

그러나 관할지역이 지나치게 광활하여 효율적인 재판은 거의 이뤄지지 않았다. 게다가 수마라가 재판관은 훌륭한 주교였으나 재판에는 관심이 없는 부적절한 재판관이었다. 결국 수마라가는 해임되었고, 그는 자신이 원했던 아시아 선교를 위한 여행을 떠날 수 있었다. 모투파르 주교는 수마라가 주교보다는 종교재판관으로서의 역할을 적극적으로 수행하였다. 그러나 모투파르 주교 관할에서 진행된 종교재판들은 대부분 원주민들에 의한 점성술과 마녀술에 대한 것들로서 본토에서의 이단 혐의 등과 비교하면 그 심각성의 정도가 아주 낮은 것들이었다. 스페인에서 이주한 크리오요들과 원주민들 사이에서 발생한 이단 혐의나 그 밖의 종교재판의 대상들은 심각한 수준이 아니었으며, 종교재판소의 역할 또한 제한적이었다.

그러나 이러한 우호적인 분위기는 16세기 후반이 되면서 신대륙으로 이주한 신흥 개종자(몇 대를 그리스도교인으로 살아온 '오래된

원주민들의 종교는 종교재판소의 심문 대상이 아니었다.

개종자들'이 아닌 개종 당사자 혹은 개종한 부모의 자녀들로 구성되어 종교 및 문화적인 측면에서 이교의 혐의를 많이 지닌 자)들의 존재는 잦은 종교재판으로 연결이 되었다.

　스페인 본토에 살던 이교도들이나 개종자들은 신대륙으로 이주를 할 수 없었다. 1492년 대규모의 유대교인 추방이 이뤄진 이후 지속적으로 유대교인과 이슬람교인들에 대한 박해가 이뤄졌기 때문에 정당한 경로를 통해 신대륙으로 이주를 할 수 있는 스페인 거주 이교도들은 거의 없었다. 따라서 15세기 후반이 될 때까지도 신대륙에는 이교도들이나 신흥 개종자들의 존재가 무시할 정도의 미약한 수준이었다. 그러나 1580년 스페인과 포르투갈의 합병이 이뤄지면서 상황이 바뀌었다. 안달루시아 지역에서 만연했던 반유대주의를 피해 비교적 안전했던 포르투갈로 이주했던 유대교인들은 포르투갈이 스페인으로 합병이 되자, 자신들에게 언제 닥칠지 모를 박해를 피해 유럽 각지로 흩어지게 되었다. 이 과정에서 상당수의 유대교인들이 선박을 전세내고 선주들을 매수하여 대규모로 식민지로 이주하게 되었던 것이었다. 본토에서는 찾아보기 힘들었던 미개종 유대교인들과 프랑스 캘빈주의자들과 영국의 해적들이 식민지에 정착하기 시작한 것이었다. 물론 이들의 숫자는 적었지만, 그들의 존재는 종교적으로 매우 위험한 것으로 간주되었다. 특히 유대교인들은 형식적으로는 그리스도교로 개종을 하였지만 여전히 자신들의 종교와 전통을 유지하였기 때문에 신대륙의 종교재판관들은 유대교인들을 프로테스탄트 종교개혁주의자들보다 훨씬 더 엄격하게 심문하였다. 그럼에도 불구하고 1570년부터 1600년까지 신대륙 전역에서 종교재판에 의해 처형을 당한 숫자는 13명에 그쳤다. 유대교인들이 그만큼 조심스럽게 행동을 했기 때문이기도 했지만, 한 종교재판소가 관할해야 하는 지역이 지나치게 광활했기 때문이었다.

1569년에는 잉카 제국의 중심부인 리마에 종교재판소가 설치되었는데, 스페인 본토의 여섯 배가 넘는 3백만 평방킬로미터의 넓은 지역을 담당해야 할 만큼 그 실효성은 크지 않았다. 리마의 종교재판소에서 역사에 남을 만한 대표적인 재판관은 구티에레스 데 우요아(Gutiérrez de Ulloa: 1571~1597)이었는데, 그는 이단 혐의자 색출을 위해 억압적인 정책을 펼치다 권력남용의 죄목 때문에 불명예스럽게 임기를 마치지 못한 채 물러나야만 했다.

1573년부터 1600년까지 리마에서 거행된 형집행식(Auto de fe)은 총 여섯 번이었으며, 고발된 사람들 가운데 70%가량은 스페인에서 옮겨간 이민 1세대이거나 신대륙에서 태어난 백인인 크리오요들이었다. 종교재판에 회부된 사람들의 죄목은 대부분 점성술이나, 신성모독, 미신 등의 가벼운 죄목들이었으며, 루터의 종교개혁 추종세력들도 있었으나 그 숫자에 있어서는 드물었다. 1560년부터 1700년까지 종교재판소에 의해 고발되어 감옥에 수감된 사람들의 숫자가 2,825명에 이르렀으나, 신성모독(25%), 미신(16%), 유대주의(16%), 이중혼(15%), 루터의 종교개혁 추종(7%), 종교재판소 권위 모독(6%) 등의 순서였으며, 이들 가운데 109건만 사형에 처해졌는데, 50명은 불길에서 목숨을 잃었으나 59명은 자연적인 원인으로 죽은 뒤에 인형의 형태로 화형을 당하는 의식을 당했으니 결국 화형으로 죽은 이들은 50명에 지나지 않았다고 볼 수 있다. 당시 종교재판소의 역할은 '검은 전설'이라는 악명과는 다소 거리가 있었다(박종욱, 2006: 198~199).

아메리카 대륙에서의 종교재판 기록은 반도의 경우와 비교하면 그 사례들이 매우 드물고 희생자 또한 적은데, 이는 종교재판이 그리스도교 신자들을 대상으로 성립한다는 원칙 때문이었다. 게다가 본토에서 멀리 떨어져 있었기 때문에 현지 재판관들은 적용해야 할 법규가 모호한 경우, 최소한 수개월씩 시간을 소요하면서 본토와 상의해야 했기 때문에 어느 한 지역의 사건에 매달릴 수 없었다. 따라서 종교재판관들은 광활한 영토를

아메리카 대륙에서 종교재판소의 기능은 선언적이고 상징적이었다.

통제하기 위해서는 아주 분명한 사안이 아니면 처음부터 재판을 진행시키지 않는 경향을 보일 수밖에 없었다. 오히려 사병을 거느리고 있던 지방 토호들이나 귀족들, 그리고 부패한 지방 관리들이 종교재판소보다 현실적으로 훨씬 가까이에 있었고, 강력한 통제력과 무력을 행사할 수 있었다.

스페인 본토의 종교재판성과 비교하여 신대륙에 설치된 종교재판성은 16세기 초 최초의 종교재판관 알론소 만소가 재임하는 동안의 짧은 시기를 제외하고는 '암흑의 역사'로 기록되기에 미흡한 통제력과 영향력을 행사하였다. 그럼에도 불구하고 신대륙의 종교재판성(Santo Oficio)은 재정적인 특수와 정신적인 자유를 염원하며 신대륙을 밟았던 스페인 사람들과 그들이 신대륙에서 낳은 크리오요들, 그리고 문화적으로 너무도 다른 원주민들 어느 누구로부터도 환영받지 못하며 반감의 대상으로 기억되고 있다.

여기에는 간과해서는 안 될 요소가 하나 있다. 종교개혁이 한창 진행될 당시 유럽에서 자행되었던 대규모의 사법제도의 폭력과 개인이나 집단의 비합법적 처형사례들이 종교재판소의 폭력과 뒤섞인 채, 결과적으로 종교재판소의 억압적이고 무시무시한 이미지를 왜곡되고 과장되게 형성하게 만들었던 과정과 유사함이 신대륙의 종교재판소에 대한 이미지에서도 발견된다는 점이다.

지역별 부왕청의 귀족 및 신흥 부자들이 비합법적으로 운영하던 사형(私刑)제도 및 일반 사법제도에 의한 폭력과 억압이 종교재판소의 역할과 제대로 구분이 되지 않고 왜곡된 채 기록되거나 과장되었던 부분들에 대한 근거들이 적지 않게 발견되는 정황으로 미루어볼 때, 광활한 관리 지역에 대한 강력한 행정적 법적 통제력을 지니지

못했던 종교재판소에 대한 선정적인 이미지는 정확하고 분별력 있
는 연구들에 의해 보다 면밀하게 재정립되어야 할 것이다. 일어난
일과 일어날 수도 있었던 일은 분명 구분되어야 하기 때문이다(박종
욱, 2006: 1999~2000).

3) 독립과 혁명시대의 교회

라틴아메리카에서 가톨릭교회의 역할과 기능은 종교적 차원에서
의 독립성은 유지할 수 있었으나, 정치적 차원에서의 압박과 우선적
정책 때문에 부왕청 시절 이후 줄곧 종속적 태도에 가까웠다. 오지
원주민들과 밀접한 접촉을 배경으로 파견된 선교사들과 수도회들의
경우를 제외하고는 대체적인 선교정책과 복음화 사업의 기본 틀은
본국의 정책적 결정에 의존하는 경향이 컸던 것이다. 주요한 교회의
정책에도 불구하고, 정치적 안배와 고려사항은 늘 정치적 입장이 우
선시되는 이상한 구조를 낳게 되었다.

전반적으로 대중과 접촉하는 교회의 입장은 대다수의 끄리오요와
메스티소들과의 관계에서는 비교적 민중계도와 인권차원에서의 사
회문화적 역할에 동조하는 편이었지만, 식민정책과 관련된 사안에
대해서는 종속적 틀을 벗어나기 힘들었다. 이는 점차 강화되는 끄리
오요와 메스티소들의 저항을 결집하는 결과로 이어졌으며, 프랑스
왕실에 의해 스페인 왕실이 유명무실한 권력을 유지하는 동안 동시
다발적인 독립운동으로 전개되고 확산되었다.

교회의 입장은 공식적으로는 스페인 왕실을 비호하는 편이었지만,

실제적으로 수많은 성직자들은 스페인 본국으로부터의 독립에 심정적으로 동조하는 편이었다. 다만 독립을 향한 다양한 이념적 틀이 형성되는 과정에서 반교권주의적이고 반교회적인 성격의 단체와 집단들이 힘을 결속하는 과정에서 교회의 입장은 민중계도와 인권보호라는 차원에서는 스페인 왕권에 저항하면서도, 사회주의 혁명의 성향에는 단호하게 대립하는 이율배반적 성향이 드러나기도 하였다. 특히 고위 성직자들과 하위 성직자들의 갈등은 지역에 따라 첨예한 충돌로 이어지기도 했다. 반스페인 정서는 반교권주의와 반교회를 의미하기도 하였기 때문에 수많은 성직자들의 적극적인 참여와 희생을 배경으로 이뤄졌던 멕시코 독립의 정신은 훗날 혁명의 불씨로 이어지면서, 반교회 정서의 혁명정신이 헌법에 수용되는 역사적 아이러니로 전개되었다.

(1) 독립과 교회의 역할

라틴아메리카 대륙에서 가톨릭의 역할을 기술하는 과정에서 자칫 저지르기 쉬운 오류는 가톨릭교회를 하나의 주체로서 기술하는 방식이다. 초기 식민지 시대에 복음화 과정에서 가톨릭교회를 하나의 단일체로 묘사하기 어려웠던 것은 실질적으로 복음과 선교를 담당하고, 원주민이나 초기 정착세력들과 세밀한 접촉을 진행하던 성직자들의 입장과 주교회의 중심의 고위 성직자들의 정책적 입장은 사뭇 다른 것이었기 때문이다. 교회의 의견과 행위가 큰 틀에서는 하나의 일관된 행위적 주체로서 기능하지만, 세부적인 사안에 있어서는 서로 상충되고 모순되는 다양한 의견과 행위들이 복합적으로 기능하는 탓이다.

주교회를 구성하는 고위 성직자들의 대부분이 스페인 본국에서 파견되었다가, 임기를 마치면 다시 본국으로 귀국하는 방식의 구성원들로 채워졌기 때문에, 라틴아메리카의 정황과 실체에 구체적인 관심을 지니지 못했을 뿐 아니라, 그럴 수 있는 물리적 준비도 되어 있지 않았던 것과 달리, 절대 대다수의 성직자들은 라틴아메리카 대륙이 자신들의 고향이며, 삶의 터전이었기 때문에 그곳에 정주해 왔던 원주민이나 새롭게 정착하는 과정의 끄리오요 및 메스티소와는 불가분 밀착된 관계를 유지하며, 그들의 이익을 대변하는 역할과 기능을 교회 안에서 수행하는 경향을 보일 수밖에 없었던 것은 분명하다.

이러한 대립적 성향은 라틴아메리카에서 독립의 바람이 불면서 더욱 극명하게 나타나게 되었다. 성직자의 임명권을 행사할 수 있는 스페인 왕실과 스페인 교회 고위 성직자들이 구성하는 위원회에 대해 불만이 많았던 절대 대다수 성직자들은 독립운동에 우호적일 뿐 아니라 적극적이었다. 비록 종교적 사안임에도 불구하고, 라틴아메리카에서 벌어지는 수많은 종교적 행위의 배경에는 정치적 이익과 이해관계가 첨예하게 대립하는 구조가 반영되어 있었다. 이는 종교의 세속화와는 다른 시각에서 해석되어야 할 특별한 의미를 지닌다.

대부분의 성직자들은 끄리오요 계층이 제기하는 사회적 변화와 독립정신에 적극적으로 호의적 태도를 보였으며, 이들 성직자들은 식민지 정부의 지식인 계급이었기 때문에 독립과정에 결정적인 역할을 수행하였다(김우택, 2003: 503).

16세기부터 18세기에 이르는 라틴아메리카 가톨릭교회의 복음화 정책은 프란치스코회가 중심되어 수행되었는데, 주요 고위 성직자의 대부분을 구성하던 프란치스코회는 라틴아메리카 각 지역의 현실을 제대로 이해하지 못한 채 개념적인 접근에 몰두하였다. 따라서 적지 않은 정책들이 명분을 중요하게 설정되었는데, 사실상 원주민들과 끄리오요들의 일상적 삶에 대한 깊은 통찰과 이해가 없는 상황에서 그들에 대한 왜곡된 개념을 토대로 구성된 명분이 그네들의 삶에 직접적인 도움이 될 수는 없는 일이었다. 한편으로는 18세기에 이르러 라틴아메리카 주민들의 일상적 삶에 보다 적극적으로 밀착되어 있던 예수회를 중심으로 많은 지식인 성직자들은 당시 유럽의 계몽주의 사상을 라틴아메리카에 들여와 끄리오요들의 정신적 가치와 인식을 계도하고, 계몽주의적 국가관을 정립하는 데 큰 영향력을 미치게 된다. 이들은 소수의 특권 고위 성직자들이 왕실의 이익과 적당히 타협하며 만들어내는 무기력한 교회의 정책과 실무지도에 회의를 품고 있었고, 끄리오요 중심의 개혁적 세력과 동조하기에 이르렀다.

1789년의 프랑스 대혁명은 결과적으로 성공한 혁명은 아니었지만, 라틴아메리카 끄리오요들에게 새로운 정치적 실험이 헛된 공상은 아니라는 확신을 심어줄 수 있었다. 하지만 끄리오요들이 꿈꾸었던 세계는 대중들이 주인이 되는 오늘날의 민주주의 정체와는 일정 부분 거리가 있던 그들을 위한 특별한 세계였다. 이들이 꿈꾸었던 세계는 메스티소와 원주민들이 같은 사회개혁을 위해 같은 지분으로 참여하는 세계는 결코 아니었다. 어떤 의미에서 메스티소와 원주민들은 끄리오요들이 원하는 이상적 국가를 건설하는 과정에서 협력관계에는 있지만, 적극적 사회참여의 주체는 되지 못하는 이중적 타자들이었다.

스페인 식민지 상태에서 국가적 단위의 독립이라는 열망은 정작 대다수 원주민들과 메스티소들에게는 먹을 수 없는 '그림 속의 떡' 처럼 가공의 대상이었다.

이러한 결과는 늘 사회의 구조적 문제에서 야기되지만, 정작 당사 자들은 그 사실을 늘 뒤늦게 깨닫곤 한다는 데에 본질적 문제가 있 는 것이 아닐까. 문제를 의식으로 정립하지 못하는 주체는 늘 타자 로서 존재하고, 자신의 문제를 다른 이들의 힘을 빌려 의식화하며, 종속적 구성원으로서 참여한 사회변동 사태의 결과로서 나타난 변 화된 사회구조의 이익배분의 우선순위에서 후순위로 밀리거나, 순위 에서 배제될 수밖에 없는 것이다.

성직자들은 표면적으로는 스페인 왕실에 정치적으로 협력해야 하 는 역학적 종속관계에 놓여 있던 고위 성직자들의 교회정책을 수용 해야 했지만, 또한 동시에 신자들을 사회적 기치 측면에서 선도하는 끄리오요 중심의 대스페인 저항을 지지하는 이율배반적 태도를 취 할 수밖에 없었다. 물론 이러한 태도는 일관된 정책이나 사상에 의 해 견지될 수 있는 것이 아니라, 각국의 혼란한 정세와 관련하여 간 헐적으로 변동되는 사회적 요인들에 따라 불안하게 요동칠 수밖에 없었다.

교회의 입장은 이중적이라기보다는 상호모순적인 갈등요인들을 내재적으로 담고 있는 용광로와 같았다. 소수의 특권층을 대표한 주 교들은 스페인 왕실의 성직 임명권에 의해 지명된 스페인 출신 백인 들이었으며, 그들은 라틴아메리카에서 벌어지는 현실의 문제에 무지 할 뿐 아니라, 적극적으로 참여하여 이해하려는 의지도 부족하였다. 반면 대부분의 끄리오요 성직자들은 자신들이 적극적 주체로서 라 틴아메리카의 상황을 극복하고 개혁하려는 의지를 갖고는 있었지만,

개인적 신념보다는 체제의 정책에 순명해야 하는 이중적 고충에 노출되어 있었다. 지식인으로서 계몽주의와 자유주의를 꿈꾸는 많은 젊은 성직자들은 개혁과 변화를 위해 새로운 국가를 꿈꾸었고, 원주민과 메스티소들이 함께 참여하는 이상국가의 건설에 참여하기를 원했지만, 실질적으로 독립은 모든 이들에 의한 모든 이들의 독립은 아니었으며, 교회의 역할 또한 결과적으로 이중적이고 모순된 상태에서 일관된 비전을 제시하지 못하는 무기력한 모습을 많이 노출할 수밖에 없었다. 라틴아메리카 독립운동은 사실상 많은 시행착오를 포함한 절반의 승리였지만, 새로운 변화의 계기를 꿈꿀 수 있는 동기를 마련했다는 의미에서 긍정적이라 할 수 있을 것이다.

끄리오요 성직자들 가운데 일부는 자신들의 정치적 소신을 구체적이고 적극적 방식으로 드러내기도 하였다. 멕시코의 미겔 이달고(Miguel Hidalgo) 신부와 호세 모렐로스(José Morelos)는 멕시코 독립운동에 가장 적극적이고 선도적인 인물 가운데 하나였으며, 이달고 신부의 유명한 '돌로레스의 외침(Grito de Dolores)'은 독립기념일인 9월 16일 독립선언문으로 낭독될 만큼 현재까지도 지대한 공헌에 대한 긍정적 평가를 받고 있다.

멕시코의 경우처럼 라틴아메리카의 대중들의 종교 문화적 정체성을 일깨우는 요소는 결국 가톨릭 신앙과 그 역학적 구조를 통해서도 의미를 해석할 수 있다. 과달루뻬 성모에 대한 공경과 신앙은 폐쇄적 사회구조에서 소외되어 온 대부분의 끄리오요와 메스티소, 원주민들을 하나로 묶을 수 있는 정신적 구심체 역할을 하게 된다. 식민 초기에 일부 억압적 요소와 함께 이식되었던 가톨릭 신앙이었지만, 결국 그 신앙 안에서 자신들의 종교 문화적 정체성을 구성하는 요소들을 수용하고, 이를 일상적 삶의 의례와 종교적 의미에서 재현하였던 이들이기 때문에 과달루뻬 성모가 지니는 상징성은 대단한 것이었다. 특히 멕시코의 끄리오요들은 18세기에 자신들을 스페인 사람들과 구분할 수 있는 상징으로서 원주민의 보호자로서 갈색 피부의 성모를 멕시코의 수호성인으로 설정하게 된다. 19세기 초 멕시코 독립전쟁에서 과달루뻬 성모의 깃발은 독립을 염원하는 멕시코인들을 하나로 묶어주기에 충분했다.

라틴아메리카 독립운동은 특정한 지역을 중심으로 발생한 것이 아니라, 대륙 전역으로 동시다발적으로 확산되었고, 이 과정에서 대다수 민중들의 의식을 계몽하고, 독립의 명분을 위한 이념적 배경을 제공한 주체들은 소수의 끄리오요들과 성직자들이었다.

1810년 멕시코의 경우와 1813년 콜롬비아는 대표적이다. 멕시코의 전체 사제 8,000명 가운데 6,000명이 독립을 지지하였다. [……] 남미의 플라타 지역에서도 성직자의 행동은 결정적이었다. 우루과이에서 대부분의 성직자들은 독립선언을 지지하였으며, 베네수엘라의 카라카스에서는 독립을 선언한 국민회의에 9명의 사제들이 참석하였다. 성직자들의 독립운동에의 참여는 단지 고무자의 역할만을 한 것이 아니라, 어떤 이는 무장투쟁에 참여하기도 하였다. 가령 루이스 벨트란 사제는 산 마르틴(San

미겔 이달고 신부는 멕시코 혁명의 선봉이며 상징이다.

멕시코 독립에 혁혁한 공훈을 세운 호세 모렐로스 신부

Martin) 해방군대에 합류하였으며, 멕시코의 경우는 400명의 하위 성직자들이 혁명군에 참여하였다(김우택, 2003: 503~504).

여기에서 흥미로운 점은 스페인에서 파견된 소수의 고위 정치인들과 고위 성직자들이 라틴아메리카 출신 정치인과 성직자들과 대립적 구도에 놓이게 됨으로써, 라틴아메리카의 구성원들 대부분이 '성모 마리아'를 마치 라틴아메리카의 수호자인 것처럼 해석하는 상황에서 자신들이 가톨릭교회와 성모 신앙보다는 스페인 왕실에 종속되어 있음을 강조하는 것 같은 입장에 놓이게 되었다는 사실이다. 성모에 대한 공경은 중세 이후 줄곧 지속되어 온 교회 내의 중요한 가치였으며, 스페인 왕실을 비롯하여 스페인 사람들 대부분은 열렬

과달루뻬 성모는 민족적 통합의 기치이며 멕시코의 종교문화 정체성이 되었다.

한 성모 신앙인들이었으나, 라틴아메리카 독립운동 과정에서 성모는 끄리오요와 메스티소, 그리고 원주민들을 포함하는 포괄적 의미에서 사회의 모든 계층을 통합하는 특정한 상징적 의미와 존재로 전환되어, 정치사회적 기치의 상징이 되었던 것이다.

라틴아메리카의 토착 원주민들이 자신들의 종교를 포기하고 수용하였던 가톨릭 신앙이 독립에 대한 염원을 향한 이념적 구심 기치로서 과달루뻬 성모를 중심으로 재구성되고 있다는 점은 역사적으로 중요한 사건이지만, 결국 원주민들은 독립운동 과정에서 끄리오요 계층의 사회적 권력을 창출하는 데에 동원되었다가, 이후 끄리오요 세력이 권력화되면서 사회의 소외계층으로 철저하게 추락하게 되는 역사의 아이러니 희생자가 되고 만다.

멕시코의 종교 문화적 정체성을 과달루뻬 성모에게서 찾았던 이달고 신부와 그 지지자들의 함성은 멕시코의 독립을 위한 원동력이 되었고, 그러한 힘은 독립의 쟁취라는 현실적 결과로 이어졌지만, 과달루뻬 성모 신앙의 현주소는 시대를 달리하면서 조금씩 다른 방식으로 변화하고 해석될 수 있을 것이다. 21세기 현재 과달루뻬 성모에 대한 공경과 신앙을 가장 적극적으로 수용하고 있는 계층은 원주민과 소외계층, 그리고 서민들이며, 중상류 계층은 소극적이며, 특권층은 무관심하기 때문이다.

사회의 중심가치와 경제적 주제로부터 소외된 서민들과 원주민들은 여전히 자신들의 경제적 절박함을 호소하며, 과달루뻬 성모에 대한 공경과 신앙을 유지하고 있으며, 독립을 통해 권력을 쟁취한 끄리오요들은 한편으로는 굳건한 토호세력으로 성장하고, 다른 한편으

라틴아메리카에서 인종적 구성은 경제계층과 깊은 관계에서 파악되며, 종교적 선택의 기회와도 일정 부분 관계된다.

로는 중앙 정치세력화에 성공함으로써 어떠한 바람에도 흔들리지 않을 굳건한 뿌리를 땅에 내린 강력한 지배세력으로 자리를 잡는다. 하지만 대부분 형식적인 신자들인 이들에게 과달루뻬 성모 신앙은 라틴아메리카의 특정한 해프닝일 뿐 종교적 감흥이 되지 않는다.

라틴아메리카 독립운동 및 과정에서 가톨릭교회의 역할은 단순하게 평가되기 어려운 복합적 구성체로서의 대상이다. 왕실의 정책을 옹호하며, 왕실의 성직자 임명권에 일희일비해야 했던 스페인 출신 주교들의 행정정책이 미미한 영향력에도 불구하고 상징성을 무시할 수는 없으며, 또한 절대 대다수의 성직자들이 독립을 염원하고 사회 구성원들의 의식을 계도하기 위해 기도문과 교리문답 등을 활용하거나 직접 무장투쟁에 참여하기도 했던 사실이 가톨릭교회의 입장이었다고 기술할 수는 없기 때문이다. 독립과 관련하여 가톨릭교회의 공식적이고 일관된 입장은 존재적 의미가 거의 없었다. 스페인 왕실에 종속된 주교회의의 정책에도 불구하고, 대부분의 친 스페인 왕실정책과 관련된 사목활동이 무의미했기 때문이다. 정치적 중립을 고수하려 했던 적지 않은 숫자의 성직자들은 자신들의 역할이 식민주체와 피식민주체 사이에 구성되는 대치와 갈등상황을 시급한 정치논리로 해결하려는 데 있는 것이 아니라, 종교가 정치논리로 인해 희미해져 가는 상황을 극복하려는 신앙과 인간성의 회복에 있다고 믿었다.

독립과정이 마무리되면서 교회의 역할은 모호하게 변모되었다. 성직자들의 임명권을 교황으로부터 대리하여 행사하던 주체로서 스페인 왕실에 반기를 들었던 독립정부와 주체들이 스페인 왕실의 성직자 임명권을 부정할 수밖에 없었고, 교황청이 부여했던 스페인 왕실의 권한이 소멸되었음을 선언하였다. 하지만 임명권의 주체에 대한 입장은 그리 간단한 것은 아니었다. 성직은 속세의 권력이 아니라는 교회의 입장과 달리 정부는 스페인으로부터 이양받아야 할 주권으로 해석하고 싶어 했기 때문이었다. 지루한 공방과 협상과정에서 교회의 운영이 중단되면서, 종교와 문화적 삶은 피폐하게 방치될 수밖에 없었다. 결국 독립과정이 끝나가면서 라틴아메리카의 대부분의 주교구는 빈자리였다. 1825년에 3,463명의 성직자들이 존재하였다면, 1829년에는 1,240명만이 사목 활동을 수행하고 있었으며, 대부분의 교구와 주교구는 빈자리로 남아 있었다. 수도원의 규칙은 깨어졌고, 수많은 사제들이 평신도로 전환하였으며, 수백 개의 작은 수도원들이 사라졌다. 신학교는 문을 닫았으며, 로마와의 교신의 단절은 라틴아메리카에서 교회의 기구적 위기의 연속성을 예고하였다(김우택, 2003: 508).

스페인으로부터의 독립이 새로운 미래적 비전을 지닌 희망의 라틴아메리카를 건설하는 계기가 된 것은 분명한 사실이다. 계층과 신분을 달리하는 수많은 이들이 독립에 참여했고, 이상국가 건설을 염원하였다. 하지만 현실을 지배하는 체제와 구조는 이상과 결코 가깝지 않았으며, 프랑스 혁명이 그랬듯 독립은 수많은 불씨들을 남긴 채 큰 불길을 소멸한다. 수많은 지역주의와 이기주의를 극복되지 못한 채 시몬 볼리바르가 꿈꾸었던 통합 국가연맹과는 거리가 먼 현재의 라틴아메리카로 이어지게 된 것은 독립운동의 방식과 시기가 과연 적절한 것이었는가 하는 회의와 자성으로 연결되는 것은 독립운동의 정신이 실체적 독립과 이후 국가건설 및 사회문화의 가치관 형성에 절대적 영향력을 행사했다고 보기 어렵기 때문이다.

라틴아메리카 독립에 대한 역사적 평가는 여전히 진행 중이며, 교회의 역할과 기능에 대한 교회의 반성과 교회에 대한 지적 또한 다양한 시각에 의해 수행되어야 할 것이다.

(2) 사회혁명과 교회의 역할

독립 이후 교회의 사회적 역할과 기능은 급변하였다. 사회의 기능은 국가와 정부의 주도 아래 집행되었으며, 교회가 지니고 있던 사회갈등 완화나 계층 간 고통분담 등의 기능은 정부의 능력이나 의지와 직접적으로 연계되어 평가되는 구체적 대상이 되었다.

역사적으로 19세기 독립운동에서 절대 대다수의 성직자들이 독립에 찬성하고 반 스페인 왕실 정서로 대표되는 왕권주의의 타도를 주장했으며, 민중의 의식을 일깨우고 국민통합을 주장하였지만 결과적으로 끄리오요 중심의 권력재편이 일어났다. 진정한 국가적 성립 차원에서의 독립을 염원하고, 그 운동에 참여했던 많은 성직자들의 역할은 무시되거나 무관심한 대상으로 전락하게 되었다. 멕시코는 콜롬비아, 우루과이, 아르헨티나 등에서처럼 성직자들의 독립운동 참여도가 매우 높았던 나라였다. 그럼에도 불구하고 끄리오요 중심의 멕시코 독립은 결국 끄리오요를 특권세력으로 계층화하는 미완의 독립이 되었고, 프랑스 혁명정신에서 꿈꾸었던 진정한 시민의 탄생을 위한 정신은 의미가 퇴색되었다. 멕시코 서민의 입장에서는 마치 스페인에서 독립한 쿠바가 미국에 종속되어 있다가, 소련에 대체 종속된 형국과 다를 바 없었다. 멀리 있으면서 자신들의 이익만 반영하려던 스페인 왕실과 귀족계층에 대한 반감과 그에 대한 저항은 대단한 명분이기는 했으나, 그들을 대체하여 새롭게 군림한 끄리오요의 특권세력은 대체 종속에 다름이 아니었을 뿐 아니라, 조직적인 토호세력과의 이합집산을 통하여 권력화됨으로써 가까이에서 자신들을 착취하는 새로운 특권세력이 되었던 것이다.

1900년대에 접어들면서, 라틴아메리카 사회 전반에 새로운 정치적 변혁이 일어나며, 사회는 더욱더 정치제도와 연계된 조직으로 변모되는 한편, 교회의 외형적 규모와 내적 결속력은 크게 약화되었다. 하지만 과거 교회의 역할과 기능이 정부로 이관된 것은 아니었다. 여전히 서민과 소외된 계층을 중심으로 교회의 사회적 역할은 현실에서의 효율성과는 무관하게 중요성을 유지하고 있었으며, 종교문화 의례는 전통적 속성을 유지하되, 세속적 축제의 경향이 덧붙여지는 성향으로 변화되기 시작하였다. 일상에서 종교문화는 여전히 엄숙하고 차분하면서도 감성에 호소하는 바로크적 특징을 유지했지만, 신흥 엘리트 계층을 중심으로 계몽정신과 개인적 회심과 같은 이념과 정서가 봉건적 사회질서를 대변하는 가톨릭 문화에 대항하여 확장되는 경향을 보였다. 이러한 분위기에서 라틴아메리카 사회에 확산되기 시작한 개신교의 사회문화적 역할과 기능은 과거와의 상징적 단절을 의미하였고, 미국적이고, 계몽적이며, 자유주의적이라 해석되기도 하였다. 이러한 새로운 경향이 라틴아메리카 사회 전반을 지배한다거나, 모든 계층의 일상적 삶과 종교의례를 대변하는 것은 아니었지만, 전통적 라틴아메리카 사회에서 본질적 변화의 조짐과 함께 태동하는 새로운 에너지인 것은 분명하였다.

가톨릭 성직자들이 독립운동에 미친 성과는 간과될 수 없는 매우 큰 요소였지만, 독립 이후 자유주의와 계몽주의가 극단적 제도개선에 대한 구호가 강해질수록 성직자들과 교회의 사회적 역할은 상대적으로 축소되었다.

라틴아메리카에서 독립 이후 혁명을 경험한 나라들은 많지 않다. 멕시코, 니카라과, 쿠바 등이 그 대표적 사례라 할 수 있다. 하지만 사회의 구조를 변혁하려는 노력은 사회 전반에서 지속적으로 시도되었다. 독립운동의 결과 획득한 새로운 국가적 정체성이 사회의 구조적 안전망으로서의 기능을 제대로 발휘하지 못하는 현실에 대한 저항과 반발이 사회 구석구석에서 지속적으로 발견되었기 때문이었다.

멕시코 혁명은 매우 극단적 상황에서 발발하였다. 사회적 불안과 계층 간의 대립과 이념적 갈등은 멕시코의 전 지역에서 광범위하게 일어났다. 멕시코 혁명 정부는 1917년 헌법을 통하여 가톨릭교회가 사회에서 전면적으로 활동하는 영향력을 제한하는 헌법 조항들을 만들었다. 제3조, 제4조, 제24조, 제27조 및 제139조의 내용은 교회와 성직자의 사회적 경제적 영향력을 근본적으로 제한하였다. 이들 헌법 조항들은 종교교육의 폐지와 교회의 교육제도를 대체할 수 있는 공공 세속교육제도의 확립, 성직자의 선거권과 피선거권 박탈, 재산소유 금지 및 신축 금지, 교회 밖에서의 포교활동 금지 등 공산 국가에서보다도 더욱 가혹한 조항을 통해 가톨릭교회를 탄압하기 시작하였다. 하지만 교회는 신도들이 새로운 헌법을 거부하도록 독려했으며, 정부와 교회의 대립은 본격화되었다. 1917년 헌법은 국가(정부)가 성직자를 통제하는 권한을 부여하였는데, 여기에는 가톨릭 신자들이 교황으로 대변되는 정치적 소신을 갖고 있기 때문에 새로운 혁명 정부가 원하는 국가적 이상향에 어울리지 않는다고 믿었던 급진파들은 교회와 그 지지세력은 제거되어야 할 대상으로 인식되었다.

멕시코 가톨릭교회는 교황 레오 13세가 1891년 회식으로 발표한

Rerum Novarum(노동헌장으로 번역이 가능하며, '노동조건에 관하여'라는 부제가 붙은 이 회칙은 사회주의식 사회개혁을 비판하고, 사유재산을 자연권으로 옹호하여, 기존 자본주의 질서를 인정하면서, 노동자의 단결권 등을 인정하고, 적정한 임금을 받을 정당한 권리를 제창하여, 국가적 입법을 권장하는 내용의 회칙이다) 정신에 의거하여, 사회주의적 이념을 비판하는 한편, 노동자들의 사회적 권익에 대한 공공성을 위한 교회 내에서의 노동운동을 주관하였다. 사실 이러한 노동운동은 현재까지 계속되고 있는 사회정의(社會正義) 실천 등과 같은 공공이익을 위한 교회의 적극적 정치참여에 해당하는 것으로서, 이후 교회의 사회정책관에 큰 영향을 주는 것은 물론, 가톨릭계 노동조합과 정당결성을 촉구하는 계기가 되었다는 점에서 역사적으로 긍정적 평가의 대상이 되었지만, 당시 혁명 정부의 시각에서는 급진적인 사회개혁을 방해하려는 술책 정도로밖에 인식되지 않았던 것이다.

독립운동 과정에서 계몽교육의 주체적 세력이었던 성직자들이 이번에도 민중들을 계도함으로써 자신들의 혁명이 효율적으로 수행되지 못할 것을 염려한 이들은 성직자들을 통제할 수 있는 권력을 헌법정신에서 보장하는 것에 그치는 것이 아니라, 현실적으로 가능한 정책과 방안을 찾아야 한다고 믿었다. 상황이 이렇게 되자, 독립운동 이후에 지속적으로 문제가 되었던 성직자 임명권을 둘러싼 주도권 싸움이 재현된 결과가 되었다. 혁명 정부는 친정부 성향의 민족교회를 세워 로마 교황청에 예속되어 있는 가톨릭교회를 대신할 수 있도록 계획하였다. 중공이나 북한의 경우처럼 로마 교황청과 무관하면서 신앙행위를 행정적으로 주관하는 기능의 친정부 교회를 수립하겠다는 계획은 결국 수포로 돌아갔지만, 미국에 우호적이며, 개신교 정신과 앵글로색슨의 자본주의를 신봉하는 이들 급진세력이 주도하는 당시 혁명 정부는 여전히 가톨릭교회를 봉건적 세력의 부패를 비호하고, 변화를 두려워하여 사회의 제도개혁에 걸림돌이 되는 공공의 적으로 인식하였다.

결국 1926년 7월 31일 교회는 정부가 주장하는 사제 등록제와 등록되지 않은 사제들의 미사를 불법집회로 선언하겠다는 시행령에 저항하는 의미에서 미사 파업으로 응답하면서, 까예스 정부는 법 앞에 복종하지 않으면, 반정부 행위로 처벌하겠다는 강경한 입장을 반복하였고, 까예스 혁명 정부의 과도한 요구와 무리한 태도에 격분한 신도들이 무장투쟁을 선택하면서, 국가와 교회가 대립하는 '크리스테로스 전쟁(1926~1929)'이 발발하게 되었다. 극단적 주장을 하는 혁명 정부의 지지율이 매우 낮았을 뿐 아니라, 대다수 국민들이 가톨릭 신자였기 때문에 전쟁이 빠른 시일 안에 마무리될 것으로 예상되었다.

멕시코 연방군대는 6만 명 내외였으며, 봉기에 참여한 가톨릭 신자들의 숫자는 2만가량이었다. 주로 농민으로 구성된 이들 가톨릭 신자 군대의 특징은 1910년 혁명군대와 달리 지도자가 없었다. 완전 무장한 연방군대에 붙잡혀 사형에 처해지는 가톨릭 농민군이 죽음을 앞두고, "그리스도 왕 만세!"를 부르면서, 이들 저항군의 이름은 '그리스도 왕(Cristo Rey)'으로 불렸다가, 다시 '로스 크리스테로스(los Cristeros)'로 불리게 되었다. 종교 탄압 주체와 종교 자유선언 주체의 대립은 해프닝이 아닌 진짜 전쟁으로 확산되면서, 의외로 복합적 갈등의 깊은 골이 외부로 표출되는 양상을 띠게 되었다. 사실상 전쟁이 오랫동안 지속될 수밖에 없었던 진짜 이유는 혁명 정부가 소작 농민들에게 지주에게서 강탈한 토지를 분배하는 행위의 정당성에 대한 대립이었다. 대다수의 농민들은 까예스 혁명 정부의 편을 들지 않을 수 없는 경제적 곤궁의 상황에 있었고, 크리스테로스들은 혁명 정부의 토지분배 정책이 윤리적 결함을 지닌 불법행위라는 사실에 초점을 맞추었다.

멕시코에서의 교회와 국가의 대립은 이념전쟁으로 확산되었고, 국제전으로 비화되기 직전 상황에 놓이게 되었다. 미국은 혁명정부를 지원했고, 유럽은 크리스테로스들을 지지하면서, 전쟁이 자칫 지루한 소모전으로 연결될 수 있었다. 더욱이 어느 누구도 상대방을 제압할 군사력을 지니지 못했다는 사실은 오브레곤 장군의 암살을 핑계로 양측이 협상을 도모하도록 만들었다. 비록 혁명 정부가 반가톨릭 법을 폐지하거나 개정하지는 않았으나, 법의 적용과 집행은 즉시 중단되었다. 라틴아메리카는 이념의 첨예한 대립과 함께 20세기를 열었던 것이다. 미완의 멕시코 독립은 억압되어 있던 욕망의 잉여가 폭발하면서, 자연스레 멕시코 혁명이라는 사회적 구조변화에 대한 국민들의 열망으로 이어질 수밖에 없었다. 하지만 멕시코 혁명정신을 계승한 멕시코 헌법정신은 반교권주의를 통해 교회와 성직자들에 대한 반감을 노골화함으로써 사회악의 제거라는 명분을 정립하기 위한 희생양으로서 성직자들을 전면에 내세웠다. 역사적 아이러니가 아닐 수 없는 대목이다. 혁명 정부는 새로운 형태와 이념의 민족국가를 형성하는 과정에서 가톨릭교회가 커다란 장애요소라고 인식하였고, 교회를 공격함으로써 교회의 정치 장악력을 견제하려 했으나, 국가와 교회가 전면적으로 대립하는 비극적 상황으로 치달았던 것이다. 혁명 정부는 자신들의 조급함을 후회할 수밖에 없었고, 멕시코 가톨릭교회는 크리스테로스의 급진적 행위와 선을 그음으로써 무력투쟁이 자신들의 정책적 대안이 아님을 밝혔지만, 권력 쟁취를 위한 무장투쟁의 길로 들어서는 가톨릭 급진주의자들을 품에 안지 못하는 결과를 만들었다.

20세기 후반이 되면서 라틴아메리카의 종교는 커다란 소용돌이에 다시 한번 휩쓸린다. 1960년대부터 1970년대까지 콜롬비아의 사제 까밀로 또레스(Camilo Torres)의 급진적 사회운동과 멕시코의 '민중을 위한 사제운동(Sacerdotes para el pueblo)', 아르헨티나의 '제3세계를 위한 사제운동(Movimiento sacerdotal para el Tercer Mundo)', 콜롬비아의 '골꼰다 운동(Golcanda)', 페루의 '오니스 운동(ONIS)', 칠레의 '급진적 개신교 운동'이 계속되었으며, 80년대에는 산디니스따 혁명의 성공 이후, 중미 여러 지역에서 '혁명을 위한 기독교 운동(Cristianos para la revolución: CPR)'이 전개되었다(김우택, 2003: 537~538).

종교의 급진적인 변화를 형성하는 사회문화적 분위기는 아무래도 이념적 대립과 계층 간의 경제적 갈등에 대한 분석의 시각이 미국의 자본주의를 중심으로 구축되는 서구 제국주의적 권력의 침탈과 그에 대한 반작용으로부터 출발하는 경향을 지적하지 않을 수 없을 것이다. 이러한 시각에서 쿠바 혁명이 지니는 상징성은 매우 크다. 대중봉기라는 측면에서 사회주의 혁명의 형태를 갖추게 된 쿠바 혁명은 애초부터 정치 이념적 전쟁으로 촉발되었던 것은 아니었다. 미국의 자본주의와 친미 세력 권력의 사유화에 저항하는 민중의 봉기적 성격은 면밀한 이념적 무장을 했다기보다는 물리적 저항의 분산된 세력들이 반미구호를 매개로 혁명군이 되었으며, 결국 바티스타 정권의 퇴진과 함께 성공한 20세기 혁명의 대표적 사례가 되었다. 하지만 쿠바 정치인들이 '쿠바의 혁명은 여전히 진행 중이다'라고 선언해야 하는 것처럼, 쿠바 혁명 역시 절반의 승리일 뿐이었다. 케네디 정권 시절 미사일 위기가 촉발한 위기 상황은 결국 쿠바 정권 스스로가 혁명을 사회주의 혁명으로 포장하는 빌미를 제공했고, 이를 계기로 쿠바는 소련에 대체 종속되는 한편, 미국의 대륙봉쇄령과 경제제재에 따른 하향곡선을 그려야 했다.

종교적 측면에서 쿠바 혁명은 사회주의와 교회가 전면적 갈등 상황을 피해갈 수 있다는 가능성을 제공하는 드문 사례이다. 여기에는 교회의 많은 성직자들과 평신도들이 다양한 형태로 혁명에 참여했었던 배경을 간과하지 않을 수 없을 것이다. 하지만 사회주의 혁명을 기치를 내건 혁명 정부가 교회의 특권을 그대로 인정할 수는 없었다. 비록 반교권주의적 성격을 지닌 정책들이 계속 제정되었지만, 반성직자적 성격이나 본종교적 성격을 지향하지는 않았다. 하지만 교회의 초기 입장은 당황스러울 수밖에 없었고, 교회는 반공산주의와 반혁명정신이라는 입장을 공적으로 선포하였다. 완강한 보수 성직자들의 추방이 이어졌고, 가톨릭과 개신교 모두 혼란스러운 상황에서 지도층 고위 성직자들은 명분으로서 반공산주의를 내세워야 하는 입장이었고, 일반 성직자들의 대부분은 민중들의 종교와 문화적 삶에 동조하는 상황이었다. 교회와 혁명정부의 대립과 긴장관계는 1968년 메데인 2차 라틴아메리카주교단 총회(CELAM)를 계기로 활로를 찾게 되었고, 10여 년이 지나는 동안 다양한 채널을 통한 대회의 시도는 1980년대 '화해의 시대'를 맞이하도록 하였다. 1986년 전국 쿠바교회총회가 국가적 차원에서 사목의 전략과 정책을 발표하면서, 혁명 정부의 간부들과 공산당 대표부를 초대한 것이었다.
이후 1990년대와 2000년대 쿠바 사회에서 가톨릭교회의 역할은 혁
명 정부와 함께 '민중의 구원'이라는 공동선을 향한 동반자적 존재
로서 서로를 인정하는 소통의 단계라는 동상이몽을 꿈꾸고 있는지
도 모를 일이다.

최근 쿠바 정부와 교회의 화해 분위기를 풍자하는 만화 컷

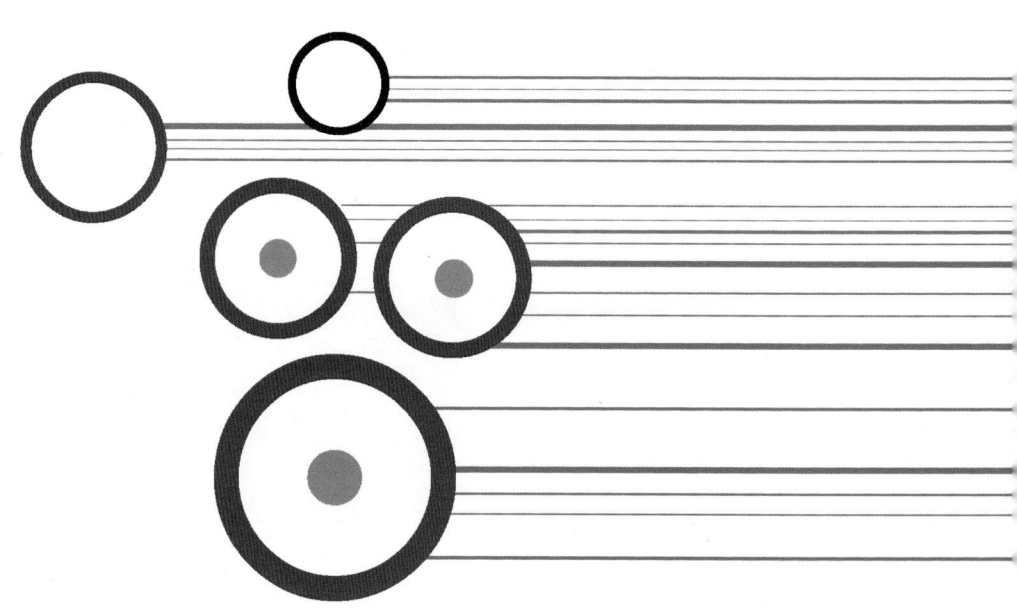

제 4 장

현대 일상문화와
종교

20세기 세계는 급격한 정신문화 패러다임의 형성과 변화를 맞이하면서, 지역 간 편차와 지역 내부에서 계층 간 갈등과 대립이 표면화를 경험하였다.

1959년 쿠바 혁명을 전환점으로 1960년대에는 수많은 종교운동이 발발한다. 가톨릭 내부에서는 민중들을 보다 적극적으로 보호하고, 부정한 주체로서 정권에 저항하는 강력한 물리적 효율성을 강조하는 성직자와 단체들이 출현하였다. 콜롬비아의 까밀로 또레스 신부는 사회개혁을 열망하는 자신의 선언이 좌절되자, 좌익 게릴라 무장투쟁을 하다 죽음을 맞이했고, 1962년 교황 요한 13세에 의해 소집된 제2차 바티칸 공의회는 권위주의를 탈피하고, 대중에게 다가서려는 교회의 노력을 상징하였다. 각국에서는 라틴어 미사를 폐지하고, 대신 자국어(自國語: vernacular language) 미사를 권장할 수 있었으며, 이로써 지식인들의 특권처럼 군림했던 라틴어 미사의 상징성은 누구나 쉽게 접근할 수 있는 대중적 언어가 지닌 사회적 역할과 기능으로 한 걸음 다가서게 되었다.

　라틴아메리카에서는 제2차 바티칸 공의회가 국가의 전제주의적 횡포와 맞서는 한편, 가난과 불평등, 정치적 억압과 같은 사회문제에 교회가 적극적으로 나서는 공적 계기가 마련된 셈이었다. 교회의 의사결정구조 또한 고위 성직자들이 대표부를 구성하고 의사를 결정하는 것이 아니라, 하위 성직자 및 평신도도 참여하는 열린 의사결정과정이 구현되는 계기가 되었다. 가톨릭교회의 변신은 놀라웠지만 억압과 폭력의 현장에서 사목하는 일부 성직자들의 시각에서는 제한적이고 너무도 신사적인 정책으로 인식되었다.

　구스따보 구띠에레스(Gustavo Gutierrez) 신부는 가난한 교구민들을 위해서는 보다 적극적이고 강력한 정책이 필요하며, 그러한 접촉을 통해 교회가 진정한 민중의 친구가 될 수 있음을 현장에서 증거하였다. 1968년 콜롬비아 메데인 라틴아메리카 주교회의(CELAM)는 '가난한 자들에 대한 우선적 배려'를 결의함으로써 제도화된 폭력에 대항하는 강경한 수단의 정당화를 주장하는 성직자와 평신도들에게 이념적 배경을 제공하였다. 이 과정에서 '해방신학(Teología de la Liberación)'의 모습이 구체화되는 계기가 마련되었다. 해방신학자인 레오나르두 봅(Leonardo Boff) 신부는 교회를 교구민의 공동체로 정의하며, 제도적 차원의 교회에 우선한다고 선언하였다. 정부는 가난한 민중들이 스스로의 목소리를 높일 뿐 아니라, 적극적이고 과격한 방식으로 자신들의 견해를 드러내는 과정에서 폭력을 수반할 가능성 때문에 봅 신부의 논리를 사회의 위협으로 간주하였다.

　가톨릭교회가 '가난한 사람들에 대한 사목활동에 집중하면서' 시작된 가톨릭 기초 공동체 운동은 라틴아메리카 각 지역의 노동자와 농민 등 민중 속에 깊이 뿌리를 내리게 되었다.

21세기 라틴아메리카 사회에서 종교는 계층적 다양성에 따른 특정한 분포를 그려낸다. 사회의 상층부를 구성하는 이들은 전통방식의 가톨릭교회와 문화에 익숙하지만, 종교문화 의례의 일상적 재현에는 상대적으로 소극적인 계층이다. 중산층은 대부분 가톨릭 신앙을 유지하지만, 최근 들어 개신교의 혁신적이고 실증적인 가치에 공감하는 경향이 많아지고 있다. 특히 중미 지역에서는 포괄적 의미에서의 중산층 계층에서 미국 자본력을 배경으로 급성장하는 개신교회의 영향에 크게 노출되어 있다. 서민층과 소외계층의 경우에는 지역별 편차가 많기는 하지만, 전반적으로 개신교와 혁신 가톨릭 급진주의 및 토착원주민의 종교와 아프리카계 종교 등 다양한 종교와 의례에 깊은 공감을 드러낸다.

라틴아메리카에서 개신교의 위세는 아직은 미미하지만, 중미지역과 칠레 등지에서는 비약적인 도약을 달성하고 있다. 식민주의 초기 복음화 시대에 나타났던 이중적인 복음화의 경로가 개신교의 유입 과정에서 특징적으로 드러나는데, 이는 크게 서민층과 소외계층을 위한 밀착형 선교방식과 대규모 자본력을 바탕으로 대형교회와 방송망을 활용한 규모형 선교방식이 병행하고 있다. 개신교의 경우 종교의례로서 문화적 가치와 의미가 일상적 삶에서 재현되고 반영되는 빈도수는 매우 적지만, 개신교 신자들은 전통적 축제의례이고 종교의례인 많은 문화적 행사를 기피함으로써 전통 가톨릭교회와 일정 수준에서의 단절을 상징적으로 드러내는 성향을 보인다. 이는 자연스러운 결과이지만 출생에서 죽음에 이르는 다양한 통과의례가 종교 의례적 성격의 문화의례이기 때문에 라틴아메리카 사회에서 가톨릭 종교문화 의례를 세밀하게 기피하기란 쉽지 않은 일이며, 또한 특별한 의미를 부여할 수도 없다. 종교와 문화는 공유되는 부분도 많지만, 신앙과 일상적 가치라는 측면에서 병렬적으로 존재하는 차별성도 지니기 때문이다.

2013년 아르헨티나 출신 주교가 교황으로 즉위한 사건은 라틴아메리카의 종교와 문화에 새로운 변화가 될 가능성으로 연결될 것이다. 교황 즉위 이후 곧바로 군부 독재정권치하에서 억울하게 숨겨간 수많은 민주화투사들을 언급하고, 청빈한 삶을 강조하며, 대중과 민중의 편에 서야 한다는 화두를 밝힘으로써 최초의 아메리카 출신 교황이 라틴아메리카 종교에 미칠 영향력은 당분간 매우 긍정적일 것으로 예상된다. 물론 종교의 개혁과 변화가 사회에 미칠 긍정적이거나 적극적인 영향과는 무관하게 오랫동안 전통적으로 유지되어 왔던 종교문화 및 의례는 언제나 그랬듯 라틴아메리카 구성원들에게는 축제적 대상으로서 일상적 삶에 통과의례와 전승의례로서 의미가 될 것이다.

1) 라틴-아메리카의 결합: 과달루뻬 성모 신앙

과달루뻬 성모 신앙이 현대 멕시코의 종교적 특성을 대변한다는 사실을 부정하기 어렵다. 종교적이거나 초월적인 현상에 대한 사회문화적 관심과 그 연구가 과학적 검증의 대상이 되어야 할 필요조건은 아니다. 실체에 대한 진위 여부와 무관하게 대상에 대한 믿음이 존재하기 때문이다. 본 연구는 실체론적(Ontological) 입장에서 과달루뻬 성모 신앙이 실재한다는 전제에서 출발한다. 또한 Guadalupe의 한국어 음역표기는 현재 한국사회에서 '과달루뻬'로 통용되는 표기 방식을 따른다.

이질적 종교문화 간의 사회통합이라는 시각에서 대표적인 사례로 손꼽히는 것은 물론이다. 다문화사회인 멕시코 사회의 정체성을 규명하기란 단순하지 않다. 현재까지도 여전히 진행되고 있는 성모 신앙의 실태와 현상을 혼종성(hybridity)이나 다문화주의(multiculturalism), 혹은 상호문화주의(interculturalism)의 시각만으로 분석하기에는 역사적으로 충돌되는 모순적 요소들이 혼재(混在)한다. 역사적 헤게모니의 주체들이 누구였는지에 따라 의도와 효과에 대한 해석이 다기(多岐)할 개연성을 비롯하여, 수백 년 동안 사회문화적으로 이질적인 요소들이 공존(Simbiosis)을 통해 상호존재 가능성을 입증한 '결과'로서의 '사례'이기 때문이다. 역사적 헤게모니의 주체들이 초기에는 정치적이기보다는 종교적이었으며, 사회통합의 시각에서도 식민주의자와 크리오요 세력이 중심으로 형성되었으나, 이후 신앙의 확산기와 독립운동기에는 메스티소와 원주민의 광범위한 공감대와 적극적 참여가 필연적일 수밖에 없는 부침(浮沈)을 겪어 온 것처럼, 과달루뻬 성모 신앙은 너무도 오랜 역사에 걸쳐 혼혈문화의 배경과 주체로 자리 잡아 왔으므로, 다문화주의나 문화상대주의의 논점에서 명확한 해석의 대상이 되기에는 불충분한 복합적 실체가 되었다. 문화적 다양성과 다원적 요소를 논의하기에 멕시코의 과달루뻬 성모 신앙이 지니는 사회문화적 의미와 요소는 이질적 문화요소의 결합이라는 근거리 과거의 문제가 아닐뿐더러, 문화담론의 그릇에 담기에는 복합적이고 상호 모순된 요소들이 결합되어 있는 유기적 생명체가 되었다. 몇 가지의 현상에 주목하여, 전체를 일별할 수 없는 '스스로 변형—생성하는 구조틀'을 이룬 것이다.

과달루뻬 성모 신앙에 접근하는 담론적 태도는 다양하다. 형태적으로는 문화접변(acculturation)으로서 아스떼까 종교 문화적 전통이 가톨릭 종교문화 전통의 형태에 흡수되는 형태로 결합된 정도와 변형되어 수용되는 단계와 형식에 주목할 수 있으며, 문화적 충돌의 측면에서는 강자의 종교문화인 가톨릭의 외형을 걷어내면, 내면적으로 보다 강한 생존력으로 지속되고 있는 약자의 종교문화가 차별적 속성을 유지한 채 존재하고 있다는 사실에 주목할 수 있는 문화횡단(Transculturation)의 시각적 접근도 가능하다. 그럼에도 불구하고 역사적 조망의 시각에서 문화적 공존을 통한 종교적 혼합은 신크레티즘(Syncretism) 연구대상으로 중립적 적합성을 지닌다. 문화접변이 이질적 문화 사이에서 권력과 힘의 논리에 따른 수용방식에 주목하는 과정에서 효율적이라면, 문화횡단은 이질적 문화 간의 불균등한 관계에서조차 상호작용에 의해 창조되는 결과물과 그 과정에 집중할 수 있다는 장점을 지닌다. 하지만 과달루뻬 성모 신앙을 둘러싼 종교적 이질성의 결합은 오랜 역사를 통해 힘의 권력 균형이 때론 의도적 방식으로, 때론 자연적 방식으로 변형 생성을 거듭함으로써 이질적 요소들의 종교적 문화혼용의 연구 시각이 중립적 가치 차원에서 오히려 객관성을 유지할 개연성이 크다고 하겠다. 물론 개별 연구주제와 연구자의 시각에 따라서 각각의 담론과 연구방법론은 연구문제의 제기와 가설에 따른 장단점에 따라 선택되어야 할 것이다. 다만 담론적 특수성으로서 신크레티즘을 다루는 것이 아니라, 이질적 종교형태 사이의 혼용이라는 측면에서 신크레티즘의 용어를 사용하기로 한다. 개별현상으로서 과달루뻬 성모 신앙을 다루기 위해서 구체적인 의도와 예상되는 해석의 방법론을 염두에 두지 않을 수 없는 이유이다. 이론적 접근이 갖는 어려움과 한계를 인정할 수밖에 없는 것이라면, 멕시코 사회에서 과달루뻬 성모 신앙이 지닌 사회문화적 이미지를 조망할 수 있는 실효적 방식은 무엇일까. 멕시코의 종교 문화적 정체성으로서 과달루뻬 성모 신앙을 하나의 대표적 상징이라고 할 수 있다면, 21세기 상황에서 과달루뻬 성모 신앙에 내재된 다양한 이질적 요소들을 이론적으로 적용하는 작업만큼이나 실증적 차원에서의 접근도 긍정적 의미를 지닌다.

(1) 또난친과 성모의 유형적 유사성과 과달루뻬 성모 신앙의 유래

과달루뻬 성모 신앙의 역사는 아메리카 대륙의 역사와 그 궤를 함께한다. 엑스뜨레마두라(Extremadura) 지방의 과달루뻬 성모 신앙이 독실했던 콜럼버스는 자신의 두 번째 여행에서 처음 발견하는 땅을 과달루뻬라 이름 붙이기로 결심했고, 1493년 11월 5일 발견한 섬을 과달루뻬라 명명했다. 여기에는 두 가지의 배경이 있다. 첫째, 신대륙 발견 당시 스페인에서 가장 유명했던 성지가 과달루뻬 수도원이었다. 스페인 과달루뻬 성모의 기원은 1326년 무렵 과달루뻬 언덕에서 소를 지키던 목동 힐(Gil)이 잃어버린 소를 찾아 헤매던 중 발현한 성모의 전설로부터 유래되었다. 목동은 사흘 만에 작은 연못 곁에 죽어 있던 소를 발견하였고, 당시의 풍습대로 소의 머리를 잘라내기 위해 소의 가슴에 십자가 모양의 상처를 내었는데, 그 순간 죽었던 소가 벌떡 일어났다는 것이다. 놀란 목동 앞에 성모가 나타나

두려워하지 말라며, 자신이 성모이라는 사실을 밝힌 뒤, 살아난 소를 데리고 마을로 돌아가면 사제들과 사람들을 설득할 수 있을 테니, 그들을 불러 이곳을 파면 조각상을 찾을 수 있을 것인데, 그곳에 암자를 건설하도록 전했다고 한다. 이후 암자는 순례지가 되었고, 1337년 암자를 찾은 알폰소 11세(1311. 8. 13.~1350. 3. 26.)는 1340년 수도원 건립을 명령하였으며, 지금까지 과달루뻬 수도원은 스페인의 중요한 성지가 되고 있다. 과달루뻬 성모는 엑스뜨레마두라의 수호성녀이며, 1754년 멕시코의 수호성녀가 되었고, 1910년 교황 피오 10세에 의해 라틴아메리카의 수호성녀로 선포되었다. 스페인에서는 9월 6일 성인축일을 기념하며, 라틴아메리카 전역에서는 8월 24일, 그리고 멕시코에서는 또난친의 기념일이었던 12월 12일 축일로 기념된다. 성모 신앙은 지역에 따른 차등이 없어야 하는 것이 신앙의 올바른 태도일 수 있겠지만, 과달루뻬 성모는 당시 성모 신앙의 대표적 상징이었던 것이다. 둘째, 바르똘로메(Bartolomé) 수사 신부가 생생한 기록으로 남긴 것처럼 좌초할 위기에 놓였던 콜럼버스는 과달루뻬 성모에게 신의 은총을 기원하는 기도를 봉헌했고, 얼마 후 죽음의 문턱에서 기적처럼 벗어날 수 있었다는 것이다(De Cárcel y Disdier, 1995: 291~292). 물론 멕시코와 스페인에서 공통적으로 기념하는 동일한 과달루뻬 성모임에도 불구하고, 구체적으로 기념축일의 날짜가 다르다는 사실에서 알 수 있는 것처럼, 스페인 과달루뻬 성모가 그대로 멕시코에 이식된 것은 아니었다.

신크레티즘의 대표적 사례로 규정되는 과달루뻬 성모 신앙의 유래는 아즈텍 제국이 스페인에 의해 진압된 직후인 1531년으로 거슬러 올라간다. 1531년 12월 9일에서 12일 사이 '과달루뻬의 성모'로 불리게 될 여인이 떼뻬약(Tepeyac) 언덕에 나타난 것은 원주민 후안 디에고(Juan Diego)가 56살이 되던 해였다. 'morena' 혹은 'olive-skinned' 라는 메스티조의 상징적 피부색을 띠는 귀부인은 후안 디에고를 선택했고, 1523년에서 1524년 사이에 아내와 삼촌과 함께 뜰라떼롤꼬(Tlateloco) 성당에서 가톨릭으로 개종했던 그는 아내와 사별한 뒤부터 일주일에 두 번씩 고향 꾸아우띠뜰란(Cuauhtitlán)에서 뜰라떼롤꼬를 오가는 길목이었던 떼뻬약에서 성모의 발현을 증거하게 된다 (Connors, 1992: 48). 후안 디에고가 아즈텍 사회에서 가난하고 버려진 계층에 속한 것이 아니라, 전통 부족사회에서 존경받던 개종 원주민이었다는 사실은 개종의 모범사례라는 시각에서 시사하는 바가 크다. 또난친(Tonantzín)을 공경하던 장소인 떼뻬약에 성당을 지으라는 메시지를 전달받는 책임자는 1528년 까를로스 황제로부터 멕시코 최초의 주교로 임명받아 부임한 후안 데 수마라가(Juan de Zumárraga)였는데, 그는 최초의 멕시코 아우디엔시아의 수장, 누뇨 데 구스만(Nuño de Guzmán)이 행한 원주민 핍박의 사회적 분위기를 반영하는 강경한 인물로 역사에 평가되어 있다. 종교재판관이기도 했던 그는 역설적으로 아즈텍 원주민들의 신앙을 박해했던 역사적 인물이었다. 부유층에 속했던 후안 디에고가 개종을 하고, 원주민의 박해자였던 수마라가가 원주민의 증언을 수용하며, 구축되는 과달루뻬 성모 전설의 전체 과정은 모순된 요소들의 결합과 이질적 요소들의 융합의 결정체이기도 하다.

아즈텍 신앙과 가톨릭 신앙의 혼종이 군사적 정복처럼 단순한 접촉에 의해 이뤄진 것은 아니다. 원주민들이 가톨릭 신앙을 수용하는 과정에서 두 종교 사이에서 발견되는 종교적 유사성과 친밀성은 기능적으로 중요한 역할을 수행한다. 또난친과 성모 사이의 유사성이 바로 그것이었다. 또난친은 아즈텍인들이 섬겼던 많은 신들 가운데에서 대표적인 여신이었는데, 나우아뜰어로 '우리의 어머니'라는 의미를 지녔으며, 꼬아뜰리꾸에(Coatlicue)라는 이름으로도 알려졌다. '뱀 치마'라는 뜻의 꼬아뜰리꾸에와 동일화되는 또난친은 신들의 어머니였으며, 훗날 태양과 달, 하늘의 별이 되는 401명이나 되는 아들과 한 명의 딸을 낳은 그녀는 다산을 상징하기도 하였다(Morett, 2007: 49). 또난친은 생명을 만들지만 파괴하기도 하였는데, 지진의 어머니이기도 했다. 또난친은 훌륭한 삶의 표상을 제공하기도 했으며, 아기를 잃었거나 원하는 어머니들의 도움이라는 이미지가 대표적이었다. 모성성이 강조될 수 있는 부분인 것이다. 정신적으로 문화 공동체의 뿌리를 잃은 채 공허할 수밖에 없었던 아즈텍인들에게 '신의 어머니'이며, '모든 고난받는 이들의 아픔을 대신하는 고통 중의 어머니'라는 성모의 이미지는 '모성성'을 매개로 많은 이들에게 위로가 되는 이미지를 제공했다.

또난친의 기념일인 12월 12일은 옥수수 알갱이를 공물로 바치는 순례가 행해졌고, 떼뻬약 언덕은 또난친을 위한 전통적 의례의 장소였다(Connors, 1992: 6, 48). 떼뻬약은 성스러운 장소(lugar sagrado)였던 것이다. 과달루뻬 성모가 발현한 장소로서의 우연적 의미가 의혹으로 증폭되어 해석될 수 있는 개연성이 높은 이유이다. '모성성'에 덧붙여 장소의 동일성은 '대체적 대상'으로서 과달루뻬 성모의 존재를 부각시킬 수 있었던 것이다.

또난친의 이미지를 함축하고 있는 과달루뻬 성모 이미지

또난친 신앙과 성모 신앙 사이의 유사성은 '과달루뻬'라는 이름에서도 찾을 수 있는데, 오해에서 비롯된 의도된 왜곡은 신크레티즘을 부추기는 영향력을 행사했다. 후안 디에고에 의하면, 성모 마리아는 나와뜰(Nahuatl)어로 'Coatlaxopeuh'라고 자신을 소개했는데, 이는 스페인어 발음방식으로는 'quatlachupe'에 유사한 발음이었으며, 따라서 과달루뻬와 유사한 발음으로 수용될 수 있는 빌미가 된 것이다. 또한 이름이 지니는 의미에서도 유사성이 발견되었는데, 나와뜰어에서 'Coa'는 뱀을 뜻하고, 'tla'는 'el/la'로 해석이 가능한 명사이며, 'xopeuh'는 밟다는 뜻으로서 '뱀 밟는 사람'이라는 뜻이다. 가톨릭 전통신학과 민간신앙 모두에서 마리아는 『요한 묵시록』 제12장에서 언급되는 '뱀을 밟아 이기는 여인'으로 해석이 되어 왔기 때문에, 또난친과 성모의 종교적 역할 사이의 긴밀하고 핵심적인 유사성이라 지적되기도 했다. 뱀을 이긴다거나 물리친다는 개념이 아니라, 뱀과 익숙한 이미지로서의 초월적 존재의 의미였던 'Coatlaxopeuh'와 뱀을 대항하여 승리를 쟁취하는 '정복자'의 이미지가 세밀하게 비교되지 않은 채 발음의 유사성이 중요한 매개로 간주되었던 것이다. 이렇듯 또난친 신앙과 과달루뻬 성모 신앙 사이의 유사성을 찾으려는 이들에게 두 성스러운 존재 사이에서 공통적으로 발견되는 '장소'와 '모성성', 그리고 '이름'과 '역할'의 의미는 역사적 실체와 그에 대한 진위에 대한 혼란과 불명확함에도 불구하고, 민중신앙의 형태에 친밀함으로 수용될 수 있었던 요소로 자리 잡게 되었다. 아즈텍 종교가 가톨릭에 수용되는 신크레티즘의 가장 큰 배경은 또난친과 성모 마리아 사이의 유사성이라 할 수 있는 것이다. 오늘날 토착 원주민의 전통신앙이 가톨릭의 외형에 수용되었음에도 불구하고,

일정 수준의 전통적 요소들을 유지하고 있는 것처럼, 과달루뻬 성모 신앙이 '대중적 가톨릭(catolicismo popular)'으로서 정통신앙으로부터 외적이고 이질적 요소를 수용한 채 문화 혼용적 형태를 허용하고 있는 것 또한 두 종교 사이의 유사성에 의한 친밀성이 두 종교 사이의 명확한 구분과 차별이 철저하게 요구되지 않은 채 공존할 수 있었던 이유일 수 있다는 가능성을 시사한다.

(2) 신크레티즘의 시각에서 본 과달루뻬 성모 신앙의 의미

신크레티즘은 이질적 종교들이 혼합되어 만들어진 새로운 종교 형태를 지칭한다. 신크레티즘은 문화 접촉의 상황에서 상징적 요소들의 적응화에 기초한 종교적 표현의 재작성(再作成)(Olavarría, 1995: 71~72)이기 때문이다. 요아킴 바흐(Joachim Wach)가 지적하듯, 모든 종교는 신크레티즘의 결과이며, 모든 문화 또한 혼용적 성격을 띠고 있다고 할 수 있으며, 이는 이질적 전통에 속하는 다양한 특징들이 재구성되고 통합되는 과정에서 자연스러운 현상인 것이다 (Lupo, 1996: 12). 그러나 독립적 의미에서 전통에 대한 개념이 과연 실재할 수 있느냐 하는 논쟁의 시각에서는 쇼와 스튜어트(Shaw & Stewart)가 지적하듯, 신크레티즘은 이질적 상징과 의미에 의해 '순수한' 전통이 비본질적이거나 오염된 상태를 의미하는 논쟁적 용어일 수밖에 없다(1994: 1). 포스트모던 인류학의 개념에서도 간단치 않은 용어라는 지적(1994: 2)도 단순한 푸념일 수만은 없는 이유이다. 라틴아메리카에서 신크레티즘 연구는 가톨릭과 토착종교의 혼성화, 특히 토착신앙이 가톨릭의 외형을 수용하면서, 전통적 신앙요소

20세기 초 포사다가 표현한 과달루뻬 성모 신앙에 담긴 신크레티즘의 의미

를 가톨릭의 특징 안에서 유형적으로 찾아가는 방식에 주목한다(Joppe, 2003: 12). 메스티소 중심의 혼혈문화를 정당화하는 과정에서 메스티소 문화와 토착 원주민 문화의 상관관계가 주목받는 것처럼, 신크레티즘은 가치중립적 개념이라기보다는 상위적 가치로 간주될 수 있는 세력 혹은 권력주체에 의해 통합되는 측면의 성격을 포함한다. 따라서 열등한 세력 혹은 주체의 입장인 토착 원주민들의 가치체계와 입장이 균등하게 반영되는 성격을 지향한다고 볼 수는 없을 것이다. 그럼에도 불구하고 신크레티즘은 종교적 다양성의 결합이라는 측면에서 효율적 용어로 사용되어 왔다(Hartney, 2001: 238).

식민화의 과정에서 발생하는 신크레티즘의 사례들이 아즈텍 사회에서 내적 통일성이 결여되어 있었거나 그들의 종교가 상대적으로 열등한 수준에 있기 때문에 가능한 것으로 치부되는 역사적 선정주의 경향(Olavarría, 1995: 72)이 있다. 주로 서구 식민주의자들의 견해를 뒷받침하는 일부 역사학자들과 종교인들의 견해가 그러한데, 여기에는 많은 오해와 편견이 있음을 간과해서는 곤란하다. 간단하게 말해서 아즈텍인들에게는 자신들의 종교를 버리고 가톨릭으로 개종한다는 것이 사회적으로 특별한 의미가 되지 못할 뿐 아니라, 정신적으로 별다른 보상도 없었기 때문이었다. 아즈텍인들은 가톨릭의 신앙과 관련된 요소들이 아즈텍의 종교를 상회할 만한 특별한 가치를 지니고 있다고 생각하지 않았으며, 이들이 가톨릭을 종교적으로 수용한 가장 큰 이유가 두 종교 사이에 외형적 유사성이 존재한다고 믿었던 이유 이외에는 주요한 원인을 찾기 어렵기 때문이다(Madsen, 1957: 173).

외형적 틀에서 유사성이란 인류보편적 원형의 측면에서는 충분히 가능한 개념이므로, 큰 틀에서 가톨릭과 아즈텍 신앙의 유사점을 발견하는 것은 그리 어려운 일은 아니다. 엘리아데가 지적하듯, 모든 종교적 유형의 인간(Homo religioso)이 추구하는 정신적 구조는 보편성을 기반으로 하기 때문에 비록 외형적으로는 이질적인 종교라 할지라도 큰 틀에서는 유사성이 확보될 수 있는 것이다. 하지만 역사적으로 중요한 사실은 이질적 요소를 포함하는 두 종교적 형태가 하나로 융합되는 과정이 단순한 정황과 필요성에 의해 구조적으로 결정되는 것은 아니다. 왜냐하면 종교적 가치와 신념은 완전하게 표현하는 것이 어려울 뿐 아니라, 초기 선교 수사들조차 아즈텍인들을 개종할 수 있다는 긍정적인 믿음을 갖지 못하는 편이었기 때문이다(Madsen, 1957: 137). 이러한 시각에서 신크레티즘은 내적 통일성을 경험하거나 전망하는 데 실패한 종교에 적용되는 개념이라는 바이어드의 견해(Baird, 1991: 151)를 아즈텍 신앙의 소멸과정에 적용할 수 있는 것인지 회의적일 수밖에 없다.

두 이질적 종교가 접촉하는 과정에서 우월한 주체와 그렇지 않은 주체를 가톨릭과 아즈텍 신앙이라고 전제해야 하는 것이라면, 신크레티즘의 시각에서 아즈텍 신앙의 요소는 비록 가톨릭에 편입되지만, 과정에서 많은 흔적을 남겼다는 데에서 의미를 지닐 수 있을 것이다. 이 과정에서 아즈텍 신앙이 겪는 신크레티즘의 형태는 가톨릭에 수용되면서도 흔적을 남긴 요소들을 통해 생존한다. 또난친 신앙이 지닌 다양한 이름의 어머니 신의 모습은 성모의 여러 이름으로 이해되는 신크레티즘을 통해 흡수되지만, 그 흔적은 과달루뻬 성모 신앙이라는 대중적 가톨릭 신앙에 남아 있다. 특히 가부장제적 사회에서 위로와 사랑의 원천으로서 여성성을 지닌 성모의 개념은 또난친과 과달루뻬 성모의 결합을 통해 하나의 유형이 된다(Pastor, 1~8).

(3) 문제의식으로서 과달루뻬 성모 신앙의 현주소

과달루뻬 성모 신앙이 아즈텍 사회에 수용되는 과정을 단순하게 식민주의자들의 강압이라거나 아즈텍인들이 자발적으로 성모에게서 또난친을 발견했기 때문이라고 해석하려는 의도는 마치 혼혈의 역사를 설명하면서, 말린체의 사례만을 강조하는 것과 같이 실체가 없는 상징에 불과한 접근이다. 아즈텍 사회와 스페인 식민주의자들 사이에 힘의 불균형은 논외로 한다 하여도, 두 종교 사이에는 유사성만큼이나 차별성도 존재하기 때문이다. 식민지배자의 종교인 가톨릭의 전례와 풍습은 아즈텍 원주민 고유의 종교적 요소와 유사한 내용과 형태를 담은 요소들을 중심으로 동화작용(asimilación)을 한다. 하지만 가톨릭은 원주민들에 의해 수용되는 과정에서 유형적으로 유사한 틀의 형식으로 변화를 거치는 혼성과정을 겪게 된다. 구도적으로 보자면 두 종교 사이에 존재하는 유사성에 기초한 공통적 요소들을 중심으로 동화작용이 진행되지만, 전체의 틀에서는 두 종교 사이에서 존재하는 차별성을 인정하지 않을 수 없는 실정이었다. 식민시대 초기 수많은 선교사들은 원주민 복음화에 있어서 가장 어려웠던 문제점이 토착원주민들에게 그들의 종교와 가톨릭을 유사한 것으로 규정하려는 시도였음을 고백한다. 둘 사이에는 유사성보다 차별성이 크게 드러나기 때문이다. 가톨릭으로 개종한 원주민들의 경우에조차 가톨릭 전례와 아즈텍 원주민의 축제 풍습 사이의 공통점을 연결 짓는 과정은 어려움의 연속이었다. 가톨릭 미사의 전례에 몰입하는 원주민들이 평소처럼 종교적 몰입상태에서 드러내는 소란스럽거나 광적인 반응을 대해야 하는 가톨릭 사제들의 어색함과 낯섦에 대한 기록들은(Armillas Vicente, 2007: 27~28) 두 종교 사이의 차별성 때문에 만들어지는 한계에 대한 고백이라 해야 할 것이다. 식민지배자들의 입장에서 차별성에 대한 용인은 종교적 관용(tolerancia)이었으며, 아즈텍인들의 입장에서 차별적 요소들은 전통문화의 정체성과 아즈텍의 역사성에 대한 의식으로 연결되는 종교적 고리(enlace religioso)였다. 인신공양, 다중혼, 근친상간, 황홀체험, 의복, 신체훼손, 순장 등과 같은 요소들은 가톨릭 신앙이 문화적 배경을 이루는 사회에서는 자연스럽지 않은 가치들로 평가될 수밖에 없었기 때문에 외형적으로 두 종교 사이의 통합은 내면적인 갈등과 충돌의 요소들과의 불안한 공존을 의미하는 것이었다. 그럼에도 불구하고 아즈텍 신앙과 가톨릭 신앙이 하나의 외형으로 수용될 수 있었던 가장 큰 이유는 앞에서 지적했던 것처럼 또난친과 성모 사이에 존재하는 유사성 때문이었다.

멕시코 사회에서 과달루뻬 성모는 사회통합의 기능적 역할을 수행하는 측면이 강하다. 식민지의 불평등한 사회구조 속에서 울타리 밖에 있던 다양한 계층의 구성원들을 통합의 기능으로 이끈 것은

과달루뻬 성모는 독립운동의 기치이며 상징이었다.

'어머니'의 이미지를 지닌 성모에 대한 신앙이 독립운동과 결합되면서부터이다(김세건, 2000: 146). 1810년 이달고(Hidalgo) 신부나 1812년 모렐로스(Morelos)는 과달루뻬 성모의 이미지를 스페인 식민권력에 맞서기 위해 원주민과 혼혈, 끄리오요들이 한데 묶는 상징적 깃발(estandarte)로 활용하였으며, 과달루뻬 성모는 '성장하는 멕시코성(creciente mexicanidad)'을 대변하게 되었다(Tyrakowsky, 1998: 73). 국가통합의 이념으로서 과달루뻬 성모 신앙의 활용가치는 이처럼 독립전쟁을 계기로 역사의 전면에 두드러지게 된다.

독립국가를 위한 투쟁과정에서 스페인을 모국(母國)이 아닌 지배국(支配國)으로 규정하고, 사회를 통합하는 개념으로서 '멕시코성'을 고취하는 가운데 과달루뻬 성모의 기능은 매우 긍정적이었다. 출발은 식민제도를 공고히 하려는 일련의 작업과 무관하다고 할 수 없는 기능과 역할을 수행했지만, 국가정체성 확립기에는 자주 독립의 기치를 위한 매개가 된 것이다. 오늘날 국민-국가의 개념에서 국가의 상징성으로 확장된 개념으로서 '성모'의 사회문화적 역할과 기능은 국가-사회의 통합이라는 측면에서 긍정적 역할을 수행하는 측면이 있다. 과달루뻬 성모의 이미지는 비록 종교-국가의 분리라는 차원에서 종교적 대상이라 할 수 있지만, 국가-사회의 통합적 시각에서

는 '온전히 국가적' 이미지로 해석된다(Eloísa, 1998: 2). 일부 역사학
자들은 멕시코의 국가성이란 식민지배를 거부하면서 형성되는 것으
로서, 원주민의 역사와 가톨릭에 뿌리를 내리는 데, 특히 과달루뻬
성모 신앙에서 두드러진다고 고찰하고 있지만, 역사적으로 국가의
정체성이 확립되는 시기에 국가의 선택은 결코 교회에 우호적이지
않았다. 1917년의 헌법은 1857년 반교회주의의 요소들을 승계하고
있기 때문이다. 그럼에도 불구하고 현대 멕시코인들은 국가의 정체
성과 과달루뻬 성모의 이미지를 한데 묶어 생각하는 경향이 적지 않다.
  사회통합의 코드로서 긍정적 의미를 지녀 왔던 과달루뻬 성모의
역할과 기능은 라틴아메리카의 다른 지역에서도 재현된다. 이는 성
모 신앙이 사회통합을 위한 매개로 적극 활용되었음을 밝혀주는 대
목이다. 흥미로운 사실은 라틴아메리카의 여러 다양한 지역에서 성
모 신앙이 열렬하게 전개되어 왔으며, 현재에 이르고 있다는 점이다.
원주민들에 의해 적극적으로 수용되고 있는 신크레티즘으로서 성모
신앙 현상의 병치가 그것인데, 이는 우연적 요소로 보기에는 해석
의 개연성에 있어서 불명확한 요소들이 산재한 대상이다. 원주민들
의 가톨릭으로의 개종은 자신들의 종교체계에 다른 믿음과 체계를
적극적으로 병치하는 행위이다. 국가와 사회를 통합하는 이미지로
서 과달루뻬 성모 신앙과 같은 유형의 병치사례는 산호세의 성모,
성 삼위일체 성모, 모든 성인의 성모 신앙 등에서 찾아볼 수 있다
(Olavarría, 1995: 72).
  과달루뻬 성모 신앙은 역사적 사건이나 전설에 대한 회상이 아니
라 현재성(nowness)을 지닌 유기적 산물이다. 고정된 유형에 머물 수
없는 유기체인 것이다. 식민시대와 독립시대, 현재에 이르기까지 다

양한 패러다임의 틀에서 과달루뻬 성모 신앙은 해석의 주체에 따라 사회-종교적 의미를 달리 수행해 왔다. 과달루뻬 성모 신앙의 주제는 역사적 기록으로, 종교적 신앙의 기록으로 다양한 판본의 기록물들을 통해 전해 오고 있지만, 그 진위 여부에 대한 논란의 증거물이 되기는 어렵다. 기록의 시기와 주체에 따른 내용의 차별성이 문제이기도 하지만, 초자연적 현상을 인간의 도구적 어휘로 사용하는 과정에 있어서 '형언불가성(lo inefable)'과 '묘사의 허구성(ficción en argumentar)' 사이의 간격에 대한 검증이 쉽지 않은 탓이기도 하다(Martínez, 2010: 54~55). 이질적 요소들의 공존(Symbiosis)은 신크레티즘의 시각에서 사회적 통합의 기능에 따라 속도와 주도적 주체 및 대상을 조금씩 달리하며 변화해 왔다. 근본적으로 중요한 것은 현대 멕시코 사회에서 과달루뻬 성모 신앙은 여전히 유효한 현상이며, 아즈텍의 종교사회적 잔존요소들을 포함한 대중적 가톨릭의 현상이라는 사실이다. 현재성의 의미를 파악하기 위해 과달루뻬 성모 신앙의 현상에 대한 현재적 구성원들의 인식에 대한 연구가 중요한 이유이다.

과달루뻬 성모 신앙과 또난친 신앙의 공존과 신크레티즘의 이론적 배경을 연구하면서, 문제의식으로서 과달루뻬 성모 신앙이 지닌 현재적 문제의식을 종교적 유사성에 기초한 혼종성의 의미와 사회통합의 현재적 기능, 그리고 성모 신앙의 병치현상에 집중할 충분한 이유를 찾을 수 있었다.

과달루뻬 성모 신앙은 멕시코의 역사와 전통의 다양한 요소가 멕시코의 고유성이라는 이미지와 결합하여, 사회적 통합의 기능과 역할을 수행해 온 대중적 가톨릭의 사례이며, 신앙의 대상이지만, 사회문화적 현상으로서 적극적 의미를 지닌다. 설문조사를 통한 문제의식 분석의 결과와 해석에서 살펴본 것처럼 과달루뻬 성모 신앙은 현재성의 의미에서 다변화된 가치와 사고의 복합적 요소들이 사회적 다양성의 만남이라는 유기적 결합방식에 의해 변형될 수 있는 생성물인 것이다.

2) 아프로-아메리카의 결합: 산테리아

대부분의 산테리아 연구는 아프리카 종교가 아메리카 대륙에 유입된 역사적 배경과 노예적 노동력 공급과 밀접한 역사적 시각(Argyriadis, 2005: 85)에 집중되어 왔으며, 최근에는 사회문화 요소로서 종교현상에 대한 연구의 시각에서 문화정체성의 구성에 주목하거나, 문화접변(Aculturación)이나 통문화(Transculturación) 연구와 관련하여, 문화의 원형적 뿌리가 어떻게 현재의 결과물로 변형 생성되는지에 연구문제로 설정되는 경향이 두드러진다(Guanche, 2009: 1~7). 쿠바 문화의 정체성을 혼합과 혼종으로 파악하며(Linares, 1993: 1), 문화구성 요소로서 종교적 다양성의 구성과 변형에 대한 연구는 많은 문화연구와 종교연구의 지속적 관심의 대상이 된다. 역사성 연구와 문화정체성 연구 및 담론 연구가 강조되어 온 측면이 있다. 21세기 현대 쿠바인들이 체감하는 산테리아의 위상과 전망을 위한 실증적 접근이 보완되어야 할 이유이다.

현대 쿠바의 종교문화적 특성을 살펴보면, 쿠바에는 이른바 '종교적 르네상스(Renacimiento religioso)'라 불릴 만큼 종교적 요소의 다양성이 두드러진다. 종교적 요소의 다양성이라는 측면은 다분히 인종과 문화의 충돌에 의해 수백 년 동안 형성된 복합적 결과물이다 (Pomar, 2005: 56). 왜 지금 종교적 르네상스라 불리는 것일까. 산테리아를 중심으로 아프리카계 쿠바의 종교문화적 의례와 행위가 현재적 시점에서 공공연하게 활성화되어 있는 '변화된 상황' 때문이다.

정령주의와 성인숭배, 성모공경이라는 핵심적 특징(Argyriadis, 2005: 86)을 공통분모로 쿠바 사회에서 산테리아에 대한 인식은 혁명 이후에 일관된 평가의 대상이었던 적은 없었다. 혁명 초기인 1960년대에는 까빌도(Cabildo)에 대한 긍정적 평가의 일환으로서, 산테리아는 저항정신의 종교문화적 파생물로 간주되어, 긍정적 인식의 대상으로 평가되기도 하였으나, 쿠바 혁명 시각에 있어서는 사회에 저해되는 요소로서 평가되었고, "고통을 마비시키는 술이나 마약(opio elemental y aguradiente para anastesiar los sufrimientos)"("Trabajo ideológico: la santería", 1968, Trabajo Político, año 2, núm. 4, diciembre, La Habana, p.49)으로 치부되거나, 단순하게 흘러간 과거의 유산으로서 아프리카계 쿠바 민속(folclor afro-cubano)으로 인식되곤 하였으며, 1976년 개정헌법의 "모든 쿠바 시민은 종교적 신념을 수행하거나 신봉하는 자유를 지니며, 법령과 공안(公安), 시민 건강 및 사회주의 윤리규정은 이를 존중할 것이다"["cada ciudadano es libre de profesar y practicar sus creencias religiosas, siempre que respetara 'las leyes, el orden público, la salud de los ciudadanos y las normas de la moral socialista'", Tesis y resoluciones del Primer Congreso del PCC, 1978, p.316 (Ed. de Ciencias Sociales, La Habana), citado en Kali Argyriadis, op. cit. p.90]라는 표현에서 볼 수 있듯 공식적으로 산테리아가 쿠바 사회주의 사회에서 금지 대상인 것은 아니었지만, 실제적으로는 여

전히 산테리아의 많은 의례적 행위에 대한 쿠바 정부의 의혹과 통제의 인식적 대상이었다.

1970년대와 1980년대 기니나 나이지리아 등 아프리카 정상들과의 정상외교의 장소에서 카스트로가 흰 색상의 산테로 복장을 했던 것은 외교적 전략 때문이었지, 쿠바 사회에서의 종교 및 문화적 관용과 포용으로 확대 해석(Pomar, 2005: 60)되는 데에는 한계가 있다고 보아야 할 것이다. 산테리아를 비롯한 아프리카계 쿠바 종교에 대한 쿠바 정부의 입장은 이념적 자유와 의례적 다양성을 허용하는 것이라기보다는 아프리카계 쿠바의 문화정체성의 형성과정과 노예 노동력의 저항정신(Guanche, 2009: 5)에 대한 긍정적 수용이라는 측면에서 유연할 수밖에 없는 한계를 지녀 왔다.

1990년대와 2000년대 산테리아를 중심으로 한 아프리카계 쿠바 종교에 대한 쿠바 정부와 교회의 입장은 협력관계를 이루지 못하고 있다. 쿠바 정부의 입장이 점진적으로 변화하는 탓이다. 아프리카계 쿠바 신앙의 지도자들은 가톨릭교회가 자신들의 종교문화적 의례와 행사의 의미에 대해 좀 더 유연한 입장을 취하기를 부탁하지만, 가톨릭교회는 쿠바 정부가 종교의 자유를 핑계 삼아, 해외 관광객들을 통한 외화 수입을 염두에 두며, 은근히 아프리카계 쿠바 종교의 의례를 관광 상품화하는 것이 아닌가 하는 우려와 불만을 품기 때문이다(Gott, 2004: 306~310). 실제로 산테리아를 축제문화의 의미로 단순화하는 시각(Suchlicki, 2002: 123; Collazo, 2005: 87)이 많은 것도 사실이다.

(1) 쿠바의 사회문화현상으로서 산테리아

아메리카 원주민의 노동력을 대체할 필요성에 의해 강제적으로 이주된 서아프리카 출신 흑인들은 자신들의 전통과 민속 및 의례를 들여오게 되었으며, 그들의 신앙은 쿠바에 정착하는 과정에서 산테리아라는 이름으로 토착화를 경험한다. 산테리아는 지역과 유형, 목적 등에 따라 'Regla de Ocha', 'Ocha', 'Culto a los orichas' 등의 이름으로 불리기도 한다(Guanche, 2009: 1). 본 연구에서는 포괄적이고 중립적인 개념에 주목하기 위해 santería의 이름을 사용하였다.

산테리아는 서아프리카 신앙이 노예무역과 노예노동 때문에 이산(diaspora)을 겪으면서 아메리카의 종교문화 환경의 주도적 세력이었던 가톨릭과 만나 변형되고 유지 발전되는 과정에서 형성된 대표적인 혼합종교의 한 형태로서, 쿠바를 중심으로 분포된다. 노예선은 대체 노동력으로 아프리카 흑인들을 들여왔지만, 그 과정에서 그들의 문화와 종교도 들여오게 되었으며(Bolívar, 1997: 156), 결과적으로 식민지배자의 종교인 가톨릭과 흑인노예들의 종교인 요루바(Yoruba) 신앙과의 만남이 만들어내는 마술과 종교, 의례와 무속이 뒤엉킨 파생물을 초래하게 되었다.

요루바는 언어를 매개로 구성된 인종 그룹을 지적하는 용어로서, 오늘날의 나이지리아를 중심으로 포괄적으로 형성되었던 지역의 문화정체성을 규정할 때 주로 사용된다. 요루바 언어는 쿠바에 유입되면서 스페인어의 영향으로 발음과 표기에 변화를 맞이하게 되었으며, 오늘날 쿠바에서는 루꾸미(Lucumí)로 통용된다. 오늘날의 나이지리아인 요루바 연방의 종교문화 유산이 루꾸미 문화로 바뀌는 과

아프리카의 요루바 신앙은 쿠바에서 가톨릭과 만나 산테리아로 재구성된다.

정에서 종교와 미술, 춤, 음악 등이 쿠바의 문화예술의 큰 축을 이루게 된 것이다.

　아체(aché)는 요루바 신앙에서 매우 핵심적 개념이다. aché는 빛(luz) 혹은 기운(fuerza)과 포괄적 의미에서 동질적 요소이며, 상징적이고 영적인 우주구성 물질 가운데 존재하는 긍정적인 생명 에너지이며, 이는 산테리아 의례를 통해 집전자와 매개자, 신자들 사이에서 순환되고 소통되는 것으로서, 다른 종교의 용어에서의 축복(bendición), 행운(suerte) 혹은 은총(gracia)과 동일하거나 유사한 개념이다.

　아체로 표현되는 긍정적인 기운 혹은 에너지의 수용과 관련된 신앙과 의례는 '전달자' 및 '매개자'의 종교적 개념과 관련하여 가톨릭의 외형과 성인에 대한 공경의 외투에 투영되어 '신앙의 융합'이라는 특성을 띠게 된다. '신앙의 융합'은 syncretism의 번역어이며, 이는 본질적으로 상이하거나 이질적인 성격의 요소들이 조화롭게 하나의 형태로 융합된 실체와 경향을 지적하고, 주로 종교 및 종교적 문화에서의 융합을 의미한다. 혼합제설, 제설통합, 제설혼합주의, 종교혼합, 종교혼종성 등의 다양한 용어로 혼용된다. 본 연구에서는 용어 사용의 혼란을 피하고, 원의를 중립적 개념으로 드러내는 의미에서 신앙의 융합이라는 용어를 사용한다. 식민시대 대단위 농장을 형성하던 쿠바 사회에서는 원주민 인력을 대체하여 수입된 노예 노동력이 지속적으로 증가하였다. 아프리카 노예들은 출신지역에 따라 까빌도(cabildo)에 집단으로 거주하며 노동인력의 관리와 통제를 위해 가톨릭으로의 개종이 권장되거나 강요되었고(Linares, 1993: 1~2), 모든 까빌도는 가톨릭교회의 성모를 수호자로 섬기도록 되어 있었으나(Bolívar, 1997: 156), 현실적으로 전통종교에 대한 믿음이 단시일 동안에 대체되는 것은 불가능하였다. 혹독한 대우 속에서 자신들의 문화정체성을 유지하는 과정에서 강요된 가톨릭 신앙을 수용하며 전통신앙을 유지하면서 새로운 형태의 종교로 발전시키게 된 결과적 산물이 산테리아라 할 수 있다. 외형적으로는 가톨릭 성인들의 성화를 외형적 포장으로 삼아(천샤오추에, 2007: 113) 은밀하게 아프리카의 전통신앙을 일상 속에서 추억하고 숭배하였다. 1610년 까르따헤나 종교재판소에 아프리카계 쿠바 종교와 관련된 이단 심문 관련 조사 건수가 급격하게 늘어났으며, 당시 쿠바에 유입되었던 흑인 노동인력은 80만 명에 이르렀다고 한다(Penyak, 2006: 330). 하지만 까빌도에서의 종교활동이 늘 금지되고 통제의 대상이 되었던 것은 아니었다. 초기에는 낯설고 호전적으로 생각되던 아프리카계 신앙의 의례들은 까빌도를 중심으로 자율적 방식으로 인정되는 편이었다. 18세기에 접어들면서 아프리카계 신앙은 포괄적 의미에서 문화활동으로 간주되었고, 음악과 춤 등을 곁들인 그들의 의례는 식민지배자들이 반드시 통제해야 할 부정적 대상으로 비쳐지지는 않았다(Bolívar, 1997: 157). 모렐 데 산따 끄루스(Morell de Santa Cruz) 주교는 스페인 국왕과 당국에 제출하는 보고서에서 21개의 산테리아 회당(casa)을 중심으로 흑인 후예들이 벌이는 의례와 축제에 대해 매우 긍정적인 평가를 하며, (불행한) 이들이 자신들의 모국어를 배우고 전통을 유지하며 평안한 삶을 지속할 수 있도록 배려할 필요성을 언급(Bolívar, 1997: 158)하기도 할 만큼 까빌도와 흑인 노예의 종교문화에 대한 정부의 태도가 늘 부정적인 것은 아니었다. Lingua franca로서 스페인어의 의무적인 사용은 늘 권장사항이었으나, 까빌도처럼 격리된 사회에서는 예외적 적용의 사례가 빈번하게 기록되고 있다. 스페인 식민정부의 이러한 태도를 종교적 관용 때문이라고 평가하기에는 무리가 따르지만, 북아메리카의 사례와 비교할 때, 아프리카의 종교 및 문화가 전통을 잃지 않은 채 라틴아메리카에 강력하게 정착할 수 있었던 원인 가운데 하나인 것은 분명하다. 아프리카 노예문화의 정착과정에 대한 연구는 추가적으로 진행되어야 할 주제이다. 초기에 식민지배자의 입장은 가톨릭 신앙과 문화를 이식하려는 정치사회적 강요로 연결되었고, 이는 제도화로 이어졌으나, 노동생산성과 노동인력의 저항을 완화하려는 추가적 정책 등이 제기되면서, 점차 까빌도의 문화적 완충기능과 자치 문화유지 정책 등과 같은 태도가 교차되고 병행되었기 때문이다. 강요와 방치가 병행되었던 것이다.

쿠바의 노예들은 요루바 신앙을 통해 문화정체성을 유지할 수 있었으며, 외형적으로 가톨릭 신앙의 수용과정에서 종교융합의 대표적 사례를 만들게 된다.

1886년(브라질은 1888년) 노예무역이 완전히 금지될 때까지 서아프리카에서 유입된 흑인 노예들의 숫자는 지속적으로 늘어났으나, 아바꾸아와 빨로 몬떼, 산테리아 등 아프리카계 쿠바 종교는 여전히 까빌도와 도시 외곽지역 중심으로 확산되었고, 도시 내부로의 진입은 느슨하게 이뤄지고 있었다.

자신이 인종적 혼혈로서 물라또였던 바티스타 대통령은 산테리아 의례에 참석함으로써 혼혈과 흑인 시민들의 공감대를 자극하기도 하였다(Gott, 2004: 173). 그러나 부패했던 바티스타 정권은 혁명의 회오리에 직격탄을 맞이했고, 쿠바 혁명은 산테리아의 운명을 뒤흔들기 충분했다. 혁명을 계기로 쿠바를 떠난 많은 이민자들의 영향으로 미국과 베네수엘라, 멕시코, 콜롬비아 등지에서 광범위한 종교 확산이 이뤄진 것(Penyak, 2006: 330~331)은 요루바 신앙의 2차 이산(Diaspora) 형태이며, 그 결과 최근에는 멕시코와 미국 등지를 포함한 아메리카 대륙 전역으로 확장되는 기세가 엿보이기도 한다.

흑인 문화의 유입과 가톨릭 문화와의 융합에 따른 쿠바의 종교적 정체성은 가톨릭과 산테리아로 명확하게 이분법적으로 구별되기 어렵다. 대부분의 전문가들은 교황의 방문이 있던 1998년 당시 인구 1,200만 명 가운데 400여만 명이 공식적인 가톨릭 신자이지만, 산테리아를 중심으로 빨로 몬떼(Palo Monte)와 아바꾸아(Abakuá)와 관련된 의례를 경험하거나 일상적 모임에 참석하는 사람들의 숫자가 오백만 명에 이를 것(Gott, 2004: 307)이라고 지적한다. 물론 통계의 조건과 방식에 따라 오차의 범위가 확대될 개연성이 큰 것은 사실이지만, 공식종교로서 가톨릭의 위세와 역사에도 불구하고 산테리아의 의례와 행사가 상대적으로 활발하다는 근거자료로 삼기에는 충분할 것이다. 중요한 것은 최근 가톨릭의 세력이 산테리아의 성장세에 밀리고 있다는 사실과 더불어, 가톨릭 신자이면서 산테리아 입문자인 경우가 의외로 상당한 수치에 달하기 때문에 가톨릭과 산테리아를 차별적으로 구분하기란 현실적으로 거의 불가능하다는 사실이다. 많은 이들에게 가톨릭과 산테리아는 단순히 다양한 요소들의 병존이나 물리적 결합의 형태가 아니라, 신앙적 차원에서 화학적 융합의 속성이라는 특징을 지니기 때문이다.

(2) '유사성의 공유'와 '신앙의 융합'

가톨릭과 산테리아는 본질과 유래를 달리하는 차별성에도 불구하고, 모두 신과 개인이 매개적 존재인 성인들의 안내를 받는다는 구도에서는 공통요소를 공유한다. 이는 두 종교의 융합에 있어서 핵심적인 내용이다. 요루바 신앙의 가톨릭적 합체의 결과물은 성모 공경을 포함하여, 다양한 성인에 대한 공경과 물신적 의존의 형식으로 파생되어 나타나는데, 이 과정에서 가톨릭 사제와 산테로(Santero)는 초자연적 신의 섭리와 원리를 해석하여 제공하는 통역자(traductor)의 역할을 수행한다(Morfi: 77). 가톨릭 사제는 주술적 문화양태를 주도하거나 개입하지 않는다는 의미에서 상대적으로 차별되기는 하지만, 입문자 혹은 신앙인으로서 개인이 신의 계시와 징표를 인지하고 수용할 수 있도록 매개적 역할을 수행한다는 측면에서 가톨릭 사제와 산테로는 종교의 본질적 유사성을 공유한다.

'유사성의 공유'는 종교의 결합과 융합이 자연스럽게 이뤄질 수 있는 배경이 된다. 식민지배 계층의 우월적 권력과 구조에도 불구하고, 지배종교였던 가톨릭이 관용(tolerancia)을 가질 수 있었던 것은 가톨릭이 추구하는 '보편성' 때문이 아니라고 전적으로 부인하기는 어렵지만, 무엇보다 성인의 '매개적 역할'에 대한 가톨릭교회의 긍정적 태도변화에 배경이 있다고 보아야 할 것이다. 프란시스코회와 예수회는 요루바 신앙의 가톨릭화에 대해 근본적으로 입장을 달리한다. 가톨릭교회의 다양한 입장 가운데, 프란시스코회가 식민지배 초기 가톨릭교회의 배타적 입장을 반영하고 있다면, 예수회는 가톨릭교회의 종교적 관용의 태도를 반영한다.

종교분열(Cisma)의 시대에 성인의 통공과 중간자로서 매개적 기능과 역할은 반동종교개혁(Contrarreforma)의 핵심적 코드였기 때문이다. 이러한 역사적 배경에서 복음화의 사명을 통해 식민 지배권을 공인받을 수 있었던 스페인과 포르투갈 정부는 영국의 종교적 태도와 차별적 특징을 지닐 수밖에 없었다. 따라서 종교적이면서 동시에 정치적 배경이 요루바 신앙의 가톨릭화에 대해 우호적일 수밖에 없었던 것이다.

산테리아는 가톨릭 성인과 아프리카 신격의 접합이 '신앙의 융합(Syncretism)'으로 나타나는 현상(푸엔테스, 1997: 242)으로서, 브라질에서는 깐돔블레(Candomble), 아이티에서는 보두(Voudoo), 트리니다드에서는 샹고(Xangó)로 변형 생성되어 정착하게 되지만, 대체적으로는 최고신을 정점으로 하위신인 오리샤(Orisha)들의 위계로 구성된 신관은 성인과 오리샤의 상호 교환적 동일화를 통해 신앙의 융합이라는 특징으로 형성된다.

본질적으로 상이한 사회문화적 현상이 동일한 역사적 맥락(historic context)에서 융합되는 과정은 상호접촉을 통한 갈등과 저항의 이질적 요소들이 보편성과 유사성을 매개로 진행되는 것이 보편적이며, 이는 종교적 융합의 이론적 특징이다(Ciattini, 2010: 115~116). 이 과정에서 문화접변(aculturación)과 문화배격(exculturación)은 새로운 필요성과 환경적 조건 혹은 맥락에 따라 조성되는 것으로서(Ciattini, 2010: 117), '저항'과 '수용' 요소들의 변증법적 결합경험이 수반된다.

물론 성인과 오리샤의 유사성은 종교적 역할 및 기능과 의례적 상징이 지닌 유사성으로 연결되며, 도상적 특성으로 연결되기도 한다. 주요 오리샤와 가톨릭 성인들은 의례적 상징성과 도상적 유사성을 기반으로 연결되기도 하지만, 주요한 오리샤의 속성에 가톨릭 성인의 의미가 중요성에 끼워 맞추어진 연결 또한 빈번하다. 또한 가톨릭의 외피를 두른 채 방패막이의 기능을 강화하기 위해 성모가 집중적으로 언급되는 것은 성모의 '매개적' 역할에 대한 역사적 조건에 부응하기 위한 의미로 볼 수 있다.

두 종교의 의례 및 상징에서의 유사성에 대한 접근은 사실상 가톨릭의 외피를 통해 안정적으로 전통종교를 보존하겠다는 측면에서 의도된 것으로 볼 수 있다. 흑인 노예들에게 가톨릭 성인과 성체 숭배의식은 아프리카 신앙을 숨길 수 있는 방패막이가 되어 주었다(위르봉, 2009: 28). 이러한 구도는 산테리아의 형성과정과 거의 동일한 배경을 경험한 부두교의 의식연례표를 살펴보면 가톨릭의 의식연례표와 거의 비슷하다는 사실에서도 확인할 수 있다(위르봉, 2009: 106). "바다의 여신 예마야가 뱃사람들의 수호여신, 특히 아바나 항구의 수호여신인 '레글라의 성모'로 바뀌었다"는 기술(푸엔테스, 1997: 243)은 종교적 심상의 유사성이 '의도적' 결합의 이유였음을 지적한다. 그는 이 종교의 혼합에서 보다 주목할 만한 동화(同化)의 사례로서 <표 1>에서 보듯, 성녀 바르바라와 아프리카계 쿠바 종교 속에서 전쟁의 신 샹고(Xangó)가 이미지적 속성(푸엔테스, 1997: 243~244)에 따라 결합되는 방식에 주목했다.

이러한 해석은 가톨릭과 산테리아가 지닌 유사성이 성인들에 대한 공경의 외형적 방식을 통해 종교의 구조가 형성되었음을 확인하고 있다. 이러한 역할과 도상적 유사성은 주요한 가톨릭 성인과 산테리아 신격 사이에서 형성되는 <표 1>과 같은 관계를 통해 쉽게 확인할 수 있는데, 특히 성모 공경과 오리샤 공경은 신자와 신의 매

<표 1> 오리샤와 성인의 이미지 속성에 따른 혼합관계

오리샤	성인	속성
예마야(Yemay)	레글라의 성모 (Nuestra Señora de la Regla)	바다(호수)
샹고(Xangó)	성녀 바르바라 (Santa Barbara)	정의(분노), 천둥, 번개
오슌(Ochún)	자선의 성모(Nuestra Señora de la Caridad)	강, 물, 황금(풍요)
오바딸라 (Obatalá)	자비의 성모(Nuestra Señora de las Mercedes)	오리샤와 인간의 아버지
오야(Oyá)	깐델라리아 성모 (Nuestra Señora de la Candelaria)	불, 바람

De la Torre(2004: 54~55)와 Natalia Bolívar(1997: 166)을 재구성한 것임.

개자로서 성인의 역할이라는 의미에서 긍정적이었으며, 성인의 성별과 관계없이 오리샤의 종교적 기능과 역할에 맞춰 쌍을 이루곤 한다.

중요한 것은 산테리아와 가톨릭을 이분법적으로 구분하지 않는 사람들이 의외로 많다는 데에 있다. 역사적 배경을 달리하면서, 때론 가톨릭이 산테리아를 숭배하기 위한 방패막과 외투이기도 하였지만, 오랜 세월이 지나면서 서로 본질적으로 이질적 요소를 포함한 두 종교가 하나로 융합되어 그 구분이 불명확하게 되는 시점에 이르기도 한다. 델 라 또레는 스스로의 종교적 정체성과 관련해서, "우리는 정통 로마 가톨릭 신자이다. 다만 우리는 우리 고유의 방식으로 믿는 것뿐이다"("We are apostolic Roman Catholics, but we believe in our own way", Santería The Beliefs and Rituals of a Growing Religion in America, Wm. B. Eerdmans Publishing Co., Cambridge, 2004, p.1)라고 고백할 때, 이를 그와 주변의 많은 사람들이 갖고 있는 믿음의 방식에 대한 선언이라고 보아야 할 것인가 하는 의문이 제기된다.

사실 쿠바에서 아프리카계 쿠바 종교는 오랜 역사적 배경을 토대로 오늘날의 형태와 위상에 이르렀으며, 시대에 따라 사회적으로 다양한 평가의 대상이었다. 쿠바 혁명이 발발하기 전 1950년대 당시 산테리아의 위상은 비교적 높았으며, 매우 광범위한 대상층이 산테리아 의례에 참석하였고, 최소한 인구의 3/4은 일상적 의례에 참석한 것으로 파악된다. 당시 쿠바의 공식 종교는 가톨릭이었으나, 아프리카계 쿠바 종교에서 숭배되는 신들이 가톨릭 성인과 화학적 결합의 형태를 띤 새로운 형태의 혼합종교(Suchlicki, 2002: 123)를 믿는 인구는 절대적이었던 것이다. 혁명 직전 통수권자였던 바띠스따의 경우에는 스스로가 혈통적으로 물라또라는 사실 때문에 전통적으로 백인에 의해 지배되었던 사회의 질서이념과 백인우월주의에 대항하는 정치적 의도에서 산테리아 의례에 공공연하게 참석하곤 하였다(Gott, 2004: 173). 쿠바 사회주의 혁명이 40년을 바라보는 1998년 교황 요한 바오로 2세가 쿠바를 방문했을 당시, 쿠바 가톨릭 신자는 공식적으로 4백만 명에 달했으며, 이는 전체 인구 1천1백만 명의 36%에 해당하는 수치였으나, 대부분은 형식적으로 가톨릭 신자이지만, 실질적으로는 산테리아에 고무되어 있어서, 일상적으로 주일 미사에 참석하는 정규적인 신자는 평균 십오만 명이 고작이었다는 지적(Gott, 2004: 307)은 쿠바 역시 다른 중남미 국가들의 경우처럼 형식적 신자들의 비율이 쇠퇴하는 한편 개신교 신자들의 비율이 증가하고 있음을 의미하기도 하지만, 산테리아로 대표되는 아프리카계 쿠바의 혼합 종교를 믿는 신자들의 숫자가 5백만 명으로 추산되고(Ibid.), 그들 가운데 대부분이 가톨릭을 공식적으로 믿고 있다는 사실에서 무엇보다 쿠바 사회에서 독특한 현상으로 존재하는 가톨릭과 산테리아의 관계를 조망해야 하는 필요성과 당위성에 대한 인식이 될 것이다. 1990년대 개신교의 확장은 놀라운 속도를 보였으며, 약 900여 개의 독립교회의 숫자는 같은 기간에 파악된 가톨릭 성당이 650여 개라는 사실과 비교되는 현실이다(고트, 2004: 307).

사회주의 국가 쿠바의 종교문화를 바라보는 일부 자본주의 국가들의 편견과는 달리 쿠바 종교문화의 스펙트럼은 의외로 매우 광범위하여, 신앙과 신념에 있어서 가톨릭은 물론이고, 산테리아와 빨로 몬떼(Palo Monte) 및 아바꾸아(Abakuá) 등과 같은 아프리카계 쿠바 종교에 이르는 다양한 신앙행위가 현실적으로 수용될 수 있다는 사실은 쿠바 사회를 바라보는 시선에서 간과되어서는 곤란한 요소이다. 고트는 주목할 만한 사실로서 쿠바 공산당원 가운데 상당수가 산테리아 신봉자이며, 거의 모든 정치기관에서 다양한 신앙과 종교의 신봉자들을 찾을 수 있다는 실태를 지적한다(2004: 308). 쿠바 의회는 1992년 헌법 개정을 통해서, 쿠바 사회는 무신론자라기보다는 세속적임을 선언했다는 사실을 염두에 두어야 할 것이다.

하지만 초월적 존재나 종교적 대상에 대한 믿음에 있어서 비교적 높은 수치를 기록한 설문결과는 구체적으로 곤란에 처했을 때 의존하는 대상으로서 자연적 존재에 비해 매우 낮은 비율에 속할 만큼 일상에서 종교적 의존도는 그리 높지 않다고 보아야 할 것이다.

흥미로운 사실은 폴란드 출신으로서 공산주의를 엄격한 시선으로 바라보는 보수 신학자 교황이 사회주의 국가 쿠바를 방문하면서, 촉발된 가톨릭과 산테리아의 대립구도와 관련된 정황이 쿠바 신자들의 견해와 일치되지 않을 수 있다는 점이다. 교황의 쿠바 방문은 그 자체로서 혁신적인 것이었지만, 막상 쿠바 정부의 고위관료와 지식인들은 가톨릭의 우월적 위상에 방점을 두지는 않았다. 종교의 자유를 언급하되, 가톨릭을 비롯한 개신교와 아프리카계 쿠바 종교 모두에 동일한 대우와 환경을 보장해야 한다는 점에서 쿠바 인민들 모두에게 종교의 혜택이 권익으로서 돌아갈 수 있도록 한다는 방침이 정부의 입장이었으므로, 교황의 방문을 계기로 산테리아에 비해 상대적으로 우월적인 위상을 기대했던 쿠바 가톨릭교회의 입장은 다소 일방적인 프러포즈로 비쳐지기도 했다는 사실은 흥미롭다. 당시 국회의장이었던 리까르도 알라르꼰(Ricardo Alarcón)은 *The Time*과의 기자회견에서 과거 주도적 역할을 행사하던 특정 종교가 다른 종교들을 차별하던 시대로 돌아갈 수 없으며, 이는 국가가 모든 이들에게 종교 자유를 보장하려는 의무로부터 비롯된다고 피력했다("We cannot go back to the time when on particular religion had the dominant role, because that is a way to descriminate against others. The obligation of the state is to guarantee freedom or religion, and that implies dealing with all of them on an equal footing." *The Time*, Jan. 26, 1998).

쿠바 정부는 여전히 명확한 태도를 드러내지 않은 채 막연하게 종교적 자유에 대한 관용을 얘기하지만, 쿠바 가톨릭교회가 제기하는 의혹처럼 외국 관광자본을 끌어들이기 위해서 산테리아를 종교의례와 신념으로 보기보다는 민속과 전통의 요소를 포함한 축제적 의례로 보려는 것이 쿠바 정부의 정책은 아닌가 하는 의구심을 해소하지 못하고 있다.

분명한 점은 대부분 쿠바인들이 산테리아를 쿠바의 역사적 환경과 맥락에서 이질적 종교문화의 다양한 요소들로 형성된 종교라는 객관적 사실로서 편견 없이 수용하고 있으며, 나아가 쿠바의 사회문화적 정체성을 대표할 뿐 아니라, 쿠바의 사회적 건전성 진흥과 사회적 연대감을 위해 견고한 긍정적 요소로서의 기능과 역할을 수행하고 있다고 '적극적'이고 '긍정적'으로 인식하는 편이라는 사실이다. 이러한 시각은 쿠바 사회에서 산테리아의 사회문화적 기능과 역할에 대한 긍정적 전망을 가능하게 한다.

3) 종교문화의 혼종성: 죽은 자들의 날과 조상숭배의례

'죽은 자들의 날(Día de muertos)'은 '죽은 자의 날', '죽은 자들의 날', '사자의 날', '망자의 날' 등으로 다양하게 번역되어 통용되는 축제로서 11월 1일과 2일에 걸쳐 이틀 동안 개최되는 멕시코 고유의 전통축제이다. 가톨릭 신앙에서의 종교적 행사와 식민시대 이전부터 전통적으로 행해지던 조상을 기리던 종교적 의식이 한데 어울려 형성된 대표적인 혼성문화의 하나이다. 본 연구에서는 'Día de muertos'의 용어를 '죽은 자들의 날'로 번역하여 사용하기로 한다. 죽은 자들의 날은 멕시코 고유의 대표적인 축제이며, 멕시코 문화정체성을 구성하는 상징적 대상이며 대표적 문화코드이다. 유네스코는 20년의 준비기간을 거쳐 2001년 5월 18일자 세계무형유산 등재를 위한 기본 안을 마련하였으며, '죽은 자들의 날'은 2003년 첫해에 세계무형유산으로 등재되었다. 이는 '죽은 자들의 날'이 세계적으로 보존 가치가 높은 무형유산이라는 사실을 인정하는 공식적 선언이며, 따라서 학술적 연구의 대상이 될 충분한 가치가 있음을 의미한다. 하지만 본 연구는 '죽은 자들의 날'이 세계무형유산으로 등재되었다는 사실에 주목하지 않는다. 멕시코가 2010년 기준으로 세계문화유산에 20개 문화재를 등재하고 있으며, 자연유산으로 2개를 등재했을 정도의 문화유산의 강대국이라는 사실 이외에도, 무형문화재로 등재된 '죽은 자들의 날'이 지닌 사실 모두가 중요한 것은 분명하지만, 세계무형유산 '등재'라는 의미가 주는 명암을 잘 조망해야 할 충분한 필요가 있기 때문이다.

유네스코 등재의 사유가 과거의 전통을 소중한 유산으로서 현재까지 잘 살리고 있는 특별한 경우에 한정한다는 사실은, 또한 동시에 급변하는 세계 환경에서 소실될 수도 있는 위험에 직면하지 않도록 대상을 보호해야 한다는 포괄적 의미와 함께 인식되어야 하기 때문이다. 유네스코의 세계무형유산 등재의 정신(Conaculta, 2006: 14)이 "최근 수십 년 동안 현기증 날 정도로 급변하는 사회에서 많은 사회집단의 특성을 구성하는 살아 있는 유산의 가치를 지닌 것으로서 [문화] 정체성을 구성하는 대상이 소멸의 위협으로부터 안전할 수 있도록 보호하기 위한 목적"에 있음에 주목한다면, '죽은 자들의 날'은 현재적 자산으로서 멕시코 후손들에게 얼마만큼의 친밀감으로 인식되고 있는지 분석적 접근이 필요하다.

멕시코 정부는 '죽은 자들의 날'을 국가적 축제의 형태로 확대하여 국내외적인 차원의 관광자산으로 활용할 방안을 조성하려는 기획을 마련하고 있지만, 보다 본질적인 것은 멕시코 사람들에게 어떠한 형태로 수용되고 있느냐 하는 인식의 확인작업이 될 수 있을 것이다. 최근 들어 할로윈의 상업적 영향이 점차 커지면서 '죽은 자들의 날'과의 경계가 점차 모호해지는 접경영역이 늘어가고 있는 가운데, '죽은 자들의 날'을 소재로 한 B급 호러영화들이 꾸준하게 인기를 끌면서 대내외적으로 이미지가 왜곡되는 경향이 드러난다.

(1) '죽은 자들의 날'의 기원과 의미

'죽은 자들의 날'의 기원이 스페인의 멕시코 정복 이전까지 거슬러 올라가 아스테카인들의 정신과 문화를 계승하여 현대에 이르는 무형유산인 것은 분명하다. 이날은 11월 1일과 2일에 걸쳐 이틀 동안 죽은 가족들이 묻혀 있는 묘지를 찾아 꽃과 촛불, 종이 장식과 먹을 것으로 제단을 장식하며 살아 있는 자와 죽은 자들이 즐거운 만남의 시간을 갖는 종교문화의례로서 현 멕시코인들의 일상적 행위이며, 의례적 축제이다. 유네스코에서 규정하는 무형유산은 건축물 등 유형의 대상을 통해 드러나는 문화유산과 대비되는 개념으로서 인식과 풍습 등을 통해 특징이 드러나는 형태의 유산을 지적하는 것

'죽은 자들의 날'을 가장 대중적으로 잘 표현한 작가,
포사다의 대표작

이므로 그에 따른 유형적 유산의 유무와는 무관한 개념이다. 따라서 무형유산의 개념은 '죽은 자들의 날'이 갖는 정신적 의미에 집중하지만, 빵과 물, 종이, 촛불 등 제단 및 장식 등 유형물을 포함한다.

죽은 사람들을 위한 아스테카인들의 의례는 농경문화로부터 유래한 것으로 추정된다. 추수가 시작되는 기간에 죽은 이들을 향연에 초대하는 의식이 문화적 의례로서 그 의미가 확장된 것이라는 해석이 일반적이지만(Whizar-Lugo, 2004: 3), 보다 본질적인 내용은 삶과 죽음에 대한 그들의 의식구조에서 발견된다. 고대 아스테카 인들은 삶과 죽음을 별개의 세계에 속한 이원적 형태로 이해하지 않았다. 죽음은 삶의 마지막을 의미하지 않았으며, 이승에서의 삶보다 나은 근원적인 삶을 향한 여정에서 중요한 부분으로 여겨졌다. 모든 죽은 자들은 궁극적으로는 뜰랄록(Tlaloc) 신(神)이 다스리는 세계인 뜰라로깐(Tlalocan)에서 영원한 삶을 영위하게 된다. 하지만 모든 죽은 자들이 영광의 삶을 부여받게 되는 것은 아니다. 자연적으로 죽음을 맞이한 사람들은 가톨릭에서의 연옥 개념과도 유사한 성격의 공간 개념인 치냐우아빤(Chignahuapan)에서의 힘든 나날들을 잘 견뎌내고 난 후에 미챤떼꾸뜰리(Michantecuhtli)에 의해 믹뜰란(Mictlán)에 갈 수 있는 기회를 갖게 되며, 그곳에서 마침내 뜰라로깐으로 갈 수 있는 기회를 기다려야 하기 때문이다. 따라서 죽은 자들의 가족과 친척들은 죽은 자들이 현세와 저승 사이의 공간 개념인 치냐우아빤에서 힘든 시련과 위험을 잘 이겨내고, 일정한 시간을 보낸 뒤 믹뜰란에 갈 때까지 죽은 자들을 보살펴야 했으며, 그들을 위해 연회를 열었던 것이다. 전투 등과 같은 특별한 경우가 아닌 자연적인 원인에 의해 죽은 자들을 위한 연회는 우선, 시신을 돗자리(petate)에 감싸

제단에 모시는 행위를 통해 기본구성이 갖춰지며, 치냐우아빤에서 건강하게 시련을 견뎌낼 수 있도록 원기를 북돋우는 의미에서 충분한 양의 음식과 음료를 준비하는 것으로 정점을 이룬다. 이러한 먹을거리와 장식들은 현대로 오면서 지속적으로 변형되어 왔으며, 심지어 죽은 자들이 좋아하던 물건과 음식 등을 마련하는 경우를 비롯하여 가톨릭 신앙의 매개물인 성상들을 준비하기도 한다. 하지만 가장 기본적인 준비는 음식과 음료, 촛불과 오색 종이 등인데, 이는 아스테카인들이 세상의 본질적 구성요소에 대한 믿음으로부터 유래한 전통이다. 아스테카인들은 사람이 죽으면 공기와 불, 흙, 그리고 물 등과 혼합되어 새롭게 우주의 생명력을 이루는 절대 질료를 제공하게 된다고 믿었으며, 제단에 바친 음식과 장식은 이러한 기본요소에 대한 상징적 의미를 담고 있다(Whizar-Lugo, 2004: 4). 영혼의 갈증을 풀어줄 술, 혹은 음료는 물의 성질을 대표하며, 빵(pan de muerto)은 땅에서 생산된 것으로서 땅의 성질을 대표하고, 촛불은 불을 대표하며, 바람에 날릴 수 있도록 장식해놓은 오색 종이들은 공기를 대표한다. 이러한 빵과 물(혹은 술), 불(촛불), 그리고 종이장식(공기) 등에 대한 본질적인 의미는 삶과 죽음을 분리되지 않은 연장선상에서 이해하는 아스테카인들의 우주를 구성하는 기본요소들에 대한 정신적 유대의 상징이라 할 수 있을 것이다(김기현, 2001: 56~57; 김세건, 2010: 226~235).

아스테카인들은 지금과는 달리 칠월 달에 한번 죽은 자들을 위해 공동체 차원에서 죽은 자들을 위한 연회를 베풀었고, 이러한 공동연회가 오늘날 '죽은 자들의 날'의 기원이 되었던 것이다. 하지만 연회를 찾아오는 영혼은 치냐우아빤의 영혼뿐만 아니라 믹뜰란의 영혼들도 포함되는 것으로 의미가 확장되어, 결국 모든 죽은 자들이 연회를 즐기기 위해 찾아온다고 믿어진다. 따라서 제단인 빤떼온(Panteón)에 제사상을 차리는 이유는 영혼의 기운을 북돋우기 위한 목적 이외에도 산 자와 죽은 자가 하나의 공간에서 모여 즐거운 만남의 시간을 공유하려는 목적으로 그 의미가 확장된다. 보통 장례는 산 자와 죽은 자를 분리해내는 '분리의례'로서의 의미에 집중되지만, 멕시코의 '죽은 자들의 날'의 경우에는 그 의미가 확장되어, 산 자와 죽은 자 사이의 '친밀성'이 유대와 연대의식으로 이어지며, 죽음을 염두에 둔 의례의 엄숙성과는 별도로 죽음에 대한 다의적인 접근의 가능성을 제공하게 된다. 이러한 이유 때문에 '죽은 자들의 날'은 엄숙하거나 슬픈 것이라기보다는 기쁘고 즐거운 연회의 성격이 가능하게 되는 것이다. 축제적 의례에 등장하는 이러한 죽음의 이미지는 호세 과달루뻬 뽀사다(José Guadalupe Posada, 1852~1913)의 작품을 통해 잘 표현되는 것처럼 익살과 해학의 은유적 의미로 연결되기도 한다. 뽀사다는 당시 뽀르피리오 디아스 독재정권 시절 정치인들의 일상을 해골의 모습을 통한 은유적 풍자를 주제로 구성된 판화작품을 많이 남겼으며, 그의 작품은 현재까지도 '죽은 자들의 날'과 관련된 주제의 상징과 이미지로 빈번하게 활용된다. 죽음의 엄숙성이 해학과 익살과 만나는 일종의 '전이적 국면(liminal stage)'으로 해석이 가능한 대목이다.

(2) '죽은 자들의 날'의 역사적 수용과 국가적 문화정체성의 해석

'죽은 자들의 날'의 기원이 아스테카로 거슬러 올라간다는 역사적 사실에 특별한 의미를 부여하고, 축제적 의례가 구성하는 내용이 지닌 고유성을 환기하려는 것은 스탠리(2000: 7)가 지적하듯 멕시코를 민족-국가적 단위에서 스페인과 구별하고, 이후 현재의 미국과 구별할 수 있는 중요한 요소로서 수용되어 멕시코의 문화적 정체성 논의에 긍정적 영향을 행사한다. 이때 "전통은 후손들이 자신들의 정체성을 구성하기 위해 취하는 과거 삶의 형태들 사이에서 하나의 모델이 된다"는 의미(Linnekin, 1983: 241; Brandes, 1988: 7)이다. 그러므로 단순한 역사적 기원의 의미를 넘어서 '죽은 자들의 날'이 멕시코인들에게 어떻게 수용되어 왔는지, 그리고 현재 멕시코의 문화코드로서 어떤 관계망에서 파악될 수 있는지 일별할 필요가 있다.

역사의 기록에 의하면 아스테카인들의 연회는 스페인인들에게 처음부터 적극적인 긍정적 요소로 수용되었다. 복음 전파의 사명으로 식민지 건설의 정당성을 부여했던 스페인 왕실이 누에바 에스파냐(Nueva España)의 수많은 복음 대상자들을 수용하려는 이유도 있었다. 1521년 공식적인 정복 이후 기록된 '죽은 자들의 날'에 대한 묘사는 이교도의 사악하고 괴기한 의례로서 타파되어야 할 행위로 기록된 것이 아니라, 당시 스페인과 유럽에서 그렇게 하듯 죽은 가족

'죽은 자들의 날'은 조상숭배의 오랜 전통이지만, 가톨릭 문화에 수용되어 새로운 종교 문화적 전통으로 이어지고 있다.

의 묘소에 꽃을 가져다놓고 기도를 한다는 점에서 교회 안에서 허용될 수밖에 없는 매우 보편적 문화의례라는 사실과 더불어 가톨릭의례와의 유사성 묘사에 집중되었다. 세부적인 묘사를 남긴 기록들이 거의 없는 상황에서 구체적인 기록의 변화과정을 알기는 불가능하지만(Brandes, 1988: 9~11), 스페인에서 건너온 가톨릭 사제들이 '죽은 자들의 날'과 관련된 의례에 대한 기록에 있어서, 전반적으로 긍정적인 입장을 표명하여 왔음은 정황으로 볼 때 분명한 사실로서 수용된다. 이는 조상숭배와 포괄적 의미에서 관련된 '종교적 의례(Rito religioso)'로서 행사를 이해하여 이교도적 속성을 내재한 의례로 파악한 것이라기보다는 아스테카인들의 종교적 의례가 가톨릭 고유문화와 유사하다는 점에서 절충적(lo ecléctico) 입장에서 해석되어 왔기 때문일 것이다. 한편으로는 수많은 아스테카 인들의 정서에 공감함으로써 복음을 위한 순조로운 전략적 선택이었을 가능성이 높으며, 다른 한편으로는 이교도의 이질적 행위가 아닌 교회 안에서 수용하는 공식행사로서 11월 1일의 '모든 성인 대축일'과 2일의 '위령의 날'과의 유사성으로 교회 안의 폐쇄적 강경파들의 입장을 누그러뜨릴 수 있었을 것이기 때문이다.

'죽은 자들의 날'이 멕시코의 오랜 전통요소를 포함하는 상징인 것은 분명하다. 하지만 멕시코의 국가적 상징이라는 의미와 '국가 차원(dimensión nacionalista)'의 상징이라는 의미는 구분된다. 민족-국가 개념에서 포괄적 의미로 국가적 상징이라는 표현은 긍정적이다. 그러나 국가 차원이라는 용어는 근본적으로 근대국가라는 개념이 적용될 수 없기 때문이기도 하며, 무엇보다 역사적으로 '죽은 자들의 날'이 국가적 대표성을 지녀 왔느냐 하는 시민의식과 관련된다. 결국 '죽은 자들의 날'이 현대에 이르러서 문화적 '자산가치'로 인정받으면서, 정부가 앞장서서 '죽은 자들의 날'을 국가적 상징으로서 적극적으로 활용하려는 접근방식과는 상대적으로 구분되는 것으로서 오히려 자연스럽게 일상에서 유지되고 보존되어 온 풍습으로 보아야 하는 것이다. '죽은 자들의 날'이 수세기 동안 국가 차원에서 멕시코의 문화정체성을 상징해 왔다고 주장하기는 논리적 타당성이 부족하다. 국가적 상징과 국가차원의 용어의 사용이 근대국가로서 멕시코의 개념과 혼동되지 않는 범위에서 출발하면서도, '죽은 자들의 날'이 과연 국가적 차원에서 '보편성'을 지녀 왔으며, '대표성'을 지녀 왔는가 하는 고찰과 객관 타당한 평가가 필요하기 때문이다. 하지만 분명하게 역사에서 드러나는 사실들은 '죽은 자들의 날'이 아스테카 문화에 뿌리를 두고 있는 멕시코 지역 문명의 가장 기본적인 정서와 밀접하게 닿아 있다는 사실과 더불어 근대국가로서 멕시코가 형성되어 가는 오랜 역사처럼 '죽은 자들의 날' 또한 긴 세월 동안 변형 생성의 역사를 지녀 왔을 것이라는 정황이다. 구태여 국가 차원에서 상징성을 얘기하려면, 식민지 이전의 시대가 아닌 20세기 초로 거슬러 올라가야 한다는 것이 일반적인 입장이다 (Brandes, 1988: 9). 하지만 정작 중요한 것은 국가적 정체성의 문제가 아니라, 일반 민중들의 삶에서의 의미이며, 특히 현재의 멕시코인들이 행사에 참여하는 실증적인 사실관계일 것이다. 담론으로서 문화 혼종성을 얘기하기보다는 실체적 대상에 대한 접근이라는 토대적 연구가 필요한 상황이다.

'죽은 자들의 날'은 대도시와 농촌 지역의 구분이 없이 범국가적 차원의 축제로 수용되고 있다. 이는 실체적으로 멕시코의 문화정체성을 구성할 만큼 범국가적인 문화제전이기 때문이다. 물론 대도시와 농촌 간의 지역적 수용의 정도는 차이가 있을 수 있으며, 특히 전통이 많이 남아 있는 원주민 토착지역과 대도시와 수용의 정도는 제법 클 수밖에 없을 것이다. 그럼에도 불구하고 멕시코 정부에서 발표한 것처럼 '죽은 자들의 날'은 멕시코의 문화를 반영하는 대표적 무형유산으로 국가의 정체성과도 긴밀하게 연결되는 문화코드이다.

(3) 다문화적 요소의 공존과 통합

결과적으로 역사적 수용의 과정은 의례적 현상에 나타난 '보편성(Universality)'을 공통적 요소로서 긍정적으로 수용하는 공감에 배경을 두어, 순조로운 '문화전달(Cultural Transmission)'의 역사를 구성한 것으로 볼 수 있다. 오늘날 '혼종성(Hibridity)'의 용어로 해석되는 다양한 이질적 요소들의 집단구성 개념은 이러한 이질적 요소들 속에 상존하는 것을 찾아내려는 보편성의 원칙으로 '한데 묶으려는 시도'의 이면으로 파악된다.

아스테카인들의 삶과 죽음에 대한 일원론적인 접근은 본질적으로 서구적 사유체제와 본질적으로 유의미한 차이를 보인다. 아스테카인들과 가톨릭 신자들이 규정하는 사후세계는 명확하게 다른 개념을 반영하고 있을 뿐 아니라, 실체론적 시각에서 본질을 달리하고 있다. 하지만 가톨릭 신앙에서의 '연옥(Purgatorio)'의 개념과 아스테카 신앙에서의 '치냐우아빤(Chignahuapan)'의 개념은 보편성과 공감대를 지향하는 이질적 요소들을 극복할 수 있는 매개적 역할을 수행하게 된다. 연옥 영혼들을 위한 기도행위나 치냐우아빤의 영혼들을 위한 의례(혹은 기도) 행위는 삶의 공간과 죽음의 성스러운 공간(lugar sagrado)이 하나의 공통공간에서 '위령의 날'과 '죽은 자들의 날'이 공통으로 지니는 시간에 행해지는 의미를 지니게 되는 것이다. 이는 프로이트가 종교적 시각에서 타나토스와 에로스를 통해 각각 죽음의 열망과 삶의 열망이 마주치는 갈등구조를 '마치(als ob)'의 기능적 관계망을 통해 해소할 수 있다고 주장하는 것과 기능적으로 유사한 형태를 지닌다. '마치'는 프로이트 당대의 종교철학자인 바이힝거 H. Vaihinger의 개념으로서 als ob은 영어의 as if의 번역어에 해당한다. 종교의 주장들이 말하는 사후세계는 "한갓 꿈의 그림자를 넘어선 희망"일 뿐이며, 철학적 논리의 사유체계에 따르면 가능성의 논리적 영역을 인지철학의 입장에서 종교적 신앙의 환상적 성격을 일반화하여 피력하는 의미에서 통용되는 용어이다[존 바우커, 1991, *The meanings of death,* Cambridge: Cambridge University Press, 『죽음의 의미』(박규태·유기쁨 옮김)(2005), 파주: 청년사].

'죽은 자들의 날'의 의례는 수많은 아스테카 전통신앙의 흔적이 있으나, 또한 동시에 가톨릭 신앙과의 혼종적 흔적을 많이 담고 있다. '죽은 자들의 날'은 종교적으로 이질적인 요소들의 공존과 통합이 고스란히 드러나는 의례이다. 가톨릭의 성인 유골에 대한 경배의식과 아스테카인들에게 있어서의 유골 경배의식이 닮아 있기 때문에 '죽은 자들의 날'이 지닌 이질적 문화요소의 가톨릭 입장에서의 수용은 어렵지 않았다. 경배대상이 성인이냐 조상이냐의 문제는 종교적 핵심이기는 했지만, 일상적 삶의 형태에서 유골과 해골을 모시고 죽음의 의미를 고찰하고 삶의 태도를 새롭게 정립하려는 의도는 기본적으로 유사하게 수용되었다(Alicia Bazarte Martínez, 2006: 59

~60). 따라서 '죽은 자들의 날'에 성당에 모셔진 성인들의 유골을 경배하는 혼종적 의례가 오랜 역사를 띠게 된 것은 매우 자연스럽다.

'죽은 자들의 날'에서 묘사되는 해골은 산 자들이 죽음과 직면하는 경험을 상징하는 것으로서 낯설고 두려운 대상으로서의 죽음이 아니라 가까운 사람들의 죽음을 통해 친근하게 경험할 수 있는 친밀한 대상으로 전환되어 표현된다. 해골로 표상되는 죽음을 해학과 유머의 대상으로 삼는 '죽은 자들의 날'의 축제적 의례는 멕시코의 문화적 정체성을 상징하는 고유의 속성으로 수용된다.

할로윈 데이가 멕시코 사회에서 적극적인 영향력을 행사하게 된 것은 1990년대의 일이다. 상업적 용도에 의해 대규모로 제작되어 유통되는 유아용 가면들은 마녀와 악마, 유령들의 모습을 통해 멕시코 전역의 전통시장에서 본격적인 모습을 드러내었으며, 미국에서 그러한 것처럼 유명 연예인이나 정치인들의 모습을 한 가면들도 등장하였다. 특히 할로윈을 상징하는 호박 등불은 '죽은 자들의 날'을 위한 소품으로 등장하는 설탕 빵이나 해골, 관 등의 물품과 나란히 가판대를 메우곤 한다(Brandes, 1988: 14).

대부분 종교적 의례의 본질이 그러하듯, 전혀 다른 역사와 배경을 지니고 있었던 할로윈 축제와 '죽은 자들의 날'은 우연하게 유사점을 지니고 있다. 켈트 문화권인 아일랜드와 스코틀랜드, 골 지방에서 켈트인들은 자신들의 달력에 의한 정월 첫날인 11월 1일이면, 지난 일 년 동안 죽은 자들이 산 자들의 땅을 방문할 수 있다고 여겼으며, 새해 첫날 산 자들은 죽은 자들을 위한 의례를 준비하였고 이러한 전통은 기독교의 전래와 함께 혼종적으로 변화되어 기독교 의례의 하나로 수용되었으며, 한편으로는 할로윈의 전통으로 다른 한편으로는 가톨릭의 '위령의 날'로 발전하게 되었다. 기독교의 전파 이후 역사를 통해 할로윈 축제는 가톨릭 의례와 유사한 시기에 거행됨으로써 수세기에 걸쳐 유기적 관계를 설정하여 왔다(Brandes, 1988: 15~17).

할로윈과 '죽은 자들의 날'은 죽음에 대한 친밀성을 기초로 형성되었지만, '죽은 자들의 날'이 할로윈에 비해 죽음을 대하는 정서가 보다 긍정적이고 친밀하게 표현된다. 할로윈이 죽음에 대한 공포와 두려움을 보다 많이 담고 있다고 보아야 할 것이다.

종교적 의례 혹은 축제적 의례로서 '죽은 자들의 날'에 대한 멕시코인들의 정서는 긍정적인 것으로 논의된다. 그럼에도 불구하고 할리우드에서 제작되는 '죽은 자들의 날'과 관련된 영화들은 철저하게 공포와 테러를 본질로 구성한 B급 영화들이다. 'Day of the dead'나 'Days of the dead' 등의 이름으로 제작된 수십 편의 영화들은 조지 A. 로메로 감독과 경우를 예외적으로 거의 모두 B급 영화들이다. George A. Romero 감독은 1985년 <Day of the Dead>라는 영화를 제작하였으며, 죽음의 공포를 진지하게 다루고 있다. 그러나 제목의 유사성에도 불구하고, 영화는 멕시코의 축제가 지니고 있는 죽음에 대한 해석의 풍성함을 따르지 못한 채 공포와 전율에 의존하는 경향을 드러낸다. 죽은 시체가 일어나서 좀비가 되어 시내를 활보하고, 이유 없이 산 자들을 공격하며, 흡혈 전염병처럼 점차 자신들의 영역과 힘을 늘려가는 과정에서 관객들의 공포를 자아내는 영화들은 멕시코의 축제적 의례와는 전혀 무관하다. 그럼에도 불구하고 몇몇 영화들은 소재와 공간을 멕시코와 미국의 국경으로 설정하고 멕시코인들을 등장시키며, 철저하게 상업화되어 가고 있는 할로윈 축제의 경우처럼 '죽은 자들의 날'을 폄하하고 있다. B급 영화의 범람이 '죽은 자들의 날'의 의미를 퇴색시키기에는 역부족인 것은 분명해 보인다. 하지만 '죽은 자들의 날'의 진정한 의미를 드러내기 위한 차원의 긍정적 이미지의 영화가 전혀 없다는 점과 비교할 때 간과할 수만은 없는 문제이다.

흥미로운 것은 미국 교육기관이 주관하는 문화행사 교육프로그램의 구성이다. 대부분의 자료들이 11월 1일과 2일을 행사에 포함시키고 있는 것은 아니지만, 학교에서 실습이 가능할 수 있는 교안을 구성한다. 본 연구와 관련하여 중요한 점은 '죽은 자들의 날'을 설명하면서, 'special family days'로 명명하고 죽은 조상들과의 화목을 목적으로 밝히고 있다는 점에서 본질적으로 할로윈 축제와 일정 부분 구분하고 있는 대목이다. 그러나 멕시코의 전형적인 축제나 의례라는 정체성을 강조하기보다는 다양한 멕시코인들과 멕시코 이민자들의 풍습으로 소개하는 문화프로그램의 성격이 강한 측면이 있다. 전체적으로 자료들이 지닌 공통점은 다문화적 구성이라는 미국의 특성을 반영한 교육프로그램이라 할 수 있다.

유네스코 무형유산으로서 '죽은 자들의 날'이 정부의 프로그램에 의해 지원되는 것은 당연한 일이다. 멕시코 정부로서는 틀라우악(Tláhuac), 소치밀코(Xochimilco), 믹스킥(Mixquic)(López-Soriano E., 1990: 1~64) 등 축제적 의례가 상대적으로 잘 보존되어 있는 지역에 대한 지원프로그램은 물론이고, 국가의 문화정체성으로서 '죽은 자들의 날'을 대내외적으로 홍보하고 지원하는 정책을 개발하고 있다. 물론 '죽은 자들의 날'이 지닌 축제적 의례의 원형을 보존하고 미래적 가치를 지닌 유산으로서의 내용을 정비하려는 노력이 주된 목적일 것은 분명하지만, 대외적으로 긍정적 이미지와 국가 브랜드 제고를 위한 목적과 대내적으로 멕시코의 국가적 상징성을 통한 국가통합의 이미지 제고의 목적도 고려한 정책이 고려되었을 가능성이 크다는 점에서 '죽은 자들의 날'의 정신과 의미에 대한 다양한 논의와 고찰이 지속적으로 필요하다.

'죽은 자들의 날'은 멕시코의 전통문화 축제이며 종교적 의례의 성격을 지니고 있다. 아스테카의 종교의례로서 시작되던 '죽은 자들의 날'은 스페인의 멕시코 정복 이후 가톨릭과 혼종적으로 융합되어 오늘의 형태에 이른다. 역사적으로 가톨릭이 아스테카의 문화적 다양성을 복음차원에서 수용하는 과정에서 가능했던 혼종성은 멕시코의 문화적 정체성의 한 구성요소가 된다. '죽은 자들의 날'은 유네스코 세계 무형유산으로 등재될 만큼 세계적으로 중요한 자산으로 가치를 인정받고 있다. 문화정체성의 구성요소로서 문화코드로서의 '죽은 자들의 날'이 지닌 인식도의 정도는 매우 긍정적이며, 종교 간의 차별성의 존재 여부는 개신교 신자들의 응답에 대한 분석을 통해 상당부분 밝혀질 수 있다. 대다수의 국민들이 '죽은 자들의 날'에 대한 기본정보에 대해서는 매우 높은 긍정적 지수를 나타내는데, 결과적으로 국민적인 인식의 대상으로서 '죽은 자들의 날'은 매우 긍정적인 이미지로 반영되고 있으며, 대체적으로 긍정적인 평가와 인상을 보여주고 있으나, 지역별에 의한 차이는 유의미한 정도에서 전체 유형을 유지하면서 약간의 경향을 드러내는 정도로 파악될 수 있고, 종교별 인식은 매우 큰 정도의 유의미한 차이를 드러낸다.

일부 농촌지역과 원주민 집단 거주지역에서 '죽은 자들의 날'은 단순한 축제에 머무는 것이 아니라, 여전히 삶의 중심을 차지하며

그들의 우주관과 자연관을 형성하는 기본 축이다.

(4) 죽은 조상의 영혼과 나비의 회귀: 모렐리아 나비의 계곡

미초아깐(Michoacan) 주(州)의 주도 모렐리아 인근에는 토착 원주
민인 뿌레빠차(Purepacha) 종족이 살고 있는 산악지역이 있다. 원주
민들은 산중에 특정한 곳을 가리켜 '죽은 자들의 영혼이 깃드는 곳'
이라고 부른다. 2008년 세계 자연유산에 등재된 이곳은 '나비의 성
지'라 불리는데, 울창한 소나무와 떡갈나무 숲으로 주변에 호수에
둘러싸인 천혜의 지역이다. 매년 11월이면 캐나다 남서부에서 제왕
나비들이 4,500km의 엄청난 여정을 통해 멕시코의 모렐리아까지 날
아왔다가 이듬해 3월까지 월동을 하는 장소이다. 연평균 8도에서 22
도를 유지하는 월동을 위한 최적의 장소인 '나비의 성지'에서 나비
들의 비상을 관찰하는 기회는 그야말로 숨이 막힐 정도로 아름답고
감격스럽다.

2011년 1월 EBS <세계테마기행> 촬영팀과 함께 방문한 '나비의
성지'는 한창 월동 중인 나비들의 고적한 낙원이었다. 3,000m가 넘

는 험준한 산등성이를 세 시간가량을 걸어 도착한 작은 능선은 햇살을 가득 품고 있었다. 오전의 차가운 공기가 떠오른 태양으로 더워지기 시작하자, 포도송이처럼 수백 겹으로 매달려 있던 제왕나비들이 일제히 날아오르기 시작했고, 하늘은 온통 수만 마리의 나비들로 장관을 이뤘다.

처음에는 나뭇가지에 매달린 박쥐나 덤불처럼 생명력이 느껴지지 않는 어두운 색 덩어리들이었는데, 조금씩 하늘로 날아오르면서 겹겹이 벗겨지면서 일대 나무에 매달려 있는 수천, 수만의 덩어리들이 모두 나비들의 군집이 만들어낸 광경이었음을 깨닫게 된다. 아마도 뿌레빠차 원주민들이 처음 이러한 광경을 목도하였을 때에도 생명이 없는 것처럼 거무튀튀한 그림자가 붉게 하늘을 수놓는 생명의 혼처럼 느껴졌을 것이다.

하지만 4,500km의 먼 여정을 약 2~3개월 동안 거의 쉬지도 못한 채 날아온 나비들 가운데 상당수는 아름다운 비상조차 제대로 하지 못한 채 싸늘한 주검으로 변하고 만다. 거의 대부분은 수컷 제왕나비들인데, 암컷들이 알을 부화하며 6개월가량을 사는 것과 달리 수컷들은 3개월의 수명을 다하고 죽어가는 것이다. 나비의 성지는 멀리서 찾아온 후손들이 조상들이 죽어간 같은 장소로 날아들어 죽음을 맞이함으로써 삶의 마무리를 새로운 생명의 잉태와의 교차를 확인하게 한다. 뿌레빠차 원주민들은 나비들의 회귀를 죽은 조상들의 넋을 기리기 위해 묘소를 찾아오는 후손들의 의례적 행위로 파악하였고, 자신들 또한 조상들이 이승을 떠도는 기간 동안 자신들을 찾아오는 상징적 행위의 반영으로 해석하였던 것이다. 발 디딜 틈도 없이 바닥에 널브러져 있는 수많은 나비들의 주검은 확실히 죽음의

숭고함과 삶의 덧없음을 상기시키기에 충분했다.

　무엇보다 흥미로운 사실은 나비들이 매년 같은 장소를 찾아오지만, 조상들이 죽었던 장소 바로 옆에 집중적으로 자리를 잡는다는 점이다. 그렇게 '나비의 성지'는 매년 조금씩 자리를 이동하지만, 몇 년이 지나면 다시 겹쳐지는 자리로 돌아오게 되곤 한다고 한다. 자연이 빚어내는 놀라운 광경과 현상은 인간의 삶에 반영되었으며, 뿌레빠차 종족에게 나비는 죽은 조상들의 영혼을 상기시켰고, 나비들의 월동시기 시작은 '죽은 이들의 날'과 시기적으로 일치한다는 점에서 중요한 모티브가 되었다.

　자연과 동화되어 살아가는 이들에게 비쳐진 생명과 죽음의 순회적 의미는 일상적 의례를 통해 보존되는 것이다. 멕시코 전역에서 '죽은 이들의 날'이 가장 잘 보존되고, 그 의례와 행사가 가장 대표적인 사례가 미초아깐 주라는 사실은 단순히 뿌레빠차 종족의 의례에서 머무는 것이 아니라, 멕시코 원주민들과 수많은 멕시코인들에게 죽은 조상들의 숨결과 더불어 살아가는 삶의 의미를 되새기게 한다.

4) 가톨릭 전례와 종교의례

라틴아메리카의 가톨릭 역사는 콜럼버스의 신대륙 발견(혹은 정복)의 역사와 그 궤를 함께한다고 할 수 있을 만큼 해묵은 역사를 배경으로 한다. 이는 라틴아메리카에서 가톨릭이 이미 외래 종교나 타 종교의 위상에 있는 것이 아니라, 오랫동안 토착화 과정을 겪어 왔으며, 파생된 의례와 형식을 정전적 가치로서 전승하고, 계승한 형태로서 전래종교로서의 위상을 설정하고 있음을 의미하는 것이다.

종교문화의 측면에서 라틴아메리카의 가톨릭은 이문화적 요소이면서, 또한 동시에 토착적 요소로서의 사회문화적 기능과 역할을 수행하고 있기 때문이다.

라틴아메리카에서 가톨릭 전례는 이미 일상적 의례이며, 공통적 사회의식과 형식으로 자리하고 있으며, 경우에 따라서 종교적 가치와 의미가 사회의 집단의 속성을 반영한다는 시각에서 문화적 가치와 의미에 우선하기도 하지만, 그 반대가 되는 경우도 적지 않다. 이는 오랜 세월 종교가 문화적 양태로서 발전하는 과정에서 일상적 의례가 종교적 의미를 점차 잃어가는 한편, 문화적 의미는 오히려 강화되거나 변형되는 탓이기도 하다. 종교와 문화의 구성적 의미를 일별하거나 일반화하는 것은 불가능할 뿐 아니라 위험한 발상이기도 하지만, 비교적 차원에서 라틴아메리카의 종교 문화적 의미를 간략하게 견주어 말할 수 있다면, 지역에 따른 문화권역별 비교에 의해 라틴아메리카의 종교 문화적 정체성에 대한 의미를 파악하는 데에 있어서 긍정적 의미로서 상대적 차별성을 도출할 수도 있을 것이다.

문화권역별로 볼 때, 중동지역의 종교문화는 '종교>문화'의 구도

가 보다 명확한 것에 비하여, 유럽지역의 종교문화가 '종교<문화'의 구도에 가까운 것이라면, 라틴아메리카의 종교문화는 '종교=문화' 혹은 '종교<문화'의 양태로 파악될 수 있을 것이다. 물론 이는 가톨릭 전례와 종교의례가 일상적 문화의 가치와 의미로서 어떻게 개별사회에서 수용되고 재현될 수 있는가 하는 매우 세밀한 관찰과 분석에 따라 전개되어야 하는 문제이기 때문에, 이러한 비교는 단순한 의도에 따라 최소한의 의미를 파악하기 위한 접근일 뿐이다.

(1) 크리스마스: 베들레헴의 재현

구세주 예수의 탄생은 가톨릭 국가에서 가장 중요한 축제이며 의례이다. 따라서 이와 관련된 각종 행사와 의례들은 때론 국가 기관

차원에서 때론 교회차원에서 개최
되기도 하지만, 대부분 일상적 삶
의 차원에서 사회 구성원들이 주관
하고 참가하며 그 의미를 되새기는
뿌리 깊은 종교문화의 형태를 이룬다.
집집마다 구유에서 태어난 아기
예수의 모습을 재현하여 기념함으
로써 아기 예수 탄생이 지닌 종교
적 의미와 의례를 일상적 삶에서
'구세주의 탄생'이라는 역사적 사

건을 현재적 의미로 재현하는 의례를 반복하는 것이다. 역사적 사건
으로서 베들레헴 마구간의 장소적 의미는 '성스러운 공간'이며, '성
스러운 시간'으로서 상징성을 지닌다. 이러한 상징성은 구세주의 탄
생이라는 초역사적 의미로 집약되며, 이는 실재론적 의미가 아닌,
상징적 의미에서 의례가 되어야 할 일상적 필요와 만나게 된 것이
다. 예수의 탄생이 신학적 의미에서 어떻게 해석되느냐 하는 문제는
일상적 축제와 의례로서 예수 탄생일을 기념하는 크리스마스와 일
정 부분 거리를 둔다. 크리스마스는 종교적 의례와 축제이면서 동시
에 사회문화적 의미에 보다 많은 일상적 가치가 부여되어 왔기 때문
이다.

흥미로운 점은 라틴아메리카의 거의 모든 문화권에서 크리스마스
가 중요한 종교문화의례인 것은 분명하지만, 우리가 크리스마스에
대한 연상으로 기억하고, 기념하는 많은 의식과 행사들이 동방박사
의 날에 대한 기념의례와 겹쳐질 뿐 아니라, 선물을 주고받는 것과

같은 특별한 의미는 크리스마스가 아니라, 동방박사의 날에 주어진 다는 점이다.

가톨릭이 먼저 일상적 문화의 의례와 행사로 정착된 유럽의 경우에는 지중해를 중심으로 중남부 유럽은 대부분 크리스마스보다는 동방박사의 날을 기념하며, 크리스마스는 상업적 기념일이나 세속적 축제의 의미로 파악되는 한편, 일부 북부 유럽에서는 동방박사의 날에 대한 기념의례의 의미가 강화되지 못한 탓에 상대적으로 크리스마스가 더욱 중요한 일상적 종교의례의 기념일이 되고 있다. 하지만 공통적인 점은 유럽의 모든 지역에서 크리스마스는 보다 상업적 이미지와 중첩되어 있고, 동방박사의 날은 보다 종교적 이미지와 겹쳐져 있다는 사실이다.

이는 라틴아메리카의 대부분 지역에서도 동일하게 나타나는 현상이다. 하지만 크리스마스를 더욱 중요한 기념일과 의례를 위한 특정한 날로 기념하는 경우가 많은 것은 절대 아니다. 여전히 동방박사의 날이 중요한 날이며, 종교적 의미가 퇴색되지 않은 채 일상적 의례로 기념되는 것이다.

(2) 동방박사의 날: 아기 예수 경배

동방박사들의 아기 예수 알현은 정확한 성경의 기록이라고 할 수는 없다. 영어로는 'the east Magoi'라고 표기하며, the east wise men 이라는 의미로서, 동방으로부터 온 지혜로운 자들이라는 정도로 해석이 가능하다. 크리스마스에 비해 더욱 중요한 종교의례로서 여전히 지켜지고 있는 동방박사의 날은 역사적 기록물로서 성경에 그 근거를 찾을 수 있다기보다는 구전되어 전승된 기록들을 통해 보완되어 왔다고 해야 옳을 것이다. 마태복음에 등장하는 "동방으로부터 박사들이……"라는 대목과 "보배합을 열어, 황금과 유황과 몰약을 예물로 드리니라" 하는 구절 등을 통해서 동방박사들이 선사한 선물의 숫자가 셋이기 때문에 동방박사들의 숫자 또한 셋으로 고정되었다고 볼 수 있다. 여기에서 '셋'의 의미는 역사적 대상이거나 신학적 대상이 아니라, 신앙으로서 믿음의 전승적 특징 가운데 하나이며, 민간의례가 교회의 의례가 된 대표적 사례로서 상징성을 지닌다. 중요한 것은 동방박사들의 숫자가 아니라, 그 숫자가 지니는 상징적 의미에 있는 것이다.

'황금'과 '유황' 그리고 '몰약'을 선물로 준비해 온 세 사람의 현자들은 발타사르(Balthasar), 멜키오르(Melchior) 그리고 카스파르(Caspar)인데, 이들이 준비한 선물은 세상의 가장 진귀하고 소중한 가치를 함축한다는 의미에서 상징성을 지니고 있으며, 이들 세 사람은 중동을 중심으로 지녔던 당시 세계에 대한 이해의 시점에서 주변의 모든 지역을 상징적으로 함축하고 있다. 세 동방박사는 상대적으로 아프리카계 흑인을 연상하게 하는 짙은 피부색의 인물과 흰 수염과 옅은 피부색의 유럽계 백인의 모습, 그리고 구릿빛 피부색으로 중동계를 상징하는 인물의 모습을 각각 대표하고 있으며, 이는 세상 곳곳에서 가장 진귀한 보물을 들고, 인류의 죄악을 속죄하기 위한 대업에 인간으로 참여하여, 아기로 태어난 예수를 세상이 모두 경배한다는 상징적 의미로 해석되어야 한다.

역사적 기록물로서의 자료들이 부족한 채 민간신앙에 전승되고 의례로 고정된 동방박사의 아기 예수 경배와 관련한 의례는 문화적

속성을 잘 반영하고 있으면서도, 종교적 의미를 유지하고 있는 대표적 의례라 할 수 있다.

세상의 여러 곳을 상징하는 세 사람의 동방박사들과 그들이 준비할 수 있었던 가장 소중한 보물이 보잘것없는 마구간에서 태어났지만, 세상의 구원의 사명을 띤 아기 예수의 성스러움과 미래적 수난의 일정이 대조적으로 묘사됨으로써, 신앙이 지향해야 할 종교적 의미에 대한 재현이 의례를 통해 가능하게 된 것이다.

동방박사의 복장을 한 상인들이 파는 '동방박사 빵'(로스카 데 레예스)은 가족이 함께 모여 새로운 한 해를 맞이하고, 서로의 행운을 기원하는 민간전승의 의례가 종교적 역사성과 만나 종교문화의 의례로 변형된 흥미로운 사례이다. 서구 유럽에서 오랫동안 전해 오던

풍습과 종교적 의례 만난 융합의 형태가 약간의 변형을 거치면서 라틴아메리카 각국의 종교 의례적 풍습이 된 것이다.

건강과 행운을 기원하는 의례는 어찌 보면 종교와 신앙과는 일정 부분 차별성을 두고 있는 듯 보인다. 하지만 집안에서 가장 어린이들에게 가장 소중한 선물을 기원하는 숭고하고 아름다운 마음은 구세주 아기 예수를 향한 동방박사들의 마음과 전혀 다르지 않을 것이라는 의미에서 차별성은 기원적 차원에서 존재할 뿐, 종교문화적 측면에서는 차별 자체에 큰 의미가 없다고 보아도 무방할 것이다.

아이들에게 사탕과 과자를 나눠주는 의례는 일상과 종교가 일치되는 대표적 종교문화 의례이다. 눈을 가리고 과자와 사탕이 가득 들어 있는 상자를 터뜨리는 행위는 민간놀이에서 비롯되었지만, 점차 종교 의례적 의미가 부여되면서 단순하던 상자의 형태는 다양한 꼭지를 지닌 별의 형태가 되기도 한다. 원래 의미는 가톨릭 신앙에서 제기하는 7개의 죄악(우리에게는 <세븐>이라는 영화로 잘 알려졌으며, 각각 '오만', '탐욕', '색욕', '분노', '식욕', '시기', '나태' 등을 의미한다)을 이겨내려는 신앙인의 고백행위로서 일곱 꼭지의 상자를 부수는 의례였지만, 차츰 동방박사의 날에 거행되는 의례로서, 어린아이 시절부터 종교적 의미와 신앙의 지향성에 익숙하게 만들어주는 사회집단이 제시하는 종교문화적 학습형태가 된 것이다.

어린 시절부터 자신이 속한 사회문화의 종교적 신앙과 신학의 주요한 부분들을 몸소 체험하며 익히는 교육은 종교적 요소들이 문화적으로 체화되어 일상적 의례로서의 기능에 아무런 무리가 없을 수밖에 없는 그네들의 사회문화적 환경을 잘 나타낸다.

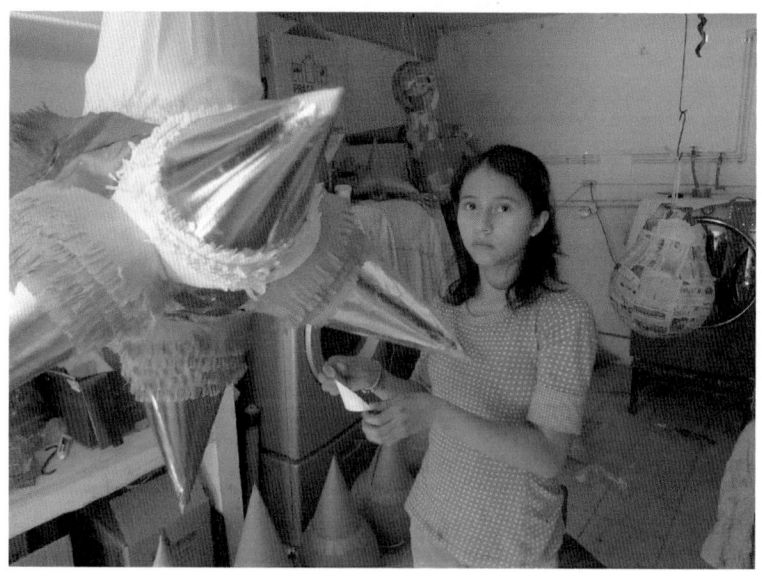

(3) 카발가타와 '크리스토 레이': 카우보이 순례자

서부 영화에서 흔하게 보던 카우보이들을 미국 땅에서 만나기란 쉽지 않다. 드넓은 목장에서 방목하여 소를 키우는 광경은 우리의 상상 속에 존재할 뿐, 대부분 미국의 소들은 우리네 양계장과 유사한 주거공간을 향유한다. 수천수만 마리의 소를 시장의 수요와 납기일에 맞춰 길러내기 위한 패러다임 속에서 영화 속 카우보이는 이미 존재하지 않는다고 보아야 옳다. 체험 목장이나 전통적 방식의 소수 목장에서는 여전히 부분적이기는 해도 방목이 이뤄지고, 카우보이가 필요하기도 하지만, 이는 전체 물동량에 비하면 그 의미가 퇴색될 만큼 극미량에 달할 뿐이다. 훌륭한 카우보이를 길러내고, 그들의 기술력을 전수하기 위한 각종 의례와 행사들이 이젠 경기로 모습을 바꾸게 된 것이다. 로데오 경기는 카우보이들의 여가활동이 아니라, 전문 선수들의 돈벌이 수단이 되었기 때문이다.

　멕시코의 경우에도 환경이 크게 다른 것은 아니다. 하지만 여전히 카우보이가 필요하고, 그들의 기술을 전수하고 직업에 대한 자부심을 이어갈 행사와 의례들이 존재한다. 할리스꼬(Jalisco), 과나화또(Guanajuato)와 과달라하라(Guadalajara) 주(州)를 중심으로 멕시코 카우보이인 차로(Charro)의 묘기를 경기로 만든 차레아다(Charreada)가 성행한다. 서부 영화에서 주로 보았던 편한 복장의 카우보이와는 사뭇 다른 잘 갖춰 입은 차로들의 모습은 영락없는 투우사의 위상이다. 최대한 멋지게 꾸미고, 묘기에 가까운 신기한 기술로 소와 말을 제압하고 다루는 모습은 미국식 로데오 경기와는 또 다른 볼거리와 짜릿함을 제공한다.

　과나화또 지방을 넘어 멕시코 여러 지역에까지 명성을 얻고 있다

는 최고의 차로인 후안과 그의 아들 후안은 차레아다의 다양한 묘기를 낯선 이방인에게 소개하기에 여념이 없었다. 한쪽 회랑에서 다른쪽 회랑으로 달려가는 말을 제자리에 선 채 제압하는 기술은 생각보다 위험했다. 거친 밧줄을 거머쥔 손아귀에서 희뿌연 연기가 피어오를 만큼 순간적인 열기는 후안의 검지가 잘려나간 흔적을 통해서도 실감이 났다.

'말몰이'와 '달리는 말 옮겨 타기', '달리는 말 제압하기' 등 묘기를 비롯하여, 차레아다의 다양하고 신기한 기술들은 멕시코 사회에서 카우보이의 삶이 과거의 역사로 기록되는 것이 아니라, 여전히 일상적인 삶의 의미를 형성하고 있는지 보여주기에 충분했다.

삶을 배경으로 하지 않은 문화는 역사의 흔적일 뿐이지만, 삶의 다양한 의미를 투영하고 그 의미들을 재현하는 문화는 단순한 오락이나 기술에 머물지 않고, 의례적 형식을 통해 그들의 종교적 삶의 의미를 담아내고 있다는 점에서 중요하다. 그러한 점에서 차레아다는 분명 멕시코 소몰이 문화의 유산이며, 종교 의례적 형태와 흔적을 갖지 않은 것은 아니지만, 일상적 의례와 신앙의 고백의 형태라 간주하기에는 부정적일 수밖에 없다. 차레아다가 지역의 부호들과 전통적 토호세력에 의해 문화 상품화되고 스포츠화되면서, 목동들이 감내하는 일상에서의 고단함과 고난이도 기술 습득과정에서의 위험에 따른 종교적 엄숙성 등이 점차 사라지고, 의식화되고 공식화된 비종교적 의례의 형태가 강조되어 왔기 때문이다.

상대적으로 멕시코 카우보이들의 종교적 일상을 문화로 담아내는 의례적 행위가 있으니, 이는 과나화또 주의 꾸빌레떼(Cubilete) 산 정상에 있는 '그리스도 왕(Cristo Rey)'의 조각상까지 오르는 행렬이다. 말을 타고 순례의 행렬을 한다는 의미에서 '까발가따(Cabalgata)'라 불리는 형태의 의례는 멕시코의 살아 있는 종교의례이며, 신앙의 고백으로서 긍정적 의미를 지닌다.

매년 1월 6일은 가톨릭 축일로서, 아기 예수의 탄생을 직감하고, 먼 곳에서부터 별을 따라 순례여행을 하던 동방박사들이 마침내 아기 예수를 만나 경배를 드린 날의 의미를 지닌다. 유럽에서는 크리스마스보다 동방박사의 날을 더 중요하게 기념하였고, 아이들에게 선물을 주는 풍습이 자연스럽게 동방박사의 날에 맞추어진 것 또한 의례적 의미를 일상에서 기념하려는 사회적 행위로 보아야 한다. 바로 이 1월 6일에 맞춰 멕시코 전역에서 아기 예수의 탄생을 기념하고, 예수를 경배하려는 크고 작은 모임과 의미들이 꾸빌레떼 언덕을 오르는 순례의 행위로 모이게 되면서, 멕시코 카우보이들의 종교는 문화가 되었다. 언덕의 가장 높은 곳에 세워졌던 예수상의 높이는 60m에 달했다고 하는데, 20세기 초 반교권주의를 표방하는 정부가 예수상을 파괴하였고, 이후 과나화또의 산골 주민들이 헌금을 모아 지금의 예수상을 세웠던 것이다. 신심이 깊은 주민들의 자발적인 행렬이 정규화된 것은 1952년이었다.

처음에는 말을 탄 순례자 25명만 참석했지만, 해를 거듭하면서 인원이 급격하게 늘었고, 현재는 매년 3,000명에서 4,000명에 이르는 엄청난 인원이 말을 탄 채 꾸빌레떼 언덕을 오르는 장관을 연출하게 되었던 것이다. 단순하게 동물의 무리로서 수천 마리를 목격하는 것도 현대의 문명사회를 구성하며 살아가는 우리들에게는 쉬운 일은 아니다. 하지만 종교의례로서 신앙을 고백하기 위해 말을 타고 순례에 참석한 '예수의 기사'가 3,000에서 4,000을 넘나든다는 사실은 직접 목격하지 않으면 좀처럼 실감하기 어렵다.

흥미로운 점은 단순하게 말을 타고 순례의 행렬에 참석하는 것이 아니라, 마을과 친족단위로 가깝게는 주변의 흩어진 산간 마을에서

부터, 멀게는 멕시코 전역과 심지어 캐나다 등지에서 말을 임대하여 두세 달씩 순례여행을 감행하는 참석자가 대부분이라는 사실이다. 현지조사를 위해 함께 참석했던 까발가따의 규모는 그야말로 대단했다. 돌바닥 비탈길을 끝도 없어 보이는 급격한 경사길로 몇 시간씩이나 올라야 하는 동안 돌바닥에 울려 퍼지는 말발굽의 또각거리는 소리는 쉼 없이 반복되는 거센 파도의 울림과 같았다. 이들 가운데 몇몇은 무릎걸음으로 언덕을 오르고 있었다. 산 아래에서 출발하여 그렇게 오르기를 며칠째 오르는 이의 모습을 보는 것은 과연 종교의례와 신앙고백이란 어떤 것일까 숙연해졌다.

끄리스또 레이 까발가따 순례는 그 규모와 심도가 단순한 상징적 일상의례의 범주를 벗어난다. 말을 타고 순례의 행렬을 하는 까발가

따는 가톨릭 문화가 보편화된 사회에서는 사실상 드물지 않은 모습이다. 하지만 이렇게 아기 예수를 모셔놓은 작은 성당과 그 위에 상징적으로 세워 놓은 거대한 예수상이 있는 산 정상까지의 길을 향해 최소 며칠에서 몇 달씩 고행의 순례를 하는 경우는 매우 드물기 때문이다. 필자가 만나 인터뷰를 했던 순례자들 가운데에는 미국 텍사스의 중장비 기사나 캐나다의 여행객 가족처럼 북미대륙의 다양한 지점에서 일부러 순례를 하게 된 경우도 어렵지 않게 발견할 수 있었으나, 대부분은 멕시코 전역에서 온 다양한 계층의 신앙인들이었다. 경제적으로는 중산층과 서민들이 다수를 차지하고 있었으며, 지역적으로는 과나화또 주민들이 가장 많았으나, 멕시코 중부를 중심으로 한반도의 몇 배에 해당할 넓은 지역으로부터 순례에 참석한다는 사실이 단순한 지역축제와 의례행사들과는 본질적으로 차이를 보였다.

차레아다와 꾸빌레떼의 까발가따가 다른 점은 차레아다가 일상문화의 의례적 의미가 경기를 중심으로 전문가 집단의 스포츠로 변화되는 과정에 집중을 하였다면, 까발가따는 종교문화의 가장 보편적 의례로서 구세주의 대림을 기다리고, 탄생을 기념하여 새로운 세상과 삶의 모티브로 삼는다는 점에서 순수한 종교적 심성과 문화코드를 포함하고 있다. 까발가따는 신앙의 심화와 종교적 의례의 재현이라는 측면에서 멕시코 가톨릭 문화의 정점을 드러내고 있기 때문이다.

"비바 끄리스또 레이(Viva, Cristo Rey!)"를 외치며, 험한 경사 길을 한 발씩 걸어 오르는 순례자의 행위는 고행을 통한 종교적 성취의식으로서 '통과의례'의 의미를 지닌다. 건조한 겨울 날씨에 밤에는 영하 가까운 기온으로 떨어지는데, 차가운 바닥에서 바람에 노출된 채

노숙을 하는 순례자들이 체감하는 온도는 맹추위와 다름이 없다. 낮에는 25도를 웃도는 제법 더운 날씨로 하루의 일교차가 20도를 넘나드는 환경조건에서 며칠에서 몇 달씩 오직 아기 예수의 탄생을 기념하고, 자신의 신앙을 새롭게 갱신하겠다는 신념의 행위는 고행을 통해 신과의 만남을 이루겠다는 통과의례의 전형적 사례라 할 수 있을 것이다. 동방박사의 아기 예수 경배를 모티브로 스스로의 삶을 성찰하고, 의례를 통해 신앙을 새롭게 심화한다는 일련의 절차와 과정은 고행주의자들의 의례가 대중의 일상문화에 접속된 사례인 것이다. 말구유에서 태어난 아기 예수와 까발가따 순례자들이 타고 온 말은 묘한 공통점으로 연결되어 있다. 수천 마리의 말들이 내뿜는 콧김과 배설물에 뒤엉킨 땀 냄새는 순례자들의 여정이 만만치 않음을 오감으로 드러낸다.

(4) 원주민 종족의 전통의례와 종교: 우이촐의 에스끼떼 의례

　라틴아메리카에는 전통적 의미에서의 원주민 주거지역을 방문하기란 생각보다 쉽지 않다. 수천 년 전부터 자신들의 땅에서 전통을 유지하며 살고 있는 원주민들의 숫자는 백인과 메스티조에 비해 월등하게 낮은 비율을 유지하고 있을 뿐이다. 라틴아메리카 전역에 걸쳐 약 3천2백만 명에 달하는 원주민들은 지역적으로 높은 편차를 보인다. 지역별로 1%에서 10%까지 높은 편차를 보일 뿐 아니라, 국가별로도 아르헨티나, 우루과이, 코스타리카 등지에서 1.1%에서 볼리비아의 경우 56.8%에 이르는 높은 비율을 보이고 있다. 따라서 일괄적으로 원주민들의 사회문화적 의미와 종교문화에 대해 일별하기란 불가능할 수밖에 없다.

　그럼에도 불구하고 원주민 집단들이 고유의 종교와 문화를 유지하며, 일상적 삶에서 전통의례를 수행하고 있는 사례는 생각보다 많지 않다. 대부분 원주민 집단들은 서구식 의식구조와 종교문화의 강력한 영향력에 따라 자신들의 종교의례를 변형하거나 본의 아니게 포기하게 되는 경우에 부딪히고 있기 때문이다.

〈표 2〉 라틴아메리카의 아메리카 원주민 인구 c. 2000

지역	국가	총인구	원주민 인구	원주민 비율
유로-아메리카 (약 1%)	아르헨티나	44,529,000	511,870	1.1
	우루과이			
	코스타리카			
아프로-아메리카 (1%)	브라질 해안지역	138,914,000	96,780	<0.1
	기아나	1,324,000	80,286	6.1
	콜롬비아 해안지역	7,095,000	306,700	4.3
	앤틸리스 제도	37,725,000	5,300	—

메스티소-아메리카(5%)	멕시코 북부	39,501,629	415,518	0.1
	중앙아메리카 (코스타리카 제외)	21,229,469	1,063,000	5.0
	고지대 및 동부 콜롬비아	35,905,000	431,000	1.2
	베네수엘라	23,900,000	382,400	1.6
	브라질 아마존 지역	43,119,000	373,587	0.9
메스티소-아메리카(5%)	파라과이	5,206,101	85,674	1.6
	칠레	15,116,435	453,500	3.0
인도-아메리카(>10%)	중부 및 남부 멕시코	57,981,783	6,862,484	11.8
	벨리즈	232,111	24,501	10.6
	과테말라	9,133,000	4,000,000	43.8
	에콰도르	10,508,000	3,111,900	29.6
	페루	22,304,000	9,100,000	40.8
	볼리비아	8,274,325	4,700,000	56.8

※ 출처: 라틴아메리카 문제와 전망(2012, 71).

라틴아메리카 전역에는 수백의 원주민 종족들이 살고 있지만, 정작 자신들의 고유 종교문화를 유지하려 노력하는 사례는 그리 많지 않은 상황에서 우이촐 종족에 대해 알게 된 것은 원주민들의 종교문화에 대한 적절한 기회가 되었다.

우이촐족에 관심을 갖게 된 것은 2004년부터였지만, 구체적인 관심을 그려볼 수 있었던 것은 2011년 연말부터 2012년 연초까지 EBS <세계테마기행> '비바 멕시코' 편의 출연자로 섭외되면서부터였다. 사실 우이촐 종족에 대한 공식적 정보는 극히 제한적이다. 그들의 주거지인 서부 멕시코의 서 시에라마드레(Sierra Madre) 산맥은 멕시코에서도 가장 험한 지형에 속한다. 높이 솟은 대지와 절벽, 강과 계곡은 자연과 더불어 삶을 일구어온 우이촐 종족에게는 천혜의 땅이었다. 산간 오지에서 자신들의 삶의 전통적 방식과 의식구조를 유지하며 옥수수와 콩, 호박과 고추를 재배하며, 소, 말, 돼지, 당나귀, 칠면조 등을 키우며 살아간다는 피상적인 정보 몇 개를 Fact로서 접하면서, 혹시 필자 또한 서구 제국주의적 사고방식으로 그들의 삶을 지켜보게 되면 어쩌나 내심 불안했다. 내 자신은 의식하지 못하고 있지만, 내 안에 '타자화의 시선'이나 '서구모방하기 의식'이 있으면 어떻게 하나 걱정이 되었던 탓이었다. 사실 숨 가쁘게 조국 근대화를 겪고, 세계화와 글로벌 환경 적응하기에 길들여진 '나'와 '우리'가 아니던가.

멕시코는 오랜 역사와 광활한 영토만큼이나 지닌 이야기가 풍성하다. 21세기 글로벌 환경과 신자유주의를 얘기하는 현대에도 멕시코에는 여전히 260여 원주민 종족이 살고 있다고 한다. 그렇다고 미국 서부 개척 시대를 미화하고 신화화하는 대중적 접근방식의 '서부영화'에 등장하는 그러한 원주민들을 찾을 수 있는 것은 결코 아니다. 아무리 오지라 할지라도, 상수도와 전기 시설을 비롯한 기본적인 삶의 조건들이 없이 살아가는 원주민들을 실질적으로 찾아보기 어려울 수밖에 없다.

테펙(Tepec)에서 만난 우이촐 사람들은 밝았다. 문화행사를 통해 자신들의 문화적 정체성을 안으로 확인하고, 밖으로 알리는 의도는 필자의 마음에 들었다. 멕시코 서부 나야릿 주의 주도인 테픽에는 정부의 원주민 이주정책의 일환으로 산간 오지에 흩어져 살던 우이촐 종족이 많이 이주해 살고 있다는 사실을 실감할 수 있었다. 자립방안을 위해 상품화한 1mm 지름의 구슬을 꿰어 만든 차킬라 수공예 상품들은 정성이 가득했지만, 최근 중국에서 수입하는 유사품 때문에 골머리를 앓고 있었다.

수공예품이 나타내는 색상은 태양과 사슴, 물과 나무 등과 같은 생명을 유지시켜 주는 본질적 요소로서의 자연이다. 하늘의 중심으로서 태양의 붉고 노란색과 나무의 초록과 물의 파란색은 단순한 장식의 의미를 넘어서 우이촐 종족이 지닌 종교문화의 핵심을 상징화한 지표적 의미를 갖는다.

테픽은 주변에 화산지형이 많은 약 900m의 해발고도에 자리 잡은 식민도시이며, 기온이 온화하고, 멕시코의 다른 지역에 비해 적절한 습도와 풍성한 산림자원 덕분에 나름 안정적인 생활을 보장하는 조건을 갖추고 있지만, 여전히 산간 오지인 아구아밀빠(Agua Milpa) 주변에 살고 있는 우이촐 종족의 생활 여건은 한편으로는 종교문화를 중심으로 전통을 많이 보존하고 있었지만, 다른 한편으로는 정부의 보조금에 의존해야 할 만큼 경제적 곤궁을 겪고 있었다. 테픽 대학교의 한국어학과 윤상철 교수와 테픽 대학교 당국자들의 적극적인 도움과 협조로 방문할 수 있었던 우이촐 집단 거주지역에는 기본적인 전기 시절은 제대로 가동되지 않고 있었고, 지하수로 개발된 물은 위생상태가 좋은 것은 아니었다.

테픽에서 자동차로 이동하고, 다시 배를 타고 산간 오지의 협곡 사이로 이동한 뒤에 걸어서 산길을 가야 하는 간단치 않은 여정이었지만, 우이촐 종족의 마을로 들어서는 순간 자연과 더불어 살아가고 있는 그네들의 순박하고 포근한 삶의 양식을 느낄 수 있었다.

특히 주술사 로메오의 집에서 대접받은 또르띠야는 입 안에 감도는 석회의 텁텁한 맛에도 불구하고, 필자의 마음을 따스하게 해주기 충분했다. 삶의 터전을 떠나, 도시의 집단 주거지역에 사는 우이촐 사람들과 산간오지에 살고 있는 우이촐 사람들 사이에서 공통적으로 느낄 수 있었던 것은 비록 문명의 혜택에서는 외형적인 커다란 차이가 확연할지라도, 자신들의 뿌리와 문화, 그리고 종교적 의식과 의례를 향한 그들의 마음에는 다름의 판단을 적용하기 힘든 끈끈한 '그들의 방식'이 여전했다는 사실이다.

사실 드넓은 지역에 분포되어 있는 이들 대부분 원주민 종족들은 저마다의 속도와 리듬으로 현대문화에 적용하는 방식을 찾아가고 있으며, 비록 자신들의 토착언어와 문화를 꾸준하게 잃어가고 있는 상황에 놓여 있기는 하지만, 그래도 나름의 문화적 토대를 유지하고 있는 모습이었다. 원주민들의 숫자와 문화적 토대가 점차 사라지는 이유들 가운데에서도 현대화의 물결에 역행할 수 없는 최소한의 조건들이 있는데, 이는 바로 교육과 의료, 최소한의 경제적 안정 등이다. 어쩌면 원주민들의 삶은 외형적으로 멕시코 서민들의 삶과 결코 다르다고 할 수 없다는 편이 옳을 수도 있겠다.

무엇보다 우이촐 종족의 구성원들이 자신들의 삶을 유지하고, 나름의 정체성을 유지할 수 있는 정신문화적 배경에는 그들의 종교문화가 있었다. 추수를 기념하는 종교의례인 에스끼떼 행사는 이들의 종교와 신앙이 함축되어 있는 가장 핵심적 코드이다. 에스끼떼에서 체험할 수 있었던 그들의 자연과의 교감과 삶의 지향점은 '태양'과 '사슴'과 '뻬요떼 선인장'을 중심으로 여전히 자신들의 신화와 역사가 혼재된 채 스스로의 생각과 의식 속에 삶의 양식을 보존하고 있는 흔적을 확인할 수 있었다.

행렬을 이끄는 까위떼로(Kawitero)는 집단의 원로들과 함께 장로회를 구성하며, 주요한 종교의례를 비롯한 집단의 행사를 기획하고, 집행하며, 집단 구성원들의 안녕을 위해 솔선수범하는 역할을 수행

한다. 주술사인 까위떼로는 자신들의 일상적 삶에서 가장 중요한 요소로서 태양을 경배하고, 첫 수확한 곡물의 알갱이들을 불에 태워 나오는 연기를 하늘과 태양으로 올려 보내는 의례를 집전한다. 비교적 건조하며, 특히 건기를 견뎌내야 하는 척박한 자연조건을 이겨내기 위해 물을 신성하게 여기며, 물을 찾아내는 능력을 지닌 사슴의 능력을 신성하게 의례로 구성한다. 하지만 가장 핵심적인 것은 하늘의 초자연적인 계시와 메시지를 전달받기 위해 우리의 막걸리와 비슷한 형태를 지닌 선인장, 뻬요떼로 만든 술을 마시며 집단 구성원들의 공감과 몰입의 의례적 행위를 재현하는 과정에 있다. 뻬요떼는 마약 성분이 소량 들어 있기 때문에 많은 양의 술을 마셨을 경우에는 광란에 빠질 수 있지만, 우이촐 종족의 의례는 산테리아나 깐돔블레에서 볼 수 있는 것과 같은 집단 광기와 같은 강력한 몰입으로 연결되지는 않았다. 그만큼 조상들로부터 계속되어 온 일상적 의례를 차분하게 재현하면서 삶의 지혜와 의미를 되새기고 있다고 보아야 할 것이다. 필자도 제사장의 권유에 따라 세 차례씩이나 연거푸 뻬요떼 술을 들이켰지만, 긴장을 했던 탓인지 별다른 변화를 느끼지는 못했다.

조상의 영혼을 위한 사당인 히리키(Xiriqui) 앞에서 마을의 모든 성인 구성원들이 모여서 일정한 리듬으로 땅을 다져 밟고, 옥수수와 곡물들이 생장하는 과정을 상징적으로 기념하며, 마지막 순간에 첫 수확한 곡물 알갱이들을 잘 달궈진 돌판 위에서 구워 연기는 하늘로 날려 자신들의 제의를 기념하고, 반쯤 태운 알갱이는 모든 구성원들이 골고루 나눠 먹음으로써, 추수의례가 일상적 삶에서 가장 중요한 요소로서 기념될 수 있도록 구성원들 사이에서 공감을 이뤄내는 것이다.

우이촐족은 멕시코 서부 지역을 중심으로 약 오만 명에 이를 만큼 그 세가 긍정적 의미를 지닌다. 하지만 중요한 것은 원주민들의 숫자가 아니라, 그들이 얼마나 자신들의 전통적 삶의 가치를 잃지 않은 채, 자기들의 삶의 방식에 대한 자긍심에 상처를 입지 않고 살아가고 있느냐 하는 의식의 문제가 아닐까.

자신들의 삶을 고집하는 것이 아니라, 나의 내면을 자연스럽게 유지하면서도, 필요한 것들에 자신을 맞춰가지만, 무리하지 않는 리듬과 속도로 변화를 받아들이고, 자신을 유지하는 것, 그것이 진정한 의미에서 '긍정적 혼종성(Positive Syncretism)'이 아닐까.

'나'의 삶의 방식을 타인에게 강요하는 것이 아니라, '타인'의 삶에서 나를 반추하는 기회를 갖는 것은 어쩌면 타인이 아니라 나 자신을 위한 성찰의 순간은 아닐까. 우이촐족과의 만남은 세계와 글로벌에 취해 있던 내게 성찰의 기회였다.

참고문헌

Alicia Bazarte Martínez(2006), "Veneración de reliquias y cuerpos de cera en los días de los Fieles Difuntos y Todos Santos", in *Patrimonio cultural y turismo 16 · CUADERNO,* Mexico.

Anthony F. C. Wallace(2010), 『종교인류학』(김종석 옮김), 한국메시아운동사연구소: 천안.

Argyriadis, Kali(2005), "Religión de indígenas, religión de científicos: Construcción de la cubanidad y santería", *Desacatos,* enero-abril, número 017. Centro de Investigaciones y Estudios Superiores en Antropología Social, Distrito Federal, México.

Baird, Robert D.(1991), *Category Formation and the History of Religions,* Berlin and New York.

Bolívar, Natalia(1997), "El legado africano en Cuba", *Papers.* 52.

Braga Morfi, Ana Cristina(2005), "La Regla de Ocha en Cuba: Una semiosfera", *Entretextos.* 6.

Brandes, S.(1988), *Power and Fiestas and Social Control in Rural México,* Philadelphia: University of Philadelphia Press.

Ciattini, Alessandra(2010), "Sincretismo y sincretización, Dos ejemplos cubanos", *Caminhos,* Goiânia, v. 8. n. 2. jul./dez.

Collazo, María Antonieta(2005), "El rito yoruba y su representación teatral por el Teatro folklórico de Cuba: La interacción entre dos culturas", *Entretextos.* 6.

Conaculta(2006), "Patrimonio de la Humanidad: La festividad indígena dedicada a los muertos en México", in *Patrimonio cultural y turismo 16 · CUADERNO,* Mexico.

Connors, Marie A.(1992), *La Virgen de Guadalupe: una mujer de todos los tiempos,* Master's Theses, San Jose State University.

De Cárcer y Disdier, Mariano(1995), *Apuntes para la Historia de la Transculturación Indoespañola,* Universidad Nacional Autónoma de México.

De la Torre, Miguel A.(2004), *Santería The Beliefs and Rituals of a Growing Religion in America,* Wm. B. Eerdmans Publishing Co, Cambridge.

Delia Espinoza, Santiago López(1973), *El día de los muertos(The day of the Dead),* Bureau of Elementary and Secondary Education(DHEW/OE), Washington, D.C.: Div.

of Bilingual Education.

Eliade, Mircea(1959), *The Sacred and the Profane, The nature of Religion, The significance of religious myth, symbolism, and ritual within life and culture,* A Harvest Book: New York.

Erin Myers(2000), *Celebrating Mexico, Mexico-Guatemala,* Wahsington, DC.: Fulbright-Hays Summer Seminars Abroad Program, 2000, Center for International Education (ED).

Gloria Becker Marchick(2002), *El día de los Muertos: A reference Module for Elementary and Middle School Students, Curriculum Projects, Fulbright-Hays Summer Seminars Abroad Program, 2002 (Mexico),* Washington, DC.: Center for International Education (ED).

Gott, Richard(2004), *Cuba A New History,* Yale University Press, New Heaven and London, 2004.

Guanche, Jesús(2009), "Santería cubana e identidad cultural", *Estudios afroamericanos,* Biblioteca virtual.

Hoppe, Jennifer, "El sincretismo: Religious Sycretism in Latin America", *Anthropology/Religion* 142, April, 2003.

J. 해리슨(1996), 『고대 예술과 제의』(오병남·김현희 공역), 예전사: 서울.

Jan N. Black(ed.)(2012), 『라틴아메리카 문제와 전망』(중남미지역원 번역팀), 한국학술정보: 파주.

Judy Hale, Brent Hawkes(1996), *Viva Mexico!,* Arkansas: The Southern Early Childhood Association, Little Rock.

Klaus Koschorke, Frieder Ludwig, Mariano Delgado(2007), A History of Christianity in Asia, Africa, and Latin America, 1450~1990, William B. Eerdmans Publishing Company: Grand Rapids, Michigan/Cambridge.

L. K. 뒤프레(1996), 『종교에서의 상징과 신화』(권수경 옮김), 서광사: 서울.

Linares, María Teresa(1993), "La santería en Cuba", *Gazeta de Antropología,* 10. artículo 09.

Linnekin, Jocelyn(1983), "Defining Tradition: Variations on the Hawaiian Identitiy", *American Ethnologist,* in Stanley Brandes(2000), "El día de muertos, el Halloween y la búsqueda de una identidad nacional mexicana", *Alteridades,* julio-diciembre, año/vol. 10, no. 020. Universidad Autónoma Metropolitana-Iztapalapa, Distrito Federal, México, pp.7~20.

López-Soriano E.(1990), *Mixquic y la conmemoración de los difuntos,* México.

Lupo, Alessandro(1996), "Síntesis controvertidas, Consideraciones en torno a los límites del concepto de sincretismo", *Revista de Antropología Social,* no. 5. UCM.

Madsen, William(1957), *Christo-Paganism: A Study of Mexican Religious Sycretism,* New

Orleans: Tulane University.

Martín, Eloísa(1998), "Aparecida, Guadalupe y Luján como símbolos religiosos y nacionales: un análisis comparativo", *VIII Jornadas sobre Alternativas Religiosas na América Latina*, São Paulo, 22 a 25 de setembro de 1998.

Martínez, Sara(2010), "Nuestra Señora de Guadalupe, Mito-narración-argumentación", *Decires, Revista del Centro de Enseñanza para Extranjeros*. vol. 12, no. 15.

Mary Maulhardt(1994), *Michoacan People, Customs, and the Day of the Dead,* Center for International Education (ED), Washington, DC.: Fullbright-Hays Seminar Abroad, Mexico.

Morett, Laura(2007), "Guadalupe, Mother of Mexican Feminism", *Washington College Review*, vol. 15.

Olavarría, María Eugenia(1995), "Creatividad y sincretismo en un ritual yaqui", *Alteridades*, 5(9).

Penyak, Lee M. & Petry Walter, J.(2006), *Religion in Latin America: A documentary History,* Maryknoll, New York.

Pomar, Jorge A.(2005), "El renacimiento religioso en Cuba: Elementos formadores de la conciencia religiosa del cubano", *Encuentro*. 67.

Romeu, Vivian, "Estructura y discurso de género en tres deidades del panteón afrocubano", *Revista Mexicana de Ciencias Políticas y Sociales,* mayo-agosto, año/vol. XVLIII. Número 197, Universidad Nacional Autónoma de México, Distrito Federal, México.

Sarah Lane, Marilyn Turkovich(1991), *Los días de los muertos(The days of the Dead),* MA 02181, World Eagle, Inc., 64 Washburn Avenue, Wellesley.

Shaw, R., y Stewart, Ch.,(1994). "Introduction: problematizing syncretism", en Ch. Stewart y R. Shaw (eds.), *Syncretism/Anti-Syncretism, The Politics of Religious Synthesis*, pp.1~26, London, Routledge.

Suchlicki, Jaime(2002), *Cuba: from Columbus to Castro and beyond,* Potomac Books, Washinton. D. C.

Tesis y resoluciones del Primer Congreso del PCC(1978), Ed. de Ciencias Sociales, La Habana.

Tyrakowsky, Konrad(1998), "La villa de Guadalupe: centro religioso y nacional", en: Giuriati y Masferrer Kan, coords.: NO TEMAS······ YO SOY TU MADRE, Estudios socioantropológicos de los peregrinos a la Basílica, Centro Ricerche Socio Religiose, Plaza y Valdés Editores, México.

Víctor M. Whizar-Lugo(2004), "Día de Muertos, Una Festividad Ritual con Tradición

Mexicana", *Anestesia en México, Suplemento 1.*

"Trabajo ideológico: la santería"(1968), *Trabajo Político,* año 2. núm. 4. diciembre, La Habana.

김기현(2001), "이달의 세계축제: 멕시코 −'죽은 자들의 날(Día de los muertos)'", 『국제지역정보』, 한국외국어대학교 국제지역연구센터, Vol. 100.

김세건(2000), "성모 과달루뻬(la virgen de Guadalupe) 신앙의 형성과 그 의미: '우리는 성모 과달루뻬의 신봉자들이다'(Somos los guadalupanos)", 라틴아메리카연구, 13(1), 2000.

김세건(2010), 『우리는 빠창게로!: 멕시코 사람들의 축제와 의례』, 파주: 지식산업사.

김우택(편)(2003), 라틴아메리카의 역사와 문화, 소화: 서울.

데이비드 폰태너(1993), 『상징의 비밀』(최승자 옮김), 문학동네: 서울.

마이클 피터슨, 윌리엄 헤스크, 브루스 라이헨바하, 데이비드 배신저(1993), 『종교철학』(하종호 옮김), 이화여자대학교출판부: 서울.

박종욱(2004). 『라틴아메리카의 신화와 전설』. 바움: 서울.

박종욱(2006). 『스페인 종교재판소』. 부산외국어대학교출판부: 부산.

박종욱(2009). "신대륙, 서구적 욕망의 그림자". 『비교문화연구』. 13권 1호.

박종욱(2011), "과달루뻬 성모 신앙에 대한 인식 연구", 『비교문화연구』, 제25집.

박종욱(2011). "의례로서 '죽은 자들의 날'의 사회문화적 이미지 분석". 『코기토』. 69권.

박종욱(2011). "문화코드로서 '죽은 자들의 날' 인식 연구". 『국제지역연구』. 14권 4호.

박종욱(2013). "산테리아에 대한 쿠바 대학생들의 인식 연구". 『중남미연구』. 32권.

위르봉 라에테크(1995), 『부두교: 왜곡된 아프리카의 정신』, 서울: 시공사.

잭 트래시더(2007), 『상징이야기』(김병화 옮김), 도솔출판사: 서울.

정진홍(1996), 종교문화의 인식과 해석: 종교현상학의 전개, 서울대학교출판부: 서울.

존 바우커(1991), *The meanings of death,* Cambridge: Cambridge University Press, 『죽음의 의미』(박규태·유기쁨 옮김)(2005), 파주: 청년사.

천샤오추에(2007), 『쿠바 잔혹의 역사 매혹의 문화』, 서울: 북돋움.

푸엔테스, 카를로스(1997), 『라틴아메리카의 역사』, 서울: 까치글방.

황필호(2004), 『종교변호학·종교학·종교철학』, 철학과현실사: 서울.

인터넷 자료

Armillas Vicente, José Antonio, "Evangelización y sincretismo religioso en México(Siglo XVI)", 2007(http://ifc.dpz.es/recursos/publicaciones/23/18/1.Armillas.pdf).

Hartney, Christopher, "Syncretism and the End of Religion(s)", 2001(http://escholarship.usyd.edu.au/journals/index.php/SSR/article/view/231/210).

Pastor, Marina Fe, "Sandra Cisneros: Malintzin, Guadalupe y anexas", OMNIA(http://cep.posgrado.unam.mx/servicios/productos/omnia/anteriores/41/1 1.pdf).

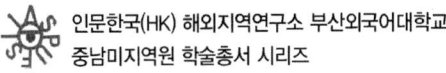

인문한국(HK) 해외지역연구소 부산외국어대학교
중남미지역원 학술총서 시리즈

01. 쿠바, 영화 그리고 기억: Cuba, Cine y Memorias
박종욱 지음

02. 라틴아메리카의 신영화
송병선 지음

03. 스페인어-한국어 법률용어 사전
박종탁 편저│하상욱 감수

04. Rostros de Latinoamérica: Perspectiva Multidisciplinaria
Oswaldo Mendez-Ramirez 지음

05. 라틴아메리카의 어제와 오늘
    임상래 · 이종득 · 이상현 · 이순주 · 박윤주 지음

06. 프리다 칼로, 타자의 자화상
    우성주 지음

07. 정치체제로서의 포퓰리즘
    김영섭 지음

08. 라틴아메리카 종속의 MATRIX Ⅰ. 식민시기
    중남미지역원 엮음

09. 라틴아메리카 종속의 MATRIX Ⅱ. 국가 형성과 근대
중남미지역원 엮음

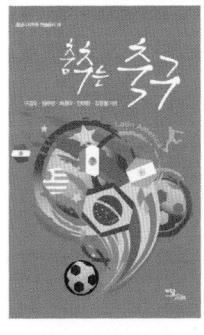

10. 춤추는 축구 Latin America
구경모 · 임두빈 · 차경미 · 안태환 · 김영철 지음

11. 영화로 보는 라틴아메리카
박종욱 지음

12. 과이라 공화국, 또 하나의 파라과이
구경모 지음

13. 브라질의 역사
    김영철 지음

14. 마야 원주민의 전쟁과 평화: 유까딴 1847~1902
    정혜주 지음

15. 브라질 사람과 소통하기
    Tracy Novinger 지음 | 임두빈 · 김우성 옮김

16. 차베스와 베네수엘라 혁명
    안태환 지음

17. 라틴아메리카 문제와 전망
    잰 니퍼스 블랙 편저
    중남미지역원 번역팀 옮김

18. 옥수수 문명을 따라서
    정혜주 지음

박종욱

한국외국어대학교 및 대학원에서 스페인어권 문학을 전공하였으며, 스페인으로 유학하여 마드리드 국립대학교(UCM: Universidad Complutense de Madrid)에서 르네상스와 바로크 시대의 문학과 예술의 사회상에 대해 연구하며, 박사학위를 취득하였다.

서울대학교, 경희대학교 및 한국외국어대학교에서 강의를 하였고, 경희대학교 연구교수를 역임하였다. 현재 CJ Creatio 대표를 맡고 있으며, 제천국제음악영화제 조직위원으로 활동하고 있다.

주요 저서로는『쿠바, 영화 그리고 기억』,『영화로 보는 라틴아메리카』,『영혼의 향연』,『라틴아메리카 신화와 전설』,『돈키호테와 신비주의의 만남』,『님은 나의 것, 나는 님의 것』등이 있고, 주요 역서로는『최초의 세계일주』,『페피타 히메네스』,『나스레딘 호자의 행복한 이야기』등이 있으며, 한국문학 작품인『말뚝』과『붉은 방』,『마네킹』등을 한국문학번역원의 지원을 받아 스페인어로 번역하여 스페인 및 라틴아메리카에서 출판하였다.

최근 '창조적 소통을 위한 감성연구와 기술개발' 및 '라틴아메리카 및 스페인의 영화, 미술 등 문화와 예술에 관한 연구와 집필'에 매진하고 있다.

라틴아메리카
종교와 문화

초 판 인 쇄 ㅣ 2013년 6월 21일
초 판 발 행 ㅣ 2013년 6월 21일

지 은 이 ㅣ 박종욱
펴 낸 이 ㅣ 채종준
펴 낸 곳 ㅣ 한국학술정보㈜
주　　 소 ㅣ 경기도 파주시 문발동 파주출판문화정보산업단지 513-5
전　　 화 ㅣ 031) 908-3181(대표)
팩　　 스 ㅣ 031) 908-3189
홈 페 이 지 ㅣ http://ebook.kstudy.com
E - m a i l ㅣ 출판사업부　publish@kstudy.com
등　　 록 ㅣ 제일산-115호(2000. 6. 19)

ISBN　　978-89-268-4366-6 93940 (Paper Book)
　　　　978-89-268-4367-3 95940 (e-Book)

이담 BOOKS 는 한국학술정보(주)의 지식실용서 브랜드입니다.